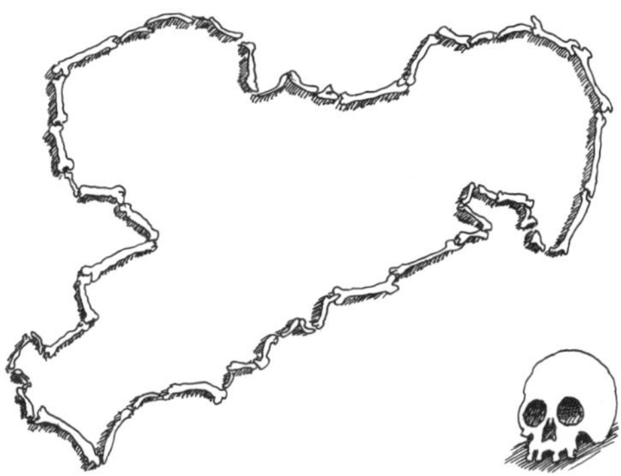

DAS BUCH

»Der Sachse liebt das Reisen sehr …« sang schon Jürgen Hart 1979 in der geheimen Hymne aller Sachsen »Sing mei Sachse sing.« Nicht von beschaulichen Fahrten, wohlgesinnten Freunden und bezaubernden fernen Ländern wird jedoch in diesem Buch erzählt – es sind die mörderischen, die grausigen Begebenheiten, die einem Sachsen auf Reisen geschehen können.
Venedig entpuppt sich als mörderischer Aufenthaltsort, die Schweiz wird zu einem Ort ohne Wiederkehr, in der Wiener Oper geschieht ein wahres Verbrechen, ein Geschäftsmann wandert nach Brasilien aus, Karl May erlebt eine kriminelle Amerika-Reise, ja sogar ein einzelner sächsischer Finger kommt weit herum.
Ob Europa oder Südamerika, ob Sächsische Schweiz, Vogtland oder Erzgebirge – diese kriminellen »Reiseberichte« werden Ihnen wohlige Schauer über den Rücken jagen, Sie das Fürchten lehren, oder Ihnen ein Schmunzeln entlocken und sind immer auf die bitterböse Pointe ausgerichtet.
Getreu dem Motto: »Ach, wenn's mir nur gruselte!«
Kein Problem mit den Kurzgeschichten aus dem mörderischen Osten!

DIE HERAUSGEBERINNEN

Claudia Puhlfürst
Kriminelle Schreibtischtäterin aus Sachsen. Herrin von »Ungeheuer« und »Sensenmann«.
Liest, schreibt, guckt Horrorfilme, gruselt sich. Spezialgebiet Humanethologie und nonverbale Kommunikation.
Gibt Anthologien heraus, schreibt Fachliteratur, organisiert die Ostdeutschen Krimitage (*www.mord-ost.de*). Mörderische Schwester, Rudelführerin eines Hundes und zweier Meerschweinchen.
Liebt und betreut das Buchvolk (*www.buchvolk.de*).
Schreibt zurzeit an ihrem elften Psychothriller.
Mehr hier: *www.puhlfuerst.com*

Dr. Annett Hartmann
hat viele Jahre im Ausland verbracht und war als Autorin, Redakteurin und Herausgeberin wissenschaftlicher Fachtexte tätig. Wenn sie nicht gerade im südlichen Afrika unterwegs ist, lebt und arbeitet sie in ihrer Wahlheimat Berlin. Ihre Leidenschaft gilt dem Sammeln alter Bücher.

HRSG.

A. Hartmann

C. Puhlfürst

Mords-Ferien

Der Sachse

lässt das Reisen nicht

BUCHVOLKverlag

Bibliografische Information der Deutschen Bibliothek
Die Deutsche Bibliothek verzeichnet diese Publikation in der Deutschen Nationalbibliografie; detaillierte bibliografische Daten sind im Internet abrufbar unter http://dnb.ddb.de.

Personen und Handlung sind frei erfunden. Ähnlichkeiten mit lebenden oder toten Personen sind rein zufällig und nicht beabsichtigt.

1. Auflage Oktober 2013

Umschlaggestaltung, Layout und Satz: Ulrich Puhlfürst
Illustrationen: Ralf Alex Fichtner
Schrift: Minion Pro
Druck und Bindung: DZA Druckerei zu Altenburg GmbH

ISBN: 978-3-9815604-8-0

www.buchvolk.de

CHRISTINE SYLVESTER ◉ *Oh làlà, Herr Kommissar* 6
SYLVIA EGGERT ◉ *Eine(r) wird sterben* 29
MARIO ULBRICH ◉ *Zwei perfekte Morde* 44
NESSA ALTURA ◉ *Die Libellenmörder* 52
ANETT STEINER ◉ *Schnauze!* 61
WOLFGANG SCHÜLER ◉ *Der kleine und der große Klaus* 66
STEPHAN HÄHNEL ◉ *Anschlussverbindung* 81
ETHEL SCHEFFLER ◉ *Keine Rückkehr nach Heidiland* 94
SYLKE TANNHÄUSER ◉ *Abserviert im Zillertal* 107
MITRA DEVI ◉ *Mimi mit dem Krimi* 116
REGINA SCHLEHECK ◉ *Über die Erfindung des Tatars* 118
CLAUDIA PUHLFÜRST ◉ *Ein Silberstreif am Horizont* 124
SVEN DIETRICH ◉ *San Michele kann warten* 136
GÜNTHER ZÄUNER ◉ *Hundert Millionen Kerzen* 151
SOPHIE SUMBURANE ◉ *Franz* 164
JAN FLIEGER ◉ *Das Gesicht* 170
RALF ALEX FICHTNER ◉ *Der zweifelhafte (Fahr)Gast* 174
ANGELA L. FORSTER ◉ *Reise in die Vergangenheit* 177
ANETT STEINER ◉ *Jenseits des Waldes* 187
UWE SCHIMUNEK ◉ *Es sterben immer die Falschen* 204
ETHEL SCHEFFLER ◉ *Manchmal werden Träume wahr* 212
KATRIN ULBRICH ◉ *Und wenn sie nicht gestorben sind* 217
MITRA DEVI ◉ *Der Bestatter* 234
SYLKE TANNHÄUSER ◉ *Verliebt-verlobt-tot* 236
WOLFGANG SCHÜLER ◉ *Karl May in den USA* 246
MITRA DEVI ◉ *Schlummertrunk* 266
Die Autoren 268

CHRISTINE SYLVESTER

Oh làlà, Herr Kommissar

Mit Kaffee und Croissants sitzt Wotan Kellermann auf der Terrasse und blinzelt in die Sonne. Tief unten glitzert das Mittelmeer in der *Baie de Garavan* … Vorgestern schönes Wetter, gestern schönes Wetter, und heute und morgen sowieso. Und viel freie Zeit, Wetter, Wind und leichte Wellen zu genießen. Endlich, nach all den Dienstjahren. Und dann ohne Rita!

Da hätte es nun endlich richtig losgehen können nach seiner Pensionierung im letzten Jahr. Und dann stirbt sie einfach. Wotan Kellermann seufzt in seine Kaffeetasse.

Noch vor Antritt bei der Kripo hatte er damals seine Rita geehelicht. Über vierzig Jahre waren sie verheiratet gewesen. Nicht immer leicht, die Zeit mit Rita. Sie hatte stets viele Verehrer um sich geschart. Und er hatte viel zu wenig Zeit für sie gehabt. Die Kripo hatte ihn gebraucht. Er hat Verbrecher geschnappt und Fälle gelöst. Gemeinsam mit den Kollegen von »Raub 2« hat er Dresden sicherer gemacht. Kein Überfall, den sie nicht aufgeklärt haben, kein Raub, der nicht bestraft worden ist.

Wotan Kellermann strafft seine Rückenmuskeln und legt den Kopf leicht zur Seite. So wie er es immer zu Beginn einer Vernehmung gemacht hat.

»Du lügst dir mal wieder in die Tasche«, hört er Ritas Stimme sagen. Ja, ja, sie hat ja recht. Nicht alle Fälle haben sie umgehend klären können. An manchen haben sie ganz schön zu knabbern gehabt.

»Mein Lieber, mach dir nichts vor«, verlangt Ritas Stimme streng in seinem Ohr. »Da war doch dieser spektakuläre Bankraub, den du bis zu deiner Pensionierung nicht zu den Akten legen konntest.« *Ach, Rita, wie recht du wieder hast.* Der Überfall auf die Sparkasse am Güntzplatz, 2001. Ein mit einer auffälligen Mütze maskierter Bankräuber hatte bewaffnet eine halbe Million Mark erbeutet und eine Bankangestellte als Geisel genommen. Vor zwei Jahren erst hat Wotan resigniert die »SoKo Mütze« aufgelöst. Zehn Jahre lang waren die Ermittlungen ins Leere gelaufen. Kein Täter, keine Geisel – und nicht einmal Spuren der registrierten Geldscheine.

»Die Frau ist mit Sicherheit ermordet worden.« In Ritas Stimme schwingt der Vorwurf. »Und du hast das nicht verhindert.«

Wotan runzelt verärgert die Stirn. »Immerhin ist bis heute keine Leiche gefunden worden.« Ups, hat er das gerade laut gesagt? Dreht er nun doch durch vor Einsamkeit? Hier, in dem Land, wo die Zitronen blühen. So hatte es damals angefangen. So war er hierher geraten. Rita hatte den lieben langen Tag Goethe-Verse zitiert. »Kennst du das Land, wo die Zitronen blühn.« Und dann hatte sie ihn nach Südfrankreich geschleppt, im März 2002. Seit die Kinder aus dem Haus waren, hatten sie ihre Urlaube außerhalb der Schulferien gemacht.

»Im dunklen Laub die Gold-Orangen glühn«, hört er Rita rezitieren. Sie waren über Cannes und Nizza nach Menton gelangt. »Ein sanfter Wind vom blauen Himmel weht. Die Myrte still und hoch der Lorbeer steht.«

Wotan verzieht das Gesicht. »Rita, halt doch einfach mal die Klappe. Ich kann mich gar nicht konzentrieren.« Er dreht wirklich langsam durch. Jedenfalls wurde hier damals das alljährliche Zitronenfest begangen, und da musste es für Rita Menton sein. »Kennst du es wohl? Dahin! Dahin möchte ich mit dir, Geliebter ziehen.«

Ach, Rita … Er wischt sich eine Träne aus dem Augenwinkel. Und was soll er jetzt hier ohne sie? Er mag doch nicht mal diese blöde Zitronenmarmelade, die überall herumsteht, und die Rita immer allen Dresdner Verwandten und Bekannten geschenkt hat. Ihm hätte die Gartensparte in Kleinzschachwitz vollkommen gereicht. Er hat das doch alles nur für sie getan.

»Reiß dich zusammen!«, hört er Rita schimpfen. »Guck dir mal an, wie du aussiehst. Du lässt dich gehen. Rasieren könntest du dich mal wieder! Und wann warst du das letzte Mal beim Friseur? Du brauchst jemanden, der sich um dich kümmert!«

»Schluss jetzt!« Wotan springt auf. Kaffee schwappt aus der Tasse auf den Tisch. Diesmal wird Rita nicht recht behalten. Er braucht niemanden, der sich um ihn kümmert. Im Gegenteil. Nicht umsonst ist er dieses Jahr viel früher als sonst in das Häuschen nach Menton gekommen. Er hat es in Dresden nicht mehr ausgehalten. Alle kümmern sich dort unentwegt um ihn: seine Tochter, seine Schwester, seine Schwägerin. Das macht ihn krank! Rita kommt nicht wieder, und auch seine Zeit als Leiter von »Raub 2« ist ein für allemal vorbei. Er wird jetzt endlich anfangen, seinen Ruhestand zu genießen. Und er wird jetzt genau das tun, was Rita verwerflich und unschicklich gefunden hatte. Kommissar Wotan Kellermann wird jetzt genau das tun, was Rita ihm immer verboten hat.

Er wirft einen Blick auf seine Armbanduhr, bevor er sie abbindet und weglegt. Zehn Uhr am Morgen. Sehr schön. Er zieht eine Flasche Rotwein aus dem Regal.

»Wotan, nicht um diese Zeit!«, hört er Ritas empörte Stimme.

»Halt endlich die Klappe, Rita, du bist tot«, sagt er und entkorkt den Merlot.

Am späten Nachmittag erwacht Wotan mit Brummschädel in seiner Sonnenliege. Nun ja, es ist die Sonnenliege von Rita. Er hat sich noch nie gern gesonnt. Und er spürt ein leichtes Brennen auf seiner hohen Stirn. Die Terrasse liegt zum Glück inzwischen im Schatten.

Auf dem Weg ins Bad genehmigt sich der Kommissar ein Glas Wasser. Als er sich im Badezimmerspiegel sieht, fährt er über seinen Dreitagebart. Sieht doch ganz gut aus, ein bisschen verwegen.

»Wotan, du verlotterst!«, schallt Ritas Stimme. Er zuckt die Schultern. Sein Kopf dröhnt immer noch vom Alkohol. Wo sind denn die Aspirin …

»Wotan, konzentriere dich«, verlangt Rita. »Im Arzneischrank.«

Seufzend fummelt Wotan eine Packung aus dem Schränkchen und zwei Tabletten aus dem Blister. Dann wirft er die Schachtel auf den Waschbeckenrand, spült die Pillen durch seine Kehle und benetzt das glühende Gesicht.

»Zeit fürs Abendessen«, ermahnt Rita.

»Nein.« Wotan Kellermann grinst sich im Spiegel an. »Zeit fürs Spielcasino.« Da wollte er längst mal wieder hin.

»Doch wohl nicht in diesem Aufzug«, tadelt Rita.

Als er eine halbe Stunde später im dunklen Anzug die Krawatte bindet, beschwert sich Rita schon wieder:

»Diese Krawatte kann dir nur deine Mutter gekauft haben! Sieht aus wie aus einem Exquisitladen aus den Achtzigern.«

Er zieht die Krawatte fest und eine Schublade auf. Dann nimmt er ein paar Geldscheine und stopft sie lose in die Hosentasche. Das hätte Rita nie geduldet.

Als Wotan Kellermann das Spielcasino betritt, ist es noch hell. Automatisch will er einen Blick auf seine Uhr werfen, doch sein Handgelenk ist nackt unter den Manschetten. Er zückt seinen Ausweis zur Kontrolle und tauscht 200 Euro in Jetons. Dann nimmt er an der Bar einen Drink und schaut sich um. Ihm ist recht abenteuerlich zumute.

Am Roulettetisch sitzen einige Herrschaften, die allerdings weder besonders risikofreudig noch nach großem Geld aussehen. Nun, die Leute *mit* großem Geld haben es vermutlich angehäuft, weil sie es nicht im Casino verzocken. Sie tragen das kleine oder größere Schwarze zum Waschtag in die Spielbank, plänkeln mit ein paar kleinen Beträgen und tauschen nachher die Einzahlung als Gewinn zurück. Das hat ihm mal ein Kollege aus der Wirtschaftskriminalität erzählt. Nicht, dass sich Wotan Kellermann besonders für Finanzkram interessiert. Doch für Raubdelikte sind solche Informationen hilfreich. Genau genommen interessiert er sich seit diesem unseligen Bankraub 2001 dafür. Dass von der halben Million nie wieder etwas aufgetaucht ist, das auch nur die geringste Spur hergab, ist nicht nur ungewöhnlich. Er hält es noch heute für schlicht unmöglich.

Der Kommissar ordert einen weiteren Drink und schlendert, das Glas in der Hand, hinüber zum Roulettetisch. Das Einsatzminimum ist niedrig. Kein Wunder, hier wandern keine hohen Jetons über das Tableau. Bis vor einigen Jahren konnte man in den deutschen Casinos sogar noch große Summen Schwarzgeld ganz ohne Spiel waschen. Sie wurden einfach auf einem Depotkonto abgelegt und nach einiger Zeit als Gewinn legal weiter überwiesen. Ob es in Frankreich auch ganze vier Jahre wie in Deutschland gedauert hat, bis man sich dem europäischen Geldwäschegesetz angepasst hat?

Manchmal fragt sich Wotan, wer in dieser Welt eigentlich die Verbrecher sind. Gegen die Haifische der Finanzwelt sind die Räuber und Hehler, die er hinter Gitter gebracht hat, allenfalls Matjes. Prompt verspürt er ein leichtes Hungergefühl und nimmt hastig einen weiteren Schluck. Matjes hat Rita immer so gern zubereitet. Am meisten geliebt hat er ihr Dresdner Häckerle.

Er schüttelt den Gedanken ab, nimmt Platz, überreicht eine Handvoll Jetons und annonciert beim zuständigen Croupier das erste Dutzend. »Premier.«

Der Croupier platziert die Plastikmarken mit flinken Fingern auf den entsprechenden Feldern des Tableaus.

»Faites vos jeux!«, sagt sein Kollege an der Cuvette.

Die Scheibe dreht sich, die Kugel wird entgegen der Drehrichtung eingeworfen. »Rien ne va plus.«

In Wotans Gehirn zuckt ein Blaulicht auf. Die Stimme des Croupiers wird zu einem jaulenden Sirenenton. Wotan blickt in den Roulettekessel. Sein Blick folgt der Kugel, er lauscht dem gedämpften Gemurmel im Casino.

»Zero«, vermeldet der Croupier.

Jetons werden geschoben. Das Gemurmel wird verwaschener. Es geht in die nächste Runde.

Automatisch annonciert der Kommissar das mittlere Dutzend. »Milieu.« Und plötzlich steht er wieder mittendrin. Hält sein Funkgerät umklammert, ordnet die Absperrung auf dem Güntzplatz an, fordert Verstärkung an.

»Faites vos jeux!«

Banküberfall – Routine. Die üblichen Spielregeln. Hätte er die Gefahr damals schneller erkennen müssen? Hatte er von vornherein falsch gehandelt? Es war alles so schnell gegangen. Und dann die Geiselnahme …

»Rien ne va plus.«

Wotan starrt auf die tanzende Kugel. Er hatte sofort eine Entscheidung treffen müssen. Der Schutz der Geisel hatte Priorität. Immer.

»Treize … noir, impair, manque.« Die französischen Wörter zerrinnen säuerlich in Wotans Ohren. Er nimmt seinen Gewinn entgegen, annonciert ihn sogleich für das letzte Dutzend. »Dernier.«

Dieser Bankräuber hatte sich vollkommen anders verhalten als vermutet. Üblicherweise versuchten die Täter, ihre Geisel sobald wie möglich wieder loszuwerden. Um flexibler zu sein, um weniger intensiv verfolgt zu werden. Und dennoch, der Kollege von »Raub 1« hatte geraten, die Bank zu stürmen. Doch Wotan war der Einsatzleiter, und ihm war das Risiko zu groß gewesen. Er hatte die Situation falsch eingeschätzt. Der Bankräuber hatte sich nicht im Geringsten auf Verhandlungen eingelassen, auch nicht auf einen Austausch der Geisel.

»Faites vos jeux!«

Wotan leert sein Glas in einem Zug. Er hat sich so schuldig gefühlt, als er dem Ehemann der entführten Bankangestellten nichts über den Verbleib seiner Frau sagen konnte. Nicht nach Tagen, nicht nach Wochen, nicht nach Monaten. Sie blieb verschollen, ohne Lebens- oder Todeszeichen. Ob der Mann heute noch auf sie wartet? Ob er sie vermisst? So wie er seine Rita?

»Rien ne va plus.«

Genau. Rita ist tot. Da ist nichts mehr zu hoffen. Aber die Geisel ist immer noch spurlos verschwunden, ebenso wie die halbe Million Mark. Die Kugel rollt, und Wotan wird schwindelig. Das Geld hat ihn bei all den Räubereien kaum interessiert.

»Trente … rouge, pair, passe.«

Der Rateau tanzt über den Tisch. »Voilà.«

Der Kommissar nimmt seine gewonnenen Jetons und geht. Es dreht sich alles nur ums Geld. Rita hat recht, das ist hier nichts für ihn. Rita hatte ja immer recht. Am Schalter tauscht er die Jetons.

Der Kommissar schaut sich vor dem Casino um. Er will jetzt weiter trinken und den alten Fall vergessen. Da lockt der Schaukasten eines Clubs mit einem Auftritt von »Madame Chapeau«. Er reibt sich den Drei-Tage-Bart. Ob das etwas Unanständiges ist? Das würde Rita schwer missbilligen. Er knüllt die Scheine in die Hosentasche.

Zwei Whisky später kündigt ein Wirbel aus Tönen einen Auftritt an. Scheinwerfer blitzen, es erscheint Madame Chapeau. Wotan bestellt schnell sein nächstes Glas. In seltsam hartem Französisch begrüßt die große Lebedame das spärliche Publikum. Dann schmettert sie ein klassisches Chanson von Edith Piaf … *Je ne regrette rien.*

Der Kommissar schaut in sein Glas. Wenn er doch auch nur sagen könnte, dass er nichts bereut. Dass all seine Entscheidungen gut gewesen sind. »Schweig Rita«, murmelt er ins Glas. Und Rita hat tatsächlich seinen Kopf verlassen.

Jetzt singt die schöne Madame davon, wie gern Männer doch Frauen wären. Wotan braucht mehr Whisky, um sich in die hübsche Dame hineinzuversetzen.

»'Aben wir 'eute deutsches Pübliküm?«, haucht sie in ihr Mikrofon. Ihr Deutsch hat einen charmanten Akzent.

Er blickt auf und ruft: »Mais oui.«

»Alors.« Sie zwinkert ihm zu. »Welsches Chanson mögen Sie, mein 'Err?«

Wotan zuckt die Achseln. Ihm fällt rein gar nichts ein. Er kennt sich da nicht aus. Kennt nur die Lieblingsschallplatten von Rita, die alle in Dresden im Wohnzimmer stehen.

»Bon, chéri.« Madame Chapeau zwinkert erneut. »Reisände kennen sisch aus mit Gepäck … Isch 'ab noch einen Kofför in Berlin.«

Und schon legt sie los, das legendäre vergessene Gepäckstück in der Bundeshauptstadt zu besingen wie einst Marlene Dietrich.

Wotan lächelt in seinen Whisky und trinkt. Er hat seinen Koffer mitgebracht aus Dresden. Vor drei Tagen ist er überstürzt losgefahren ins Land, wo die Zitronen blühen. Weg von Tochter, Schwester und Schwägerin, die ihn tagtäglich bekochen, beschwatzen und bevormunden. Warum wissen Frauen eigentlich immer alles besser? Er, Kommissar Kellermann a. D., weiß sehr wohl, was gut für ihn ist. »Noch einen.« Er zeigt auf sein Glas. »Und einen für die schöne Sängerin.«

Kurz nachdem der Applaus verebbt, erscheint Madame Chapeau an der Bar. »Merci, chéri«, haucht sie mit ihrer rauchigen Stimme. »Kommst du aus Berlin?«

Wotan starrt sie aus glasigen Augen an. Sie ist groß und wunderschön. »Nee, ich kommmm auss Dresden.« Seine Sprache ist schleppend. »Kennen Sssie das?«

»Oh, mais, ehem, oui.« Sie trinkt hastig. »Wie heißt du?«

»Wotan.« Er seufzt. »Blöööder Name. Ich weiß.«

»Oh làlà.« Madame Chapeau lächelt verheißungsvoll. »Das ist immerhin der oberste germanische Gott.«

Wotan nickt und starrt auf ihren Busen. Was für entzückende Brüste … Und gleich vier davon. Was für ein Weib!

»Mon Dieu!«, hört er sie sagen, dann schwindet sein Bewusstsein.

Als Wotan Kellermann die Augen öffnet, blendet das grelle Tageslicht. Er wischt sich über die hohe Stirn und bedeckt die Augen mit der Hand. In seinem Kopf brummt es.

»Das war wohl etwas zu viel des Guten«, hört er eine energische weibliche Stimme. Rita?

»Wird's denn jetzt gehen?« Eine Dame mittleren Alters stemmt die Hände in die stämmigen Hüften. »Ich dachte schon, ich muss die Rettung rufen.«

Sie klingt wirklich ein bisschen wie Rita. Aber sie ist es nicht. Rita ist schlank und älter und schöner und tot. Mühsam rappelt Wotan Kellermann sich auf. Er liegt auf einem Kanapee in einem fremden Wohnzimmer.

»Trinken Sie das!« Die energische Fremde zeigt auf den Tisch. In einem Wasserglas löst sich gerade eine Brausetablette auf.

»Wer sind Sie?«, fragt der Kommissar. »Und wie bin ich hierher gekommen?« Schemenhaft tauchen Bilder in seinem Gehirn auf von einer schönen großen Sängerin. Dann gesellt sich Ton dazu: Lieder vom Bereuen und von Sehnsucht.

»Ich bin die Chefin«, erklärt die Fremde. »Die Chefin von dem Nachtclub, in dem Sie gestern abgestürzt sind, Herr …?« Sie sieht ihn erwartungsvoll an und reckt das Kinn nach vorn. »Nun?«

Er trinkt einen Schluck. Dann versteht er ihre Frage. »Verzeihung, Kellermann. Wotan Kellermann.« Die Frau kann doch unmöglich diese betörende Sängerin sein.

»Wissen Sie noch, wo Sie hingehören, Wotan Kellermann?« Sie mustert ihn aus skeptischen kleinen Augen. »Dann lasse ich Ihnen ein Taxi kommen.«

Er trinkt erneut, nickt. »Bitte ja, sehr freundlich.«

Die Frau dreht sich zur Tür und ruft: »Horst! Ein Taxi für unseren letzten Gast, aber zackig!«

Von draußen hört der Kommissar eine Männerstimme. »Sie sprechen sehr gut deutsch«, versucht er angesichts der etwas peinlichen Umstände zu plaudern.

»Kunststück, ich bin Deutsche.« Die Stämmige verschränkt die Arme vor der Brust. »Machen Sie Urlaub hier, allein?«

Wotan nickt vage.

»Haben Sie denn niemanden, der sich um Sie kümmert?« Sie beäugt ihn kritisch. »Sie sind ja ein Wrack.«

Der Kommissar stöhnt auf, doch er hat das Gefühl, sich rechtfertigen zu müssen. »Ich stehe etwas neben mir. Meine Frau ist verstorben.«

»Verstehe.« Die Fremde nickt. »Es ist schlimm, wenn Frauen sterben. Es ist immer besser, wenn die Männer sterben.«

»Wie bitte?« Wotan leert schnell das Glas.

»Ihr Männer kommt doch ohne uns nicht zurecht«, erklärt sie. »Völlig hilflos. Glauben Sie mir, ich weiß, wovon ich spreche.« Sie wendet sich wieder zur Tür und grölt: »Horst! Wo bleibt das Taxi?«

Ein blasser Männerkopf schaut herein. »Ist unterwegs, Chefin.« Er wendet sich an den Kommissar. »Soll ich Ihnen helfen?«

»Danke, nein, es wird gehen.« Wotan Kellermann erhebt sich vom Kanapee. »Vielen Dank für Ihre Hilfe. Und entschuldigen Sie bitte die Unannehmlichkeiten.« Er hat es eilig, der Gegenwart dieser herrischen Dame zu entkommen. Als er über den Flur eilt, hört er ihre Stimme keifen.

»Horst! Hol die Flaschen aus dem Keller und dann polierst du die Gläser!«

Erst am Nachmittag krabbelt Wotan aus dem Bett, diesmal im eigenen Haus. Anzug und Hemd bedecken die unterschiedlich gemusterten Bodenfliesen, die Rita einst in wochenlangem Abwägen ausgewählt hat. Gottergeben hatte der Fliesenleger nach ihren Anweisungen die Muster immer wieder neu angeordnet, bis Rita endlich zufrieden gewesen war. Welch ein Aufwand für ein bisschen Fußbodenraster mit Mosaiken.

Rasterfahndung … genau. Auch die Rasterfahndung über Interpol hatte die Soko »Mütze« nicht weitergebracht. Ebenso wenig wie die Fotos der jungen Bankangestellten in allen Vermissten-Datenbanken. Hübsch und adrett hatte sie darauf ausgesehen. Ob der Ehemann die falschen Fotos herausgesucht hatte? Vielleicht konnte sie nur nicht gefunden werden, weil sie längst nicht mehr aussah wie auf den Bildern. Und ein Bankräuber, der seinen Raubzug perfekt durchzieht, die Beute unsichtbar werden lässt … Ein solcher Mensch mag durchaus in der Lage sein, den perfekten Mord zu verüben: einen Mord ohne Leiche.

Wotan gönnt sich eine ausgiebige Dusche und spürt die Lebensgeister zurückkehren. Plötzlich sieht er sie wieder, die Bilder aus seinem letzten Traum: die schöne Sängerin, diese Madame Chantal … oder Chanel? Nein, Madame Chapeau.

»Wotan, bitte«, ermahnt Ritas Stimme.

Seufzend klettert der Kommissar aus der Dusche und sieht in den Spiegel. Ein breites Grinsen liegt auf seinem Gesicht. Wieder ziehen Bilder aus dem Traum vor seinem inneren Auge vorbei. Er muss diese Frau wiedersehen. Er muss vor allem seinen Aussetzer von gestern Abend wieder ausmerzen.

»Diese Dame wird nur auf Kommissar Kellermann aus Kleinzschachwitz warten«, höhnt Rita.

»Lass das mal meine Sorge sein, Rita.« Wotan schneidet seinem Spiegelbild eine Grimasse.

»Und zieh dir frische Wäsche an«, verlangt Rita. »Blamiere mich nicht.«

Wotan seufzt.

»Und trink nicht wieder so viel«, legt Rita nach.

»Ja, ja.« Der Kommissar beginnt sich zu rasieren.

Diesmal hat er sich einen kleinen Imbiss gegönnt. Nicht, weil er Appetit gehabt hätte, sondern um sich die Zeit zu vertreiben, bis der Nachtclub seine Pforte öffnet. Erleichtert liest Wotan im Schaukasten, dass auch heute Abend ein Auftritt von Madame Chapeau auf dem Programm steht. Sie scheint so etwas wie das Markenzeichen des Clubs zu sein.

Wotan drückt sich vor dem Eingang herum und beobachtet die Gäste, die den Club betreten. Es sind Pärchen und kleinere Gruppen, vermutlich Touristen.

Er kontrolliert die losen Geldscheine in seiner Hosentasche und hört Rita Luft holen. *Nein.* Der Kommissar strafft seine Rückenmuskeln und legt den Kopf leicht zur Seite, so wie er es immer zu Beginn einer Vernehmung gemacht hat, und geht hinein.

Er setzt sich an die Bar, schaut sich um, trinkt – diesmal nur Merlot, wegen des deutlich geringeren Alkoholgehalts – und wartet. Er wartet, trinkt und schaut sich um. Er trinkt, schaut sich um und wartet. Immer wieder erfreut eine Tanztruppe das Publikum. Junge Dinger in einem Hauch von Glitzerkostümen, die schmalen Körper ständig in Bewegung, um sie nicht auskühlen zu lassen.

Dem Kommissar wird auch ganz ohne Bewegung heiß. Er schiebt sich den scheuernden Kragen vom Hals, lockert die Krawatte. Nach dem vierten Glas Merlot ist es endlich so weit. Scheinwerferstrahlen zucken über die Bühne, eine mitreißende Melodie erklingt und Applaus brandet auf, als Madame Chapeau das Mikrofon erreicht. Wotan blickt gebannt auf die Bühne, kann seine Augen gar nicht mehr abwenden von dieser großen Frau mit der wallenden roten Mähne und den üppigen Rundungen im eng anliegenden Paillettenkleid.

Zunächst schmettert sie einige kleine französische Chansons, allesamt bekannte Stücke, die das touristische Publikum begeistern. Auch der Kommissar applaudiert – weniger dem Gesang, vielmehr der charmanten Sängerin.

Dann begrüßt sie wiederum deutsche Gäste. Wotan erglüht, als sie nun mit rauchiger Stimme fordert, es solle rote Rosen für sie regnen. Versonnen wiegt er sich in der Musik. Irrt er sich, oder hat sie ihm gerade zugezwinkert? Er wagt es nicht, sich abzuwenden, um weiteren Wein zu bestellen.

Jetzt dreht sie dem Publikum den Rücken zu. Sie reißt den Arm hoch, beginnt mit leiser Stimme, ganz ohne musikalische Begleitung … »Es ist ja ganz gleich, wenn wir lieben und werrr uns das Herrrz einmal brrricht … Wir werden vom Schicksal getrrieben, und das Ende ist immer Verzicht« …

Der Kommissar spürt deutlich die intensive Spannung. Nur noch wenige Textzeilen, dann wendet das wundervolle Weib sich um, Instrumente setzen ein, und mit einem tiefen Blick schmettert Madame Chapeau: »Nurrr nicht aus Liebe weinen, es gibt auf Errrden nicht nur den Einen, es gibt so viele auf dieser Welt, ich liebe jeden, derrr mirrr gefällt.«

Erst als die Sängerin die Bühne verlässt, ist Wotan in der Lage, seinen Blick abzuwenden. Er bestellt Wein und hört plötzlich die betörende Stimme neben sich.

»Ah, Wotan, Mon Dieu.« Sie nimmt auf dem Hocker neben ihm Platz und wirft elegant ein Bein über das andere.

»Nehmen Sie auch einen Wein, Madame?« Wotan räuspert sich. Sein Hals kratzt.

»Sehr gern.« Sie lächelt verführerisch. »Mon Dieu de Dresden, erzähl mir von deiner wunderbaren Heimat.«

Wotan schluckt, sein Hemdkragen kratzt. »Ach, was soll ich da erzählen?« Er denkt an Ritas Warnung: »Diese Dame wird nur auf Kommissar Kellermann aus Kleinzschachwitz warten.« »Von unseren Sehenswürdigkeiten?«

»Aber nein, die kennt doch jeder.« Madame Chapeau lacht kehlig. »Erzähl mir von dir und deiner Stadt. Wo lebst du dort? Wie lebst du dort? Dresden ist so wunderschön.«

»Ja?« Der Kommissar denkt an seine lästige Verwandtschaft, die Nachbarn, die ihm stets im Garten zur Hand gehen und ihn ablenken wollen, die Grillabende, die ohne Rita keinen Spaß machen. »Natürlich ist die Stadt schön. Aber ich halte es dort nicht mehr aus.«

»Du unzuverlässige kleine Schlampe«, tönt es plötzlich hinter der Bar. Es ist die energische Chefin, auf deren Kanapee Wotan heute Morgen erwacht ist. Sie steht vor einer jungen Frau in Kellnerkleidung und keift auf sie ein. »Dann holst du die Getränke eben allein aus dem Keller! Sofort!«

»Das halte *ich* nicht mehr aus«, raunt Madame Chapeau und lässt sich vom Hocker gleiten. »Bin gleich wieder bei dir, Mon Dieu.«

Wotan sieht ihr nach, wie sie auf ihren hohen Absätzen hinauseilt. Seine Gedanken wandern nach Dresden. Und während die Lichter auf der Tanzfläche mit Körpern um die Wette zucken, tauchen vor seinem inneren Auge all die Dinge wieder auf: die Blaulichter auf dem Güntzplatz, die Absperrung vor der Bank, der wilde Funkverkehr und seine Entscheidung, die er so bitter bereut. Er seufzt in seinen Merlot. Immerhin schweigt Rita und bald darauf naht die elegante Lebedame.

Mit Schwung lässt sich Madame Chapeau auf dem Barhocker nieder. »Lässt sie das arme Mädel allein die schweren Kisten schleppen.« Sie schüttelt ihre wundervolle Mähne. »Das kann man doch nicht zulassen.«

Wotan Kellermann kann sich gar nicht satt sehen. Die Empörung macht sie noch schöner. »Sie haben ihr geholfen?«

»Natürlich, das kann man doch nicht mit ansehen, wie diese Frau ihre Mitarbeiter behandelt.« Madame Chapeau spricht nun so akzentfrei Deutsch, dass der Kommissar sie verblüfft ansieht. Hat sie die ganze Zeit schon so gut gesprochen, und ihm fällt das erst jetzt auf?

»Sie sprechen hervorragend Deutsch«, hebt Wotan an.

»Ich bin aus Deutschland.« Die Lebedame greift zum Glas. »Und ich habe mein schönes Dresden schon viel zu lang nicht mehr gesehen.«

»Ach, so ist das«, ruft der Kommissar erstaunt. »Das ist ja ein toller Zufall. Darauf müssen wir aber anstoßen.« Er bestellt diesmal eine ganze Flasche Rotwein. »Sind Sie denn in Dresden ebenfalls aufgetreten?« Er überlegt: vermutlich nicht, sonst hätte Rita eine solche Künstlerin bestimmt gekannt. Rita war ja immer ganz rege gewesen in regionalen Kulturangeboten.

Madame Chapeau schüttelt den Kopf. »Nein, ich habe dort ein ganz anderes Leben geführt. Eine andere Welt.«

Einer der Barkeeper schenkt Wein ein.

Die Lebedame nimmt einen kräftigen Schluck. »Ich komme aus der Finanzbranche.«

»Oh.« Wotan stellt sein Glas ab. »Das hätte ich nicht gedacht.«

Sie nickt. »Ein schreckliches Metier. Nur Betrügereien, dreckige Geschäfte und Intrigen. Und das auf hohem Niveau. Je höher die Posten, desto größer die Schweinereien, glaub mir.« Sie lächelt den Kommissar an. »Ich habe es irgendwann einfach nicht mehr ertragen.«

Erneut taucht die energische Chefin hinter der Theke auf. »Warum steht ihr Idioten euch hier gegenseitig auf den Füßen?« Sie klatscht in die Hände. »Sofort ein Mann rüber ins Casino! Die Bar dort braucht Verstärkung. Wofür bezahle ich euch müde Säcke denn?!«

Einer der Barkeeper legt sofort sein Trockentuch zur Seite. »Oui, Madame!« Dann stürmt er hinaus und rennt dabei fast einen Gast um.

Madame Chapeau sieht Wotan vielsagend an und zischt: »Sie ist ein widerliches Weib.«

Der Kommissar sieht der energischen Chefin nach. »Gehört das Casino denn mit zum Club?«

Madame Chapeau seufzt. »Ja. Diese Hexe leitet kein Unternehmen, die führt ein tyrannisches Regiment.«

Ein, zwei Schlucke Rotwein lang sitzen sie schweigend nebeneinander. Wotan beobachtet, wie sie eine Haarsträhne um den Finger wickelt. Sie wirkt nachdenklich, fast traurig.

»Heimweh kann krank machen«, sagt sie. »Ich sehne mich unglaublich nach unserer schönen Stadt, möchte so gern mal wieder durch den Großen Garten schlendern oder an der Elbe sitzen.«

»Sie haben das ganze Mittelmeer vor der Nase«, wirft Wotan ein.

»Ich hatte einen wunderschönen Kleingarten an der Elbe.« Sie trinkt. »Direkt an der Fähre in Johannstadt. Ich brauche keine Zitronenbäumchen, ich hatte damals wunderbare Kletterrosen.«

Der Kommissar sieht sie aus großen Augen an. Er kann sich eine Frau wie sie nicht in einem Kleingarten vorstellen. »Johannstadt?«, fragt er. »Die Gärten auf den Elbwiesen?«

Madame Chapeau nickt betrübt in ihr Weinglas.

»Die sind seit dem Hochwasser weg«, erklärt er. »Das so genannte Jahrhunderthochwasser von 2002.« Er trinkt hastig Wein. Das Hochwasser, das war ziemlich genau ein Jahr nach dem Banküberfall gewesen. Das weiß er noch genau, weil sie Anfang 2002 mit der Einführung des Euro die Fahndung nach dem Beutegeld ausgeweitet hatten.

Madame Chapeau scheint ihre trüben Gedanken mit einer Geste wegzuwischen. »Vergangenheit. Erzähl mir von dir, Mon Dieu. Warum möchtest du deine schöne Heimat verlassen?«

Wotan sieht ihr melancholisches Lächeln, das Leuchten ihrer Augen, und plötzlich beginnt er zu erzählen. Von Ritas plötzlichem Tod, seiner aufdringlichen Verwandtschaft, seiner inneren Einsamkeit und dem Ende seiner Arbeit als Kommissar. Es sprudelt förmlich aus ihm heraus. Sogar seine große Last, den Bankraub, erwähnt er. »Das Einzige, was mir in Dresden bleibt, ist ein alter ungelöster Fall. Der einzige in meiner gesamten Dienstzeit.«

»Was für ein Fall?« Madame Chapeau klimpert mit ihren langen Wimpern. »Etwa ein Mord?«

Wotan schüttelt den Kopf. »Raub. Obwohl ein Mord in diesem Zusammenhang nicht auszuschließen ist. Der Bankräuber hat eine Geisel genommen, die seitdem verschollen ist. Die Beute übrigens auch.«

»Mon Dieu!«

Madame Chapeau schenkt Wein nach, als die Chefin erneut hinter der Bar erscheint. »Oh, da ist ja unser deutsches Trinkwunder.« Sie sieht Wotan skeptisch an. »Heute landen Sie aber nicht wieder auf meinem Kanapee!«

»Nicht doch«, mischt sich Madame Chapeau ein. »Ich werde den Herrn Kommissar nach Hause begleiten. Verlassen Sie sich auf mich.«

»Kommissar also?« Die Chefin mustert Wotan erneut. »Es wird ja immer besser. Da hat man also die Polizei im Haus, und die kann nicht einmal gerade laufen.« Sie wendet sich kopfschüttelnd ab.

Wotan greift nach seinem Glas. »Die würde mit Sicherheit niemand als Geisel nehmen.«

Madame Chapeau lacht auf. »Gehen wir zu dir, Mon Dieu?«

»Wotan, das geht wirklich zu weit«, hört er Rita in seinem Brummschädel. Er blinzelt in die Sonnenstrahlen, die durchs Schlafzimmerfenster fallen.

Nebenan in der Küche rauscht Wasser, klappert Geschirr. Rita? Nein, Rita ist doch tot. Dann tauchen ein paar Bilder des gestrigen Abends in seinem Kopf auf; auf jedem ist die große stolze Madame Chapeau zu sehen. Und dort, über dem Stuhl hängt ein schwarzes Etwas aus unzähligen Pailletten. Wotan schwingt sich aus dem Bett und stolpert über achtlos herumliegende hohe Schuhe. Er lässt sich auf die Bettkante zurücksinken. Ein hauchdünner Damenstrumpf baumelt am Bettpfosten. Der Kommissar fährt sich mit der Hand durchs Gesicht, sieht dann an sich herunter. Er hat sein Hemd und seine Unterhose an – und auch seine Socken. Gut, dass Rita das nicht sehen kann! Er streift sie schnell von den Füßen. Die schöne Lebedame … Er spürt, wie seine Mundwinkel zu den Ohren wachsen. Er springt auf und stutzt: Haare. Dort liegt eine rote Löwenmähne in der Ecke, und gleich daneben ein Büstenhalter, der schon reichlich von dem enthält, was er doch eigentlich halten soll – ein mit Schaumstoff gefülltes Gebilde.

Schnell folgt der Kommissar dem fröhlichen Pfeifen in die Küche. Dort steht ein Mann in Wotans Bademantel und holt Tassen aus dem Schrank. »Guten Morgen, alter Germanengott, möchtest du Kaffee?«

Wotan muss sich am Türrahmen festhalten. »Was ist hier los, wer …?« Nun, diese Frage kann er sich selbst beantworten. Die schöne Madame Chapeau ist ein Monsieur.

Und der reicht ihm gerade eine Tasse Kaffee. »Ich nehme an, schwarz und stark ist für dich genau richtig.«

Wotan starrt ihn an. Selbst Rita hat es die Sprache verschlagen.

»Ich habe überlegt«, sagt der Fremde. »Ich kann dir sagen, wie das gelaufen ist.«

Wie was gelaufen ist? Wotan starrt in seine Kaffeetasse und spürt leichte Übelkeit. Was hat er nur getan?

»Das mit dem Geld.« Der fremde Mann trinkt. »Der Bankräuber ist ins Ausland gefahren – Belgien, Niederlande, Luxemburg – und hat immer wieder kleinere Summen in die jeweilige Landeswährung umgetauscht.«

Wotan ist verwirrt. »Wieso?«

»Flughäfen und Bahnhöfe musste er meiden. Unauffällige Beträge, die nicht gemeldet werden müssen, verschiedene Bankinstitute, Zickzackkurs über Italien nach Frankreich.« Er setzt sich an den Küchentisch. »Alles in einem halben Jahr zu schaffen.«

Auch Wotan setzt sich. »Die Euroumstellung?«

Der Mann nickt. »Hier und da etwas investieren, peu à peu.«

»Es scheint ihm gelungen zu sein«, mutmaßt Wotan.

Der Fremde lacht. »Es *ist* ihm gelungen.«

»Aber das Ganze bei einer halben Million?« Das Kommissargehirn arbeitet wieder.

»Halbe Million?« Der Mann lacht erneut. »Eine Bank ist für solche Fälle versichert. Eine Viertelmillion lohnt sich nicht, da haben die etwas aufgerundet.«

»Und die Geisel?« Wotan betrachtet den Mann. Irgendwo hat er ihn schon einmal gesehen. Er kennt sein ungeschminktes Gesicht, und hoffentlich nur das …

»Die Geisel hat mitgemacht.« Er sieht Wotan herausfordernd an. »Die war froh, aus ihrem tristen Alltag heraus zu kommen.«

»Die beiden haben gemeinsame Sache gemacht?« Wotan bleibt skeptisch. »Oder sie haben sich ineinander …« Wotan stockt. »Verliebt. Das Stockholm-Syndrom.«

Der Mann lacht auf. »Nein, bestimmt nicht. Sie hat ihn in der Hand, kann ihn jederzeit ausliefern. Sie hat den Spieß einfach umgedreht.«

»Unwahrscheinlich.« Wotan streicht über seine Bartstoppeln. »Bei so einem gewalttätigen Burschen.«

»Ist er nicht«, erklärt der Fremde. »Er hatte nicht einmal eine richtige Waffe. Kinderspielzeug.«

Wotan schüttelt den Kopf. »Na, ich weiß nicht recht …«

»Aber ich. Ich weiß es sogar ganz genau.« Der Fremde sieht Wotan an. »Ich war der Typ mit der Mütze.«

Der Kommissar verschluckt sich an seinem Kaffee. »Und die Geisel?«

»Nun, die hast du ja selbst erlebt«, sagt er bitter.

Wotan sieht den Fremden an. »Die Chefin.«

»Ja, ich bin so was wie ihr Leibeigener.« Er seufzt.

»Apropos eigener Leib.« Wotan schielt etwas verlegen über seine Kaffeetasse. »Was war heute Nacht … also, was ist da …«

»Nichts, keine Angst.« Der Bankräuber winkt ab. »Ich bin nur Travestiekünstler. Horst.«

Wotan atmet auf. »Du bist also Horst mit der Mütze, den ich zehn Jahre lang vergeblich gejagt habe.« Er schmunzelt unwillkürlich. »Und die Sommermonate habe ich immer in deiner Nähe verbracht.«

»Du kommst schon lange her?« Horst wirkt überrascht.

Wotan nickt nur und denkt an Rita. »Und ich habe mir solche Vorwürfe gemacht, die Geisel nicht befreit zu haben.«

»Ich stelle mich«, erklärt Horst. »Ich ertrage sie nicht mehr. Nur die Travestie erhält mich halbwegs, ich liebe meine Auftritte.«

»Nein.« Wotan haut mit der flachen Hand auf den Tisch. »Ich habe eine bessere Idee.«

»So?« Horst schaut überrascht.

»Stell dich mal hin«, verlangt der Kommissar und steht auf. »Wir haben doch das gleiche Alter und in etwa die gleiche Statur. Nur mit den hohen Schuhen bist du so groß.«

»Du meinst …?« Horst sieht ihn fragend an.

»Ich meine, dass du dein Heimweh ein bisschen kurieren musst«, erklärt Wotan und läuft hinüber ins Schlafzimmer. Er greift zur Perücke und stülpt sie sich schief auf den Kopf. Dann schlüpft er in die hohen Schuhe von Madame Chapeau und stakst etwas wacklig durch den Raum.

»Aus dir können wir eine hübsche Madame machen.« Horst steht lachend im Türrahmen. »Madame Déesse, das heißt Göttin.«

»Oder La Citronette, das klingt mehr nach Hausgebrauch.« Auch Wotan lacht. »Im Ernst, bring mir dieses Gesinge ein bisschen bei, und ich vertrete dich, unwürdig zwar, aber die meisten Gäste in der Bar sind doch sowieso betrunken.«

»Du meinst, ich soll als Kommissar a. D. nach Dresden reisen?« Horst kratzt sich am Kinn.

»Es denken doch alle, ich bin länger weg«, sagt Wotan. »Und du hast für den Notfall die Papiere.«

Horst grinst. »Und was machst du, wenn ich dich hier bei der Hexe hängen lasse?«

»Dann lasse ich dich festnehmen.« Der Kommissar verschränkt die Arme vor der Brust. »Und die Hexe krieg ich klein. Sie hängt genauso in der Sache drin wie du.« Er posiert vor dem Spiegel.

»Wotan, bis du jetzt total irre?«, zetert Rita in seinem Kopf. Doch Wotan will sie nicht hören, will sie übertönen und schmettert aus voller Kehle: »Non, rien de rien, non, je ne regrette rien …«

SYLVIA EGGERT

Eine(r) wird sterben

Er hatte den Köder ausgeworfen.
Sie hatte angebissen.
Nun brauchte er sie nur noch in Empfang zu nehmen.
Heute Abend.
Dann würde sie die Hauptfigur werden.
In seinem ganz persönlichen Krimi.

⊙

»Aus betrieblichen Gründen heute ab 15 Uhr geschlossen« hatte in dicken Lettern an der Ladentür der kleinen Leisniger Krimibuchhandlung geprangt, die Lisa heute aus sehr persönlichen be-*trieb*-lichen Gründen pünktlich um drei verlassen wollte. Aber da war erst die Kundin gewesen, die das Schild, das eigentlich nicht zu übersehen gewesen war, doch übersehen hatte: Sie brauche unbedingt noch einen Krimi, von wem sei egal, Hauptsache dick. Lisa hatte die dicke Dame ganz schnell mit einem ganz dicken Mankell aus dem Laden zu komplimentieren versucht. Aber den hatte die Kundin schon gelesen, genauso wie die fünf weiteren umfänglichen Werke anderer Autoren, die Lisa ihr empfahl. Erst ein dicker Nesser konnte die

Frau zufriedenstellen. Lisa war kaum genug Zeit geblieben, ein stoßgebetsähnliches »Endlich!« zu seufzen, da hatte das Telefon geklingelt: einer ihrer wichtigsten Großkunden. Keine Frage – auch der musste erst noch beglückt werden, bevor sich Lisa auf den Weg machen konnte, um sich selbst beglücken zu lassen …

Es war bereits zwei Stunden nach ihrer geplanten Abfahrtszeit, und die Abenddämmerung begann, den winterlichen Himmel in ein seltsam blaues Licht zu tauchen, als Lisa endlich ihr Auto von einer dünnen frisch gefallenen Schneeschicht befreien, die Reisetasche ins Auto hieven und ins fast fünfhundert Kilometer entfernte Nordrhein-Westfalen aufbrechen konnte.

Der Verkehrsfunk verkündete – dem Winterdienst sei Dank – freie Fahrt auf der A14 und – welch Wunder – auch auf der A2. Allerdings drohte der Wetterbericht mit Hagel- und Schneeschauern in Sachsen-Anhalt sowie mit streckenweise starken Windböen. Letztere verspürte Lisa, kaum dass sie die Autobahnauffahrt Leisnig hinter sich gelassen hatte. Sie musste das Lenkrad sehr energisch festhalten, während sie die erste CD eines Krimihörbuchs vom Beifahrersitz angelte und einlegte.

Als sie auf den Startknopf drückte, verkündete eine kühle weibliche Stimme: »Val McDermid: *Ein kalter Strom,* gelesen von Elke Schützhold.« Lisa kannte schon einige Bücher der Schottin, aber das hier noch nicht. Sollte ziemlich gruselig sein. Das hatte zumindest eine Kundin dazu gemeint.

Anfangs fragte sich Lisa, was an dem Krimi so schaurig sein sollte. Doch so, wie sich mit jeder Minute Fahrzeit der winterliche Abendhimmel mehr und mehr schwärzte, so verdunkelte sich mit jedem Satz der

Sprecherin auch die Atmosphäre der Geschichte. Und so, wie sich mit jeder Minute Lesezeit die Düsternis des Krimis verdichtete, so verdichtete sich, je näher Lisa Leipzig kam, der Fahrzeugstrom. Als sie das Messegelände passierte, jagten ihr nicht nur die kreuzgefährlichen Überholmanöver völlig aufgedrehter LKW-Fahrer Schauder über den Rücken, sondern nun auch der Krimi, dessen Handlung so richtig Fahrt aufgenommen hatte. Die Autorin malte gerade sehr anschaulich aus, wie ein Psychopath sein ahnungsloses Opfer erst betäubte, dann nackt auf dem Küchentisch fesselte, um anschließend geduldig darauf zu warten, bis das Opfer wieder zu Bewusstsein kam. Dann erst ertränkte er den Mann, indem er ihm Wasser in einen in die Luftröhre eingeführten Schlauch goss. Als die Sprecherin nun noch sehr kühl und distanziert beschrieb, wie der Psychopath zu guter Letzt mit einem eisigen Lächeln eine äußerst makabre Trophäe in einem Glas versenkte, spürte Lisa endgültig, wie sich ihr Nackenhaar sträubte. Bei dem im Formalin schwebenden Hautlappen mit Kräuselhaaren handelte es sich nicht um Haut vom Kopf des Opfers, sondern von einer Körperregion, die sich einige Etagen tiefer befand …

»Nur gut, dass es solche kranken Hirne nur in der Fantasie von Schriftstellern und in meiner Krimibuchhandlung gibt«, dachte Lisa. Sie wusste, dass sie über eine außergewöhnliche Vorstellungskraft verfügte. So erlebte sie Szenen wie diese nicht nur in ihren Gedanken, sondern empfand sie regelrecht körperlich mit, dabei stets hin- und hergerissen von einer Gefühlsmischung aus Abstoßung und heimlicher Faszination, für die sie sich vor sich selbst schämte.

Lisa schaltete den CD-Player aus und fragte sich in diesem Moment erneut, wieso sie ausgerechnet dem

Krimi verfallen war – mit all den düsteren Geschichten über die tiefsten Abgründe menschlicher Schattenseelen. Schon als Jugendliche hatte sie sämtliche Krimis der städtischen Bibliothek durchgeschwartet und davon geträumt, eines Tages Rechtsmedizinerin zu werden.

Von ihrem ersten selbst verdienten Geld hatte sie sich nicht wie die anderen Mädchen ihres Alters modische Klamotten, sondern ein Mikroskop gekauft. Wenige Tage später war sie damit und mit allerlei selbst gefertigten Präparaten aus der heimeligen Küche ihrer Kindheit geflogen. Ihre Mutter hatte Lisa nämlich dabei ertappt, wie sie Schnecken, Regenwürmer und allerlei anderes Getier erst im Kochtopf zu Tode brühte, dann mit Vaters Rasierklingen sezierte und schließlich die selbst hergestellten Präparate unterm Mikroskop studierte. Lisa hatte all das nicht etwa aus Lust am Tierquälen getan. Nein, ihr Vorgehen war von einem faustischen Interesse getragen, von der Suche nach dem, was »die Welt im Innersten zusammenhält«.

Leider hatte ihr Notendurchschnitt nicht für eine berufliche Perspektive als Rechtsmedizinerin ausgereicht. Um ihr Faible für den Krimi trotzdem weiterleben zu können, hatte Lisa sich für Germanistik und Psychologie entschieden. Die Praxis zeigte, dass die beiden Fächer wenig Kriminelles zu bieten hatten. Doch – welch Zufall – gerade als sie ihr Studium beendet hatte, starb ihr Großvater und vererbte ihr ein erkleckliches Sümmchen, das ausreichte, um sich in ihrer alten Heimatstadt mit dem kleinen Krimi-Stübchen selbstständig zu machen. Ganz gegen den allgemeinen Trend des Buchhandlungssterbens war Lisa auf Grund ihres ausgeklügelten Konzepts sehr erfolgreich. Sie erwies sich nämlich nicht nur als Kennerin der Szene mit ausgezeichneten Kontakten zu verschiedenen Krimiautoren im »Syndikat« oder bei den »Mörderischen Schwestern«, Lisa besaß außerdem den richtigen Riecher für Veranstaltungen mit spannenden Formaten, was nicht nur zu zahlreichem Publikum in ihrer Buchhandlung, sondern auch zu einem lebhaften Echo in der überregionalen Presse geführt und ihr damit eine wirkungsvolle Werbung beschert hatte.

Die Bücherstube war ihre Familie, ihre Freundin, war ihr Leben. Für sie kämpfte sie, wenn gekämpft werden musste.

Kämpfen musste Lisa auch im Augenblick, und zwar mit dem Zorn auf die LKW-Fahrer, die sich auch im Magdeburger Raum auf ihren »Böcken« eher wie wild gewordene Rodeo-Reiter in einer amerikanischen Arena benahmen, statt wie zivilisierte Verkehrsteilnehmer auf einer deutschen Autobahn.

Um sich nicht zu sehr in ihre Wut zu versenken, malte Lisa sich aus, wie es nachher wohl werden würde, wenn sie Karl das erste Mal gegenüberstand. Lisa konnte den Moment kaum erwarten, da sie dem Mann, der sie so faszinierte, endlich persönlich begegnen würde.

Wie würde wohl ihre Begrüßung ausfallen? Würde es eher ein spröder Handschlag werden? Oder das heute üblich gewordene Küsschen rechts und Küsschen links?

Eigentlich war Lisa eine eingefleischte Single-Frau. Aber als sie letztes Jahr am Abend ihres vierzigsten Geburtstags ganz allein mit einem Glas Rotwein und einem Buch in ihrer kleinen Wohnung über dem Bücherstübchen gesessen hatte, war ihr schlagartig klar geworden, wie einsam sie war. Der Einsatz für die Buchhandlung hatte sämtliche Freundschaften verkümmern lassen; mit ihren Eltern hatte sie sich vor Jahren überworfen, und für einen Partner oder Kinder war nie Zeit gewesen.

Die Sehnsucht nach einem Mann an ihrer Seite war ganz überraschend über sie gekommen – allerdings mit einer Intensität, die sie fast umgeworfen hatte. Zu ihrem eigenen Erstaunen bemerkte sie plötzlich, dass es unter ihren männlichen Kunden ganz offensichtlich etliche gab, die eher ihretwegen als wegen der Bücher in den Laden kamen. Doch es war keiner dabei gewesen, der auch nur einen Funken Interesse bei Lisa geweckt hätte.

Da die Arbeit im Geschäft sie so sehr in Anspruch nahm, dass sie keine Gelegenheit hatte, auf anderen Wegen nach einem Mann zu suchen, tat Lisa schließlich das, was sie eigentlich niemals hatte tun wollen: Sie versuchte ihr Glück über eine Partnerbörse im Internet.

Schon nach wenigen Tagen hatte ER Kontakt mit ihr aufgenommen. Karl!

Sein Foto hatte sofort ihre Aufmerksamkeit geweckt, vor allem sein Blick, der ihr so unergründlich und geheimnisvoll erschienen war, wie manches Buch in ihrem Laden. Auch sein Profil fesselte sie, und vieles von dem, was er schrieb, erschien ihr seltsam vertraut. Vielleicht lag es ja daran, dass auch er für spannende Geschichten und für Psychologie schwärmte. Oder daran, dass er ein ähnlich einsiedlerisches Leben führte, wie sie. Nicht zuletzt hatte Lisa vieles an seinem Verhalten als überraschend außergewöhnlich und ausgesprochen faszinierend empfunden. Kaum dass die beiden beschlossen hatten, sich näher kennenzulernen, hatte er nämlich angefragt, was sie davon hielte, wenn sie ihre Profile im Internet löschen und sich stattdessen Briefe schreiben würden. Tatsächlich: nicht E-Mails, sondern Briefe! Wie romantisch!

Gleich im ersten hatte er dann auch noch vorgeschlagen, ihre Bekanntschaft als Geheimnis zu hüten, vorläufig natürlich nur …

Lisa hatte erst gestutzt, schließlich hörte man immer wieder Warnungen, dass Partnerbörsen Tummelplätze für Betrüger seien. Doch andererseits war Karls Vorschlag ganz nach ihrem Geschmack, zauberte er doch eine zusätzliche Spannung in ihre Beziehung. Und als sie nach einigen Wochen erstmals seine volle, dunkle Stimme am Telefon gehört hatte, verspürte Lisa tief in ihrem Inneren ein Knistern und Vibrieren, wie sie es sonst nur bei der Lektüre eines besonders fesselnden Thrillers erlebte.

Ihm schien es ähnlich zu gehen. Die Inhalte ihrer Gespräche wurden von Mal zu Mal prickelnder. Schließlich versicherten sie sich per Videokontakt über Skype, dass sie mehr voneinander wollten, als nur *platonische* Liebe.

Ja, und so hatte Karl sie zu sich nach Hause eingeladen. In sein romantisches Blockhaus. Für dieses Wochenende. Erneut unter dem Siegel größter Verschwiegenheit.

Und wieder fragte sich Lisa, ob dieser Mann vielleicht doch etwas zu verbergen hatte. Eine Ehefrau zum Beispiel. Doch wenn Lisa sich selbst gegenüber ehrlich war, dann war es ihr im Grunde völlig egal, ob Karl ihr irgendwen oder irgendetwas verschwieg. Sie fühlte sich von ihm angezogen wie die Fliege von der Sahne und war bereit, ein Abenteuer zu wagen.

Diese soeben wieder ins Bewusstsein gerückte Entschlossenheit ließ Lisa sämtliche weiteren Unwägbarkeiten ihrer Reise mit stoischer Ruhe ertragen. Jetzt konnten sie weder die angekündigten und nun tatsächlich einsetzenden Schnee- und Hagelschauer auf sachsen-anhaltischer Strecke, noch der Stau bei Hannover oder der dichte Verkehr in Bad Oeynhausen aus der Fassung bringen.

Karl hatte vorgeschlagen, sie an der Autobahnabfahrt Ibbenbüren abzuholen und sie dann mit seinem weißen BMW zu sich nach Hause zu lotsen. Er wohne nämlich so abgelegen in einem Waldstück zwischen zwei westfälischen Dörfern, dass jedes Navi kapituliere. Also machte Lisa auf einem stockfinsteren Autobahnparkplatz hinter Hannover Halt und kündigte Karl per Handy ihre Verspätung an.

⊙

Dass sie etwas später kommen könnte, hatte er geahnt. Dass sie *so* viel später kommen würde, nicht.
Diese Tatsache ärgerte ihn. Schon als Kind hatte er zu spüren bekommen, dass man sich auf Frauen nicht verlassen konnte …

Am Handy ließ er sich seinen Ärger nicht anmerken.

Als er aufgelegt hatte, begriff er, dass ihre Verspätung die grundsätzliche Umsetzung seines Planes in keiner Weise bedrohte. Und als er die zusätzliche Wartezeit als etwas zu akzeptieren begann, das die Spannung in ihm weiter hochkochen würde, empfand er das als sehr erregend und gab sich ganz und gar diesem Gefühl hin.

⊙

Aufgrund der fortgeschrittenen Abendstunde leerte sich die Autobahn allmählich. Lisa stellte die CD wieder an. Gebannt lauschte sie, wie der Profiler Tony Hill versuchte, den wahnsinnigen Psychopathen aufzuspüren. Und sie zitterte mit seiner heimlichen Liebe, Detective Inspector Carol Jordan, die im Kampf gegen ein ganzes Drogenkartell im Sumpf krimineller Machenschaften zu versinken drohte.

Lisa bewunderte den Verstand des Profilers genauso, wie die Verstellungskunst und Tatkraft Carol Jordans.

Viertel vor elf näherte sich Lisa über die A 30 ihrem Ziel und klingelte, wie verabredet, Karl wieder an.

⊙

Endlich!

Er schloss die Fensterläden. Dann zündete er feierlich gestimmt die Kerzen an.

Bevor er sich auf den Weg zur Autobahn machte, schaute er sich ein letztes Mal prüfend im Raum um.

Alles war vorbereitet.

⊙

Als Lisa die Ausfahrt Ibbenbüren erreichte, wusste sie nicht, was ihr mehr Herzklopfen bescherte: die Vorfreude auf den Mann, der sie so anzog, oder der Fortgang des Krimihörbuchs.

Nur wenige Meter nach der Abfahrt erwartete Karl sie in seinem weißen BMW und blinzelte sie mit seinen Scheinwerferaugen an. Lisa fand bestätigt, was ihr schon öfter durch den Sinn gegangen war: dass verschiedene Fahrzeuge verschiedene Blicke haben – sie schauen freundlich, grimmig, verbissen oder traurig …

Karls Auto guckte ziemlich gerissen drein, fand Lisa und blinzelte mit den naiv schauenden Scheinwerferaugen ihres winzigen Citroëns zurück. Dann folgte sie Karl. Wie von ihm angekündigt, ging es schon nach kurzer Fahrt über eine Landstraße kreuz und quer über verschlungene schmale Wege in den Wald hinein. Die Finsternis um sie herum war tief. Nur einmal, als die dicke Wolkenschicht kurz aufriss, blinkte in der Ferne Mondlicht auf. Und ab und zu glühten aus dem dichten Gebüsch am Wegesrand Augenpaare.

Endlich trafen sie an Karls Blockhaus ein. Er stellte seinen Wagen in der Nähe der massiven Holzbohlentür ab. Wie von Geisterhand reagierte ein Bewegungsmelder und tauchte den Eingang in grell-weißes Licht. Der Schein blendete Lisa so stark, dass sie die Augen schließen musste. Als sie sie wieder öffnete, stand Karl schon vor ihr, um ihr galant die Autotür aufzuhalten und ihr beim Aussteigen zu helfen.

»Du kannst dir nicht vorstellen, wie sehr ich dich erwartet habe«, lächelte er Lisa an, als sie vor ihm stand und zu ihm heraufschaute.

Sie lächelte zurück und sah ihm dabei lange in die dunklen Augen, die bei dieser Beleuchtung ganz schwarz schimmerten. Er war wirklich verdammt attraktiv, dieser Karl.

Charmant führte er sie ins Haus und schloss die Tür ab.

Als sie ins Wohnzimmer trat, verschlug der Anblick ihr die Sprache. Kerzen, überall im Raum verteilt: große weiße Altarkerzen, die mit milchigem Schein brannten. Dichte Fensterläden hatten verhindert, dass der Lichtschein nach draußen dringen und Karls Überraschung vorher verraten konnte.

»Du hast dir gemerkt, wie sehr ich Kerzenlicht mag«, flüsterte sie.

Und als sie ihn gerührt anschaute, lächelte er nur zurück.

»Möchtest du etwas essen, ich hab einen kleinen Imbiss vorbereitet?«, fragte er sie.

»Eine Kleinigkeit wäre nicht schlecht, nach der langen Fahrt. Und so schnell scheinen wir ja nicht zum Schlafen zu kommen …«, zwinkerte Lisa.

⊙

Schnell nicht.
Aber tief.
Du jedenfalls.
Und lange.
Um nicht zu sagen: ewig.

⊙

Während er in der Küche verschwand, rückte sie ihre Strickjacke und das T-Shirt zurecht, über das seine Hände vorhin scheinbar ganz zufällig gestrichen waren und dabei auf ihrem Körper eine Spur prickelnder Lust zurückgelassen hatten.

Immer noch erregt, ließ Lisa sich in einen tiefen, plüschigen Sessel fallen und erneut ihren Blick im Zimmer umherschweifen, das auf sie einerseits gemütlich, andererseits aber fast über-aufgeräumt wirkte. Einzig zwei Springseile, die über einem Stuhl hingen und eine auf dem Beistelltisch neben dem Sessel herumliegende, halb von einer Zeitung verdeckte Rolle Paketklebeband, störten die akkurate Ordnung.

Leise erhob sich Lisa, trat zur Küchentür und öffnete sie einen Spalt. Karl stand völlig in sein Tun versunken mit dem Rücken zu ihr. Offensichtlich war er so konzentriert bei seiner Arbeit, dass er sie nicht bemerkte.

Wie gebannt blieb ihr Blick an einem großen Edelstahltisch mitten im Raum hängen, auf dessen blanker Oberfläche sich kühles weißes Küchenlicht spiegelte. Das Ding erinnerte Lisa eher an einen Seziertisch aus der Pathologie, denn an ein passendes Möbelstück für ein Blockhaus. Lisa spürte ein leises Frösteln.

Als sie auf einem Küchenboard dann auch noch verschiedene Apothekenfläschchen, kleine Gläser mit undefinierbarem Inhalt und einen dünnen Schlauch an einem Trichter entdeckte, überfiel die Angst sie wie »ein kalter Strom«, und ihr stockte der Atem. Die Bilder aus der Fesselszene ihres Krimihörbuches stiegen in ihr hoch, und sie begann, am ganzen Körper zu zittern.

Deshalb also sollte sie keinem etwas von ihm und ihrem Aufenthalt verraten!

Verdammt, *niemand* würde sie hier draußen hören, wenn sie um Hilfe schrie. Und abhauen? Bei diesem finsteren Waldwegelabyrinth – völlig sinnlos. Der Typ kannte sich hier aus wie in seiner Westentasche. Aber sie?!

Lisa musste sich Zeit verschaffen. Zeit, in der sie ihre sieben Sinne zusammennehmen konnte!

Leise lehnte sie die Küchentür wieder an und schlich die paar Schritte zurück zu ihrem Wohnzimmersessel. Von dort aus rief sie: »Du, Karl, ich müsste mal dein Bad benutzen ...«

»Erste Tür rechts, aber beeil dich, das Essen ist gleich fertig ...«, kam die Antwort aus der Küche.

»Ich eile!«

Lisa stürzte ins Bad und drehte den Schlüssel herum. Sie atmete tief aus und tastete nach dem Handy, das noch in der Tasche ihrer Strickjacke steckte. Gott sei Dank!

Mit flatternden Fingern begann sie zu tippen. Doch ... verdammt: ... tot!

Noch nie hatte Lisa ihre Nachlässigkeit beim Laden des Akkus so bereut, wie heute.

Um Karl nicht argwöhnisch zu machen, bediente sie die Toilettenspülung. Dann schaute sie sich hektisch um. Sie suchte etwas, ohne zu wissen, was. Um ihren Kopf klarer zu bekommen, atmete sie mehrmals tief durch – und wusste plötzlich: Sie musste etwas finden, womit sie sich wehren konnte.

»Kommst du?«, tönte Karls Stimme ungeduldig aus dem Wohnzimmer.

»Gleich, Karl, muss mich nur noch ein bisschen frisch machen.«

⊙

Na, dann mach dich mal frisch, das wird unsere Begegnung zu einer wahrhaft sauberen Sache machen!

⊙

Lisa drehte den Wasserhahn auf. Während das Wasser ins Waschbecken rauschte, durchsuchte sie die Schubfächer des Badschrankes. Dabei entdeckte sie ganz unten in einem Schubfach eine Packung ganz gewöhnlicher Rasierklingen. Die Erinnerung daran, wie sie in ihrer Kindheit mit diesen Dingern Regenwürmer und anderes Getier aufgeschlitzt hatte, blitzte in ihrem Kopf auf. Und dann dachte sie auch an die Entschlossenheit Carol Jordans, die sie vorhin beim CD-Hören so bewundert hatte.

In diesem Moment spürte Lisa Kaltblütigkeit in ihrem Inneren aufsteigen. Sicher, dieser kräftige Mann da nebenan war kein Regenwurm. Aber wozu hatte sie Tausende von Krimis gelesen? Wenn sie die Nerven behielt und die Klinge an der richtigen Stelle ansetzte …

Vorsichtig verbarg Lisa eine in ihrer Jackentasche, atmete tief durch, drehte den Badezimmerschlüssel herum und ging zurück ins Wohnzimmer.

Dort hatte Karl inzwischen den runden Tisch mit Canapés, edlem Geschirr und Stoffservietten gedeckt. Dazu funkelten zwei Kristallgläser Rotwein im Kerzenlicht – eins etwas heller, das andere kräftig dunkel.

»Du magst doch Merlot?« Er hielt ihr das dunklere hin.

Da ist was drin, dachte Lisa und machte den Test, ob er zum Gläsertausch bereit wäre: »Eigentlich schon, aber nach *der* Autofahrt würde ich lieber den leichteren trinken. Sonst schlafe ich dir noch am Tisch ein.«

⊙

Du wirst einschlafen. Das verspreche ich dir.
Aber nicht vom Wein.
Und nicht am Tisch.
Auf dem Tisch, mein Engel, auf dem Tisch.
In meiner Küche.
Für immer.

⊙

Karl tauschte ihrem Wunsch gemäß die Gläser und stieß mit ihr an: »Auf einen unvergesslichen Abend.«

Anschließend beobachtete er gespannt, wie sie den ersten Bissen von einem Canapé nahm.

»Willst *du* denn nichts essen?«, fragte Lisa, die Karls Blicke registriert hatte und vor Angst zu ersticken drohte. Nur unter größter Mühe brachte sie den Bissen herunter.

»Danke. Lang *du* nur zu. Ich hab schon«, lud er sie ein.

Ich darf nichts mehr essen, dachte sie, *ich muss ihn irgendwie ablenken.*

Sie erhob erneut das Glas, prostete Karl zu, trank und achtete darauf, dass ihre Lippen danach leicht geöffnet und feucht blieben und erotisch im Kerzenschein schimmerten. Dann schaute ihm tief in die jetzt unruhig flackernden Augen, begann sanft über seine Hand zu streicheln und rückte, nachdem sie das Glas wieder abgestellt hatte, ihren Stuhl soweit vom Tisch zurück, dass er sehen musste, wie sie ihre Schenkel einladend öffnete. All dies kostete Lisa größte Überwindung. Doch sie sah, wie Karl zu schwitzen begann.

⊙

Verdammt, ich muss bei meinem Plan bleiben.

Sex gehört nicht zum Plan.

⊙

»Du hast gut geheizt«, Lisa blickte erst zum Kaminfeuer und dann zu ihm herüber. Sie stand auf, ging um den Tisch herum, setzte sich auf seinen Schoss und begann, die Knöpfe seines Hemdes aufzuknöpfen. Zufrieden sah sie das gierige Flackern in seinen Augen.

Gier macht dumm, dachte sie und zog ihm das Hemd so über Kopf und Schultern, dass seine Arme kurzzeitig in den Ärmeln gefesselt waren. Dieser Augenblick genügte ihr, um mit der rechten Hand blitzartig in ihre Jackentasche zu fahren, die Rasierklinge herauszuholen und sie genau an der richtigen Stelle anzusetzen.

⊙⊙⊙

Früher hatte Lisa in ihrem kleinen Bücherstübchen oft davon geträumt, sich eines Tages von der Krimibuch-Konsumentin zur Krimibuch-Produzentin zu verwandeln.

Dass sie den Stoff selbst erleben und Hauptperson ihres ganz persönlichen Kriminalromans werden würde, hatte sie damals nicht geahnt.

Gestern hatte ihr der Verlag zugesichert, dass es nur noch ein paar Wochen dauern würde, bis sie ihren eigenen Thriller über die Ladentheke ihrer Buchhandlung reichen könnte.

MARIO ULBRICH

Zwei perfekte Morde

Der Mörder stand vor einer Düne am Strand von Prora auf der Insel Rügen. Es war ein Hundestrand, den Männer in der Dämmerung aufsuchten, um den Dreck ihrer Köter nicht wegschaufeln zu müssen. Der Abend war fortgeschritten, die Sonne vor einer Stunde in der Ostsee versunken. Im Hintergrund erhoben sich drohend die Ruinen der alten Nazibauten als schwarze, unheilvolle Kolosse. Vor 75 Jahren waren das hier Paläste für Sonnensucher gewesen. Heute Nacht würde in ihren Schatten jemand den Tod finden.

Seinen ersten Mord hatte der Mann im Alter von sieben Jahren begangen. Sein Opfer war ein großer Laufkäfer gewesen, fast fünf Zentimeter lang, jedenfalls bevor er ihn mit einer Schere in zwei Teile geschnitten hatte, und gelblicher Glibber wie aus einer leckgeschlagenen Shampooflasche auf die Gartenbank getropft war. Der Mörder hatte den Käfer nicht aus Ekel oder Gedankenlosigkeit zertreten wie andere Kinder es taten. Er wollte töten. Er wollte wissen, wie es sich anfühlt.

Es hatte ihn erregt.

Nun, mehr als 30 Jahre später, spürte er diese Erregung erneut.

In der Ferne erblickte er eine Gestalt. Sie zeichnete sich nur vage vor dem Himmel ab, der hier oben selten völlig dunkel wurde, aber der Mörder besaß geübte Augen. Außerdem sah er den roten Punkt einer Zigarette aufglimmen. Ein einsamer Raucher am Strand. Er schien keinen Hund dabeizuhaben. Das würde die Sache einfacher machen.

Der Mörder zog eine kleine Blechdose aus der Hosentasche. Der Behälter enthielt mehrere Zigarettenstummel, die er am Nachmittag aus dem Aschenbecher vor einem Bungalow gestohlen hatte. Sie gehörten einem Familienvater, der die Ruhe genossen hatte, während seine Frau mit den Kindern baden gegangen war. Der Mann hatte geschnarcht wie ein erschöpfter Eber und nicht einmal im Traum daran gedacht, dass jemand kommen und seine Kippen plündern würde.

Der Mörder ließ die Stummel fallen. Es lagen vermutlich Tonnen von diesem widerlichen Zeug im Sand, aber es konnte nicht schaden, der Polizei etwas zum Nachdenken zu geben. Festgetrampelter Sand, ein Häufchen ausgelutschte Zigarettenfilter. Ein Fressen für Kriminaltechniker.

Im Sanddorngebüsch direkt hinter der Stelle, an der er seit einer Stunde auf ein Opfer wartete, hatte der Mörder einen Wollfaden platziert, der aus einer Strandmütze stammte, die ein unachtsamer Urlauber verloren hatte. Er würde die Mütze nachher auf dem Weg fallen lassen als sei sie das Überbleibsel einer hastigen Flucht.

Nach dem Käfer hatte es andere Tiere gegeben. Einen Igel, Katzen, sogar einen kleinen Hund, den der Mörder mit einem Abhäutemesser aufgeschlitzt hatte. Der Hund hatte dagelegen und sich den Bauch kraulen lassen, und eine Sekunde später war er jaulend aufgesprungen und hatte sich in den Därmen verheddert, die aus ihm herausfielen. Der Mörder hatte den Hund fast ein Jahr lang gehabt, und sie waren prima miteinander ausgekommen, aber dann hatte er einfach wissen wollen, was passierte, wenn die kleine haarige Bauchdecke platzte. Er war sich sicher, der Hund hätte es verstanden.

Die Gestalt am Strand war jetzt nah. Der Mörder löste sich von seinem Beobachtungsplatz und ging ihr entgegen. Kurz bevor sie aufeinandertrafen, erkannte er, dass er eine Frau vor sich hatte, ungefähr 40 Jahre alt, mit dunklen Haaren, einigermaßen schlank, nicht übel aussehend. Sie besaß eine entfernte Ähnlichkeit mit Annette, seiner Freundin, mit der er recht gern zusammen war, wenn sie nicht gerade wieder einmal eine Krise durchmachten. Er verspürte ein leichtes Bedauern, doch ihm war klar, dass er nicht wählerisch sein durfte, wenn er das hier richtig machen wollte.

Die Frau sah ihn kommen und blieb stehen. Sie blickte ihm entgegen, mit einem Anflug von Angst, und ihre Lippen formten eine Frage, die nie beantwortet werden würde. Der Mörder zog eine Pistole und schoss ihr in den Kopf. Das Geräusch der Wellen verschluckte einen Gutteil des Knalls.

Er vergewisserte sich, dass er getroffen hatte. Die Stirn der Frau war durchlöchert wie eine alte Fahrkarte. Am Hinterkopf fehlte ihr ein Stück Schädel. Bei Licht würde es wie eine Scherbe aussehen, die aus einem Blumentopf herausgebrochen wurde.

Der Mörder war ein geübter Schütze. Er besaß eine Glock 17 mit der dazugehörigen Waffenbesitzkarte, völlig legal. Er war Mitglied in einem Schützenverein, und die Glock lag daheim im Schreibtisch in einer sicher verschlossenen Stahlkassette.

Für den Mord hatte er eine abgenutzte Luger verwendet, die er vor vielen Jahren auf dem Dachboden eines heruntergekommenen Hauses gefunden hatte, dessen Besitzer einsam gestorben war. Er hatte wissen wollen, was man an einem Ort des Todes spürt und war ins Haus des alten Mannes eingestiegen. Er hatte nichts Besonderes gefühlt und aus Verdruss die Räume durchstöbert. Die Luger hatte zusammen mit einem Ersatzmagazin und 16 Patronen in einer Holzkiste zwischen den Dachsparren geklemmt. Der Alte musste sie aus dem Krieg mit nach Hause gebracht und seitdem versteckt haben.

Die Waffe, hatte er begriffen, war ein Geschenk. Die Gabe eines Mannes, der schon getötet hatte.

Mit zügigen Schritten verließ der Mörder den Strand. Er fand sein Fahrrad, wo er es angeschlossen hatte, und fuhr fünf Kilometer zu einem Kleintransporter, den er ordnungsgemäß geparkt hatte. Er wollte vermeiden, ein Knöllchen zu bekommen, obwohl das keinen Unterschied gemacht hätte, denn den Transporter hatte er vor drei Tagen in Berlin bei einem windigen Türken gekauft und danach mit Kennzeichen versehen, die er von einem ähnlichen Transporter auf dem Hinterhof einer Klempnerfirma bei Greifswald gestohlen hatte, die gerade Betriebsferien machte.

Er würde keine Spuren hinterlassen, jedenfalls keine, mit denen die Polizei etwas anfangen konnte.

Es war wie damals, mit 17, als er Kenny Lehmann die Steilwand eines Steinbruchs hinuntergestoßen hatte. Kenny war sein Freund gewesen, aber wie sie da standen und in die Tiefe starrten, hatte der Mörder gespürt, dass es eine Sache war, Katzen anzuzünden und Igeln die Stacheln auszureißen. Einen Menschen zu töten, war etwas anderes. Etwas, das ihm auf seiner Liste essentieller Erfahrungen fehlte.

Es hatte nur einen kleinen Schubs gebraucht, und Kenny war mit rudernden Armen in den steinigen Abgrund gestürzt, der ihn eben noch so fasziniert hatte.

In den Tagen danach hatte der Mörder sich einige Standpauken anhören müssen, von seinen Eltern und von Kennys Eltern, von der Polizei und sogar in der Schule. Er musste versprechen, nie wieder ein Verbotsschild zu missachten, aber niemand belangte ihn. Er hatte genickt und gesagt, er habe seine Lehren aus dem Vorfall gezogen.

Die wichtigste Lehre lautete: Du kannst damit durchkommen.

Damals hatte sich eine Idee in sein Gehirn gebrannt: Eines Tages würde er einen Mord begehen. Keine spontane Sache wie das mit Kenny, sondern einen richtigen, geplanten Mord. Einen Mord wie ein Stinkefinger im Arsch der Justiz.

Den perfekten Mord.

Der Mörder ließ Prora und die Insel Rügen hinter sich. Er fuhr zügig, aber nie zu schnell, um keinen Verdacht zu erregen. Er begegnete keiner Polizeistreife, die ihn anhalten und vielleicht aus purer Langeweile einer Verkehrskontrolle unterziehen konnte. Heutzutage, bei all den Sparmaßnahmen, hatten Polizisten ohnehin keine Zeit, Langeweile zu empfinden, und es gab nachts kaum noch Streifen. Der Mörder hatte alles bedacht, und zu seiner vorzüglichen Planung gesellte sich das Glück des Tüchtigen.

Auf halber Strecke nach Berlin versenkte er die Luger mit Steinen beschwert in einem Waldsee. Das Fahrrad ließ er auf einem Spielplatz am Rande einer Kleinstadt zurück. Es würde schon bald den Besitzer wechseln, ebenso wie der Transporter, den er unverschlossen in Berlin-Neukölln am Straßenrand parkte. In Neukölln, hatte er gelesen, überstand nichts die Nacht, wenn es nicht gepanzert, verriegelt oder bis an die Zähne bewaffnet war. Vermutlich würde derselbe Türke denselben Transporter bald noch einmal verkaufen. Wahrscheinlich nicht zum letzten Mal. Unterwegs hatte sich der Mörder bereits all seiner Kleider und seiner Schuhe entledigt, an denen noch Sandkörner vom Strand in Prora hafteten. Kleidung zum Wechseln hatte er dabei.

Von Neukölln aus nahm er die S-Bahn und fuhr ins Zentrum, wo sein Auto auf einem öffentlichen Parkplatz auf ihn wartete. Er fuhr einen acht Jahre alten Kleinwagen, der nur ein Radio ohne CD-Spieler besaß. So unauffällig, dass ihm nicht einmal Autodiebe einen zweiten Blick schenkten. Der Wagen war unversehrt, der Motor startete sofort. Der Mörder begann den zweiten Teil seiner Reise – weitere 300 Kilometer bis nach Chemnitz, wo er wohnte.

Unterwegs gestattete er sich einen Anflug von Stolz. Er hatte sein bislang anspruchsvollstes Projekt ohne Pannen durchgezogen. Ein willkürlich ausgewähltes Opfer an einem fernen Strand, den er offiziell nie betreten hatte. Die Polizei würde nichts finden. Kein Motiv, keine Spuren, nichts. Sie waren ihm nicht gewachsen.

Seit der Sache mit Kenny Lehmann hatte er gewusst, dass die Behörden so ahnungslos waren wie das Publikum in der Show eines großen Magiers. Sie starrten auf das Kaninchen im Hut und begriffen nicht, dass der kleine Vogel zerquetscht unter dem doppelten Boden lag.

Nun hatte er es bewiesen.

Er hatte den perfekten Mord begangen.

Um acht Uhr war der Mörder wieder in seiner Wohnung. Er holte die Zeitung aus dem Briefkasten, machte Kaffee und überflog die Schlagzeilen. Natürlich stand nichts über einen rätselhaften Mord am Strand von Prora darin. Das würde frühestens morgen kommen. Er freute sich auf den Bericht.

Als es klingelte, runzelte er die Stirn. Er erwartete niemanden. Nach ihrem letzten Streit in der Pizzeria, der heftig ausgefallen war, würde Annette mindestens eine Woche brauchen, ehe sie zur Versöhnung angekrochen kam.

Vor der Tür standen zwei Männer mit Polizeiausweisen in den Händen. »Herr Kessler?«

»Ja.« Er spürte einen Anflug von Verwirrung.

»Dürfen wir reinkommen?«

»Meinetwegen. Worum geht es?«

Der Mörder gab die Tür frei. Er war sich sicher, dass die Polizisten nichts gegen ihn in der Hand hatten. Trotzdem fragte er sich, wie sie so schnell auf ihn gekommen waren.

»Letzte Nacht, gegen 23 Uhr, wurde Annette Berger auf dem Gehweg vor ihrem Wohnhaus erschossen.«

»Annette?« Der Mörder musste sich setzen.

»Frau Berger war Ihre Freundin, oder?«

»Ja, schon, aber ich verstehe nicht …«

»Herr Kessler, wo waren Sie in der Zeit zwischen 22 Uhr und Mitternacht?«

»Hier.« Der Mörder murmelte das Wort.

»Gibt es dafür Zeugen?«

Der Mörder schluckte. Er besaß ein ausgezeichnetes Alibi, aber das konnte er den Polizisten unmöglich sagen.

»Frau Berger wurde mit einer Glock 17 erschossen. Sie wissen, was das für eine Waffe ist?«

Die Beamten sahen ihn bohrend an.

Der Mörder nickte.

»Natürlich wissen Sie das. Sie besitzen ja selbst eine Glock, nicht wahr. Dürfen wir sie sehen?«

Der Mörder durchsuchte seinen Schreibtisch, aber die Stahlkassette mit der Pistole war verschwunden. »Das ist seltsam …«, begann er.

»Bemühen Sie sich nicht«, sagte einer der Polizisten. »Wir haben Ihre Waffe gefunden. Sie lag auf dem Bordstein neben der Leiche Ihrer Freundin. Die Seriennummer stimmt überein, auch Ihre Fingerabdrücke sind darauf. Keine sonst.«

Der Mörder musste sich setzen.

»Sagen Sie, ist es wahr, dass Sie bei Ihrem letzten Treffen im Streit auseinandergegangen sind?«

Dem Mörder entfuhr ein gequältes Lachen.

Es klingelte erneut.

»Das ist unser Techniker. Wir müssen Ihre Hände auf Schmauchspuren untersuchen.«

Natürlich mussten sie das.

Der Mörder starrte zu Boden. Nein, die Polizei war alles andere als perfekt. Aber irgendwo dort draußen gab es einen Hurensohn, der sich als Lehrmeister des großen Magiers aufspielte. Ein Kerl, der sich eiskalt den Zylinder mit dem platt geklopften Vogel auf den Kopf setzte, sich vor dem Publikum verneigte und grinste wie ein satter Kater.

NESSA ALTURA

Die Libellenmörder

Er setzte den Trichter vorsichtig auf den Flaschenhals. Die honiggelbe Flüssigkeit glitt durch den konisch zulaufenden Metallkörper in die enge Glasröhre und breitete sich dann langsam entlang der gerundeten Glaswände im Flaschenkörper aus. Er beugte sich nach unten, um den sich nach oben bewegenden Füllstand im Auge zu behalten. Das geschmeidige Öl warf kleine wohlgeformte Bläschen, die dem Stoff etwas Lebendiges, Ästhetisches gaben. Natürlich hatte es keine Ähnlichkeit mit Champagner, aber ihm war zum Feiern zumute. Die letzte Versuchsanordnung war erfolgreich gewesen, ziemlich erfolgreich. Aber doch noch nicht so erfolgreich, dass er die Versuchsreihe hätte beenden können.

Wie immer, wenn er zufrieden war, dachte er an sein Lieblingstier, die Wanderlibelle. Halt, er durfte sich jetzt nicht ablenken lassen, das Öl stieg unaufhaltsam in der Flasche empor, und wenn es den Flaschenhals erreichte, würde sich die Geschwindigkeit, mit der es aufstieg, vervielfachen – in eben dem Maße, in dem der Platz im Hohlkörper enger wurde. Der kostbare Stoff durfte nicht überlaufen. So. Er hatte die erste Flasche randvoll gefüllt, ohne einen Tropfen zu vergeuden. Sehr gut.

Die Wanderlibelle vergeudete auch keine Energie. Diese Libelle, *Pantala flavescens,* ist sein Lieblingstier, ein phänomenales Geschöpf. Sie legt im Jahr bis zu 16.000 Kilometer zurück. Zart, wie sie nun einmal ist, kann eine Libelle allein dieses Pensum nicht schaffen. Es braucht vier Generationen dieser vierflügeligen Insekten – sozusagen Großvater, Vater, Sohn und Enkel – bis die Ozeanüberquerung vollendet ist. Großvater und Großmutter entwickeln sich aus Larven, die von Vorfahren in Indien in Pfützen abgelegt worden waren. Das Wasser dazu bringt der Monsun jedes Jahr im Juli. Nach sechs Wochen Pfützenbadens steigen die geschlüpften Libellenkinder paarweise in die Luft und lassen sich mit den feuchten Monsunwinden bis zur Südspitze Indiens treiben und von dort übers Meer auf die Malediven. Sie fliegen fünf Meter in der Sekunde – mit Windunterstützung viel schneller –, sie reisen im Tandem in Schwärmen oder Wolken und vergnügen sich in großen Höhen. Im Larvenstadium fressen sie alles, was sie im Wasser kriegen können, selbst Kaulquappen und kleine Fische; als ausgewachsene Paare jagen sie in der Luft und schnappen sich sogar große fliegende Ameisen und Termiten.

»Maria, komm, das Wetter ist schön, wir wandern in der sächsischen Schweiz!«

Seine eigenen Großeltern hatte er geliebt. Und Großmutter und Großvater hatten sich geliebt – gemeinsam hatten sie in den vierziger Jahren ausgedehnte Wandertouren durch Sachsen unternommen. Vom Erzgebirge bis zum Thüringer Wald. Oder die Elbe hinauf. Die Saale entlang. Immer als Team. Immer mit Rucksack und in Söckchen und Stiefeln. Natürlich waren da keine 16.000 Kilometer zusammengekommen, wie bei den Libellen. Aber selbst als kleiner Junge hatte er mitbekommen, wie unzertrennlich sie gewesen waren. Und wie perfekt sie ihr Leben auf einander abgestimmt hatten.

Bis zu jenem verhängnisvollen Tag im August, Mariä Himmelfahrt 1947. Damals hatte ein eiliger Radfahrer, der einen steilen Weg hinuntergeschossen kam, geglaubt, er könne mitten zwischen dem auf der Straße wandernden Paar hindurch fahren. Im gleichen Augenblick hatte die Großmutter einen Schritt auf ihren Mann zu gemacht, um dem Radfahrer Platz zu machen. Die Kollision musste furchtbar gewesen sein. Und danach war nichts mehr so gewesen, wie früher.

Er wandte sich wieder seiner Versuchsanordnung zu. Geographie und Biologie, das waren seine Fächer am Humboldt-Gymnasium. Seine geliebten Fächer. Separate Universen voller Rätsel. Die sich dank unbegreiflicher Magie – oder Evolution – oft zusammenfanden.

Die indischen Wanderlibellen zum Beispiel fliegen gen Westen, wenn sie auf die Malediven wollen, der Monsun hingegen weht im Herbst in östlicher Richtung. Sie brauchen Süßwasserpfützen, um ihren Nachwuchs groß zu bekommen, aber auf den Malediven gibt es nur Salz und Sandbänke. Und dennoch schwärmen sie zu Tausenden auf den Ozean hinaus, jedes Jahr. Sie fliegen mit den Gegenstromwinden in zweitausend Metern Höhe und suchen nach dem Regen, den sie brauchen, um sich fortzupflanzen. Bei den Malediven kommen sie herunter, suchen nach einem Brutplatz und finden – nichts.

»Nichts gibt es auf Erden, das mich trösten kann.«

Als der Großvater vom Begräbnis zurückkam, hatte er sich in einen bitteren alten Mann verwandelt, dessen ganzer Hass den Zweiradfahrern galt. Der, den er den Mörder seiner Frau nannte, hatte sich nicht einmal entschuldigt. Insgeheim hatte er Rache geschworen, aber das wusste keiner bis kurz vor seinem Tod. Da nämlich nahm er seinem Sohn das Versprechen ab, seine Rachefeldzüge – oder Versuchsanordnungen, wie er sie nannte – zu Ende zu führen. Auge um Auge, sagte er, Zahn um Zahn. Bis ins dritte und vierte Glied. Ihm sei der Erfolg nicht vergönnt gewesen, aber sein Sohn werde das Werk zu Ende führen, das müsse er geloben.

»Auge um Auge, mein Sohn, Zahn um Zahn.«

Seinen Vater hatte diese letzte Bitte sehr belastet. Die großväterliche Versuchsreihe hatte etliche kleinere Knochenbrüche ergeben, eine Kopf-Platzwunde, Hautabschürfungen und einen bösen Beckenbruch, aber keinen Tod – alles Zweiradunfälle auf Sachsens Straßen an Mariä Himmelfahrt der Jahre 1951, 1956, 1964 und 1972. Dann war der Großvater gestorben. Und Großmutters Tod war noch immer ungesühnt.

»Ich verspreche es, Vater.«

Wenn die Libellen die Malediven inspiziert und für unbrauchbar befunden haben, steigen sie wieder auf und lassen sich mit dem Wind übers Meer weiter nach

Kenia in Ostafrika treiben. Dort setzen um diese Zeit die großen Regenfälle ein, und die umsichtigen Libelleneltern legen ihre Brut in den Pfützen ab. Die Eier wachsen in rasender Schnelle zu Larven heran, die bald bereit sein werden, zu schlüpfen. Die Alten, die übers Meer gekommen sind, sterben ab.

»Kommt ihr mit, Kinder? Heute will ich zum Fichtelberg!«

Nun also fuhr der Vater mit ihrem Trabant in Sachsen herum, immer auf der Suche nach einer uneinsehbaren Kurve, in der sein Versuch funktionieren konnte. In einer Serpentine bei Seiffen im Erzgebirge wurde er fündig. An Mariä Himmelfahrt, einem Datum, das niemandem sonst mehr etwas bedeutete, starb dort ein Radfahrer. Er starb, weil er zu spät gesehen hatte, dass einer Reihe von doppelt gelegten glatten Kieseln nicht mehr auszuweichen gewesen war. Vermutlich hatten Kinder dort gespielt, so stand es in der Zeitung. Er war ins Schwanken geraten, hatte die Balance verloren, keinen Helm getragen und war mit dem Kopf sehr unglücklich gegen eine Leitplanke geprallt.

Es war, als sei seinem Vater von diesem Tag an eine Riesenlast von den Schultern genommen worden. Er hatte ihn als Kind vor diesem 15. August nie fröhlich erlebt, danach aber häufig. Und der Vater durfte sich sicher fühlen, denn niemand kann sich generationenübergreifende Versuchsanordnungen vorstellen. Kein Kläger, kein Richter, keine Polizei, kein Ermittler denkt über eine Lebensspanne hinaus. Über sein Opfer verlor er kein Wort, aber auch über seinen Großvater, den unnachgiebigen Erzeuger, sprach er nie. Fünf Jahre nach der Wende starb auch er an einem Unfall – er hatte die Straßenabsperrungen missachtet, war in ein örtliches Radrennen geraten und hatte eine Massenkarambolage verursacht. Die Sportler verletzten sich kaum, sie waren das Fallen wohl gewöhnt, aber sein Vater, der damals schon siebzig gewesen war, kam nicht mehr auf die Beine.

Bei den Wanderlibellen geht es so: Die zweite, in Kenias Schlammpfützen geborene Generation, reist wie immer mit dem Wind, auf den der Regen folgt. Nun wenden sich die Libellen gen Süden, um sich am Kap von Afrika im Winter, wenn es dort kräftig regnet, fortzupflanzen. Generation Nummer Drei.

Niemand hatte ihm ein Versprechen abgezwungen, und überdies war sein Vater selbstverschuldet ums Leben gekommen – er fühlte sich nicht gut, aber auch nicht in der Pflicht. Er betrachtete das Foto seiner Wanderlibelle. Die Amerikaner und Engländer nennen die Libellen *Dragonflies.* Drachenfliegen. Es gibt wunderbare, in allen Farben schillernde Exemplare, wahre Diven. Die *Pantala flavescens* mit ihren durchsichtigen Flügeln und ihrem dürren Stäbchenkörper sieht eher unscheinbar aus, aber sie hat etwas ganz Besonderes: Sie ist zäh, zielgerichtet und clever. Und: Sie überwindet binnen vier Generationen den gesamten Indischen Ozean zweimal. Das ist einzigartig in der Welt der Insekten.

Seine Söhne Timo und Thomas, die vierte Generation sozusagen, wuchsen zwar ohne Großvater, aber gesund und unbeschwert heran. Er glaubte den Zweiradfluch, der auf seiner Familie zu lasten schien, endlich abgestreift.

»Bitte, bitte, Papa, ich wünsche mir nichts anderes zum Geburtstag, nur das *Dragonfly!* In Metallic Blau!«

Er sollte sich täuschen. Als Timo zwölf war, musste ein Mountainbike her, als er fünfzehn war, ein anderes, teureres – das wettkampfgeeignete »Dragonfly«. Er bekam es, der Name gab den Ausschlag, er konnte nicht widerstehen. Timo fuhr alle Trails, die es damals in Sachsen gab. Er schickte sein Mountainbike durch die Lausitzer Berge und das Zittauer Gebirge hinauf und hinunter, durchs Vogtland und das Elstergebirge, ins Elbsandsteingebirge hinein und wieder hinaus und kreuz und quer durch die sächsische Schweiz. Er war süchtig danach.

Zum Verhängnis wurde ihm eine Mountainbike-Trophy im Elbsandsteingebirge. Ein überehrgeiziger Konkurrent, ein Jahr jünger als Timo, versuchte, ihn an einer Engstelle zu überholen. Die Pedale beider verhedderten sich, Timo, der rechts am Abgrund entlang fuhr, wurde überrascht, stürzte und durchbrach die seitlichen Büsche. Er flog 150 Meter durch die Luft und prallte dann auf Felsen. Der Unfallverursacher konnte sich festkrallen, wurde gerettet und mit einem Hubschrauber in die Klinik gebracht. Zu Timo hingegen musste die Bergwacht erst hinunterklettern.

»Bis ins dritte und vierte Glied.«

Als er auf dem Friedhof stand und in den Nieselregen blickte, der die Erde durchweichte, die sich für seinen Timo öffnete, wusste er, dass *er* nun an der Reihe war. Ein Schwur musste getan werden, eine Versuchsanordnung erstellt. Er würde viele Wochenenden dafür opfern und ganz Sachsen abfahren müssen. Er würde – wie damals sein Großvater und danach sein Vater – Kurven begutachten müssen, Asphalt, Lehm oder Kopfsteinpflaster präparieren und Geduld haben müssen. Etwas kalter Regen troff ihm in den Kragen, als er daran dachte, dass ein unschuldiger Junge wie sein Timo es gewesen war, sein Opfer werden konnte. Aber es half ja nichts. Auge und Auge, Zahn um Zahn. Bis in dritte und vierte Glied.

Er ist jetzt bei dem größten aller Rätsel, der vierten Generation der Libellen. Sie kann geboren werden, weil ihre Eltern das Horn von Afrika verlassen und sich mit dem Wind wieder nach Norden, nach Ostafrika treiben lassen. Dort, in Äquatornähe, regnet es große Pfützen, und in diesen Nährgründen legt das frisch zugereiste Paar 500 bis 2000 Eier ab. Innerhalb von 38 bis 65 Tagen – je nachdem, wie lange die temporären Regengewässer nicht austrocknen – entwickeln sich die grünen Larven. Sie warten ab, bis der Südwestmonsun im März in den Bäumen rauscht. Dann tritt die Imago, die Libelle, wie wir sie kennen, ins Licht. Sie macht sich auf den Heimweg. Auf des Monsuns sanften Schwingen fliegt sie zurück nach Indien, wo ein neuer Mobilitätszyklus beginnen kann.

Einmal Indien – Afrika und zurück, denkt er und lächelt. Und wie lange leben diese Libellen eigentlich? Keiner weiß es. Sie bleiben ja nie an einem Ort, sie sind ja immer unterwegs. Mobil wie Wanderer. Mobil wie Zweiradfahrer. Mobil wie Rennradfahrer. Mobil wie Mountainbiker. Mobil wie Autolenker.

Er stellt den Kanister ab.

Sechs Flaschen mit Öl sind gefüllt. Er zieht sich die Vinylhandschuhe über. Er wird die Flaschen sorgfältig von außen reinigen, um keine Spuren zu hinterlassen, und auf dem Vordersitz verstauen. Für dieses Wochenende hat er sich das Zittauer Gebirge vorgenommen. Und wenn ihm alles, alles misslingt, dann gibt es ja noch Thomas, den zweiten Sohn.

Die vierte Generation.

ANETT STEINER

Schnauze!

Harald Stiller war ein liebenswerter, gemütlicher und durch und durch ausgeglichener Mann. Er war freundlich, zuvorkommend, nett, fast fünfzig.

Alles schien in bester Ordnung.

Seine Frau hatte endlich zugestimmt, ein neues Auto zu kaufen. Schließlich hatte er sich monatelang redlich bemüht, war ein Musterehemann gewesen, nur noch selten zum Stammtisch gegangen, hatte sich mit den Zigaretten eingeschränkt und sich auch sonst nur von seiner besten Seite gezeigt. Er hatte regelmäßig den Müll hinunter getragen. Das musste sie wohl überzeugt haben.

»Gut«, hatte Olivia gesagt. »Ein neues Auto. Wieso eigentlich nicht? Ist ja auch viel sicherer mit so einem Airbag.«

Harald hatte euphorisch genickt. Endlich hatte sie es kapiert. Auch wenn es ihm natürlich weniger um Airbags, sondern vielmehr um Hubraum ging. Ja, auch ein stiller, fügsamer Mann wie er hatte noch Wünsche und Träume.

»*Aber* ich will bei der Wahl des Autos ein Wörtchen mitreden!«, hatte Olivia bedrohlich hinzugefügt.

Das war es dann gewesen, das Ende seiner kurzlebigen Illusion von einem neuen Auto, das *seinen* Wünschen entsprach. Denn Olivia würde nicht nur mitreden, seine Frau würde *entscheiden*. So war es immer gewesen.

Jetzt fuhr er also mit diesem dämlichen, pinkfarbenen Elefantenrollschuh von einem koreanischen Kleinwagen, dessen Namen er nicht aussprechen konnte, aus der Garage und schämte sich dabei in Grund und Boden. Seine Frau *hatte* beim Autokauf entschieden. Er wusste, dass die Nachbarn hinter ihren nicht ganz blickdichten Hecken genau auf diesen Moment gewartet hatten und nun grinsten – und allein dafür könnte er jeden einzelnen von ihnen umbringen. Zu allererst natürlich Olivia.

Er verreiste gern, wirklich. Das läge in der Natur der Sachsen, hieß es. Olivia war keine Sächsin, Harald hatte sie aus Thüringen mitgebracht. *Mitgebracht*. Das klang, als wäre es ganz leicht, sie auch einfach wieder zurückzubringen. Dass dem nicht so war, hatte er inzwischen begriffen, also musste sie eben mit an die Nordsee. Wie jedes Jahr.

Die vierrädrige, pinkfarbene Katastrophe von einem Auto war zu klein, um das Reisegepäck von zwei Personen darin zu verstauen. Haralds Tauchausrüstung musste deswegen zu Hause bleiben, Olivias Schuhsammlung hingegen nicht …

Und schon nach ein paar Metern ging es los mit der Herumkommandiererei. Jetzt rechts, dann links – als ob er nicht selbst wüsste, welches die angezeigte Richtung war. Er war durchaus in der Lage, sich zu orientieren!

Glücklicherweise ging es dann die Bundesstraße geradeaus, und für eine Weile war Ruhe. Harald fand das herrlich.

Doch kaum näherte er sich der nächsten Kreuzung, begann es aufs Neue. Besserwisserei, Befehle – er war gezwungen, links abzubiegen, obwohl er das gar nicht wollte.

Er hätte sich widersetzen sollen. Aber Widersetzen bedeutete *sich durchsetzten* und dazu gehörte mehr als das, was in ihm steckte. Oder besser gesagt als das, was er sich zutraute. Er hatte nicht auf die Autobahn gewollt. Die war während der Ferien doch viel zu dicht befahren. Aber bitte. Warum konnte sie nicht einfach mal die Klappe halten?

Er fuhr an der nächsten Ausfahrt wieder ab und hätte es doch vorher wissen müssen: Umkehren sollte er! Gegen seinen Willen wieder die Autobahn nehmen!

Hey, geh mir nicht auf die Nerven, dachte er. *Ich weiß selbst, wie wir ans Meer kommen. Immer nach Norden, ist doch ganz einfach. Kapiert? Ganz einfach.*

Aber ruhig Blut, sagte er sich. Es geht in die Ferien, ich bin entspannt. Wie immer. Regelrecht tiefenentspannt.

Am zweiten Urlaubstag eröffnete Olivia, sie wolle auf eine mehrtägige Segeltour mit ein paar anderen Touristen gehen. Ohne ihn. Harald hatte nichts dagegen, das verhieß eine ruhige Zeit.

Aber schon während der Fahrt zum Segelort ging es wieder los. Kommandos am laufenden Band. *Jetzt rechts, an der nächsten Kreuzung links, umdrehen* – DURCHDREHEN wäre ihm plötzlich lieber gewesen.

Halt den Mund, halt einfach den Mund, dachte er.

Irgendwann reichte es. Und zum ersten Mal in seinem Leben schlug er zu.

Einen Moment lang war es ruhig im Auto, und Harald hielt die Luft an. So etwas hatte er noch nie getan! Er hatte mit der Faust aufs Armaturenbrett geschlagen und zwar so fest, dass er glaubte, ihm flögen die Finger davon. Der Schmerz pochte in seinen Knöcheln – aber die Alte machte sich nichts daraus. Sie kommandierte weiter. Sie laberte schon wieder.

Schnauze, dachte er aufgebracht und keuchte. Was war los mit ihm? *Ich halte das nicht mehr aus! Schnauze!,* dröhnte es in seinem Kopf. Und plötzlich war ihm klar: Er musste sie loswerden. Jetzt, sofort. Er konnte nicht mehr, es reichte. Im selben Moment wusste er auch, was er zu tun hatte. Klar stand es vor seinen Augen, und er nickte sich selbst zu. Es war eine durchgängige, fließende Bewegung, mit der Harald seinen Sicherheitsgurt löste, die Tür aufstieß und sich mit einer gekonnten Judorolle aus dem fahrenden Auto stürzte. Er hatte dieses verletzungsarme Abrollen vor einer Ewigkeit bei der Armee gelernt und war erstaunt, dass es immer noch klappte. Dennoch war der Aufprall auf dem Asphalt unerwartet heftig. Harald überschlug sich und rollte noch ein Stück weiter. Sicher hatte er sich die Schulter geprellt, das Becken gestaucht, vielleicht sogar die Hand gebrochen. Aber es war ihm egal. Er sah dem pinkfarbenen, verhassten Auto nach, das in der nächsten Kurve an einem Straßenbaum zerschellte.

Die Trümmer des Wagens rauchten geräuschlos vor sich hin. Harald genoss die Stille, bevor er sich humpelnd dem Wrack näherte, um sich zu überzeugen, dass sie auch wirklich keinen Ton mehr von sich geben würde, die *Tussi aus dem Navigationsgerät!*

Olivia war noch ein paar Tage beim Segeln. Er hatte also Zeit, nachzudenken. Wenn sie zurückkam, würde sie ihm eine Riesenszene machen. Sie würde ihn beschimpfen, sie würde ihn anschreien, weil er das schöne neue Auto mit dem innovativen, eingebauten Navigationssystem zerstört hatte. Dabei konnte sie froh sein, dass die *Navischlampe* die erste gewesen war, die er zum Schweigen gebracht hatte. Als nächstes würde Olivia drankommen. Aber vielleicht hatte er Glück, und ein anderer erledigte das schon für ihn. Einer auf dem Segelboot, der, genau wie er, nur in Ruhe Urlaub machen wollte.

WOLFGANG SCHÜLER

Der kleine und der große Klaus

Schweden 2013

Die schnurgerade Straße zog sich wie ein schwarzes Band durch den dichten Wald. Motten tanzten im Scheinwerferlicht, klatschten gegen die Windschutzscheibe und hinterließen gelbliche Schlieren. Der Mann im Radio sprach in einer unverständlichen Sprache. Aber die Musik war in Ordnung. *Creedence Clearwater Revival* wurden von *Status Quo* abgelöst. »Technicolor Dreams«. Ein Song zum Schunkeln.

Verdammt! Was war das? Es traf Klaus Küppers wie ein Blitz. Ein dunkler Koloss stand mitten auf der Fahrbahn. Ein riesiger Elch mit ausladendem Geweih! Er war nur noch wenige Meter entfernt.

Der Verstand des Mannes drohte auszusetzen, aber sein Unterbewusstsein funktionierte. Er trat mit aller Macht auf die Bremse, lenkte ruckartig auf die Gegenfahrbahn und im nächsten Moment wieder geradeaus. Das silberfarbene Reisemobil legte sich gefährlich auf die linke Seite und drohte auszubrechen. Metall kreischte, die Reifen quietschten und radierten über den Asphalt. Qualm stieg auf. Es roch nach verbrannntem Gummi. Die Zeit schien einen Moment lang still zu stehen.

Doch ABS und ESP reagierten zuverlässig. Die Maschine handelte rascher und effizienter, als es ein Mensch je gekonnt hätte. Der Campingbus von der Größe eines Lastkraftwagens ächzte noch einmal unter der Gewalt der Fliehkräfte. Dann gab er sein Buckeln und Schlingern auf und rollte genauso ruhig und sicher geradeaus weiter, wie er es schon viele hundert Kilometer lang getan hatte. Nach einigen hundert Metern kam das Fahrzeug an der rechten Fahrbahnseite zum Stehen.

Die Landstraße lag einsam und still. Seit einer halben Stunde schon hatte es keinen Gegenverkehr mehr gegeben. Der Mond kam hinter den Wolken hervor und tauchte die Chaussee in ein silbriges Licht. Der Elch war nur noch als kleiner Punkt im Rückspiegel zu erkennen. Er hatte sich um keinen Millimeter vom Fleck bewegt. Das Tier erschien unbeeindruckt. Oder es war auch starr vor Schreck, wie die beiden Menschen in der Fahrerkabine. Wer wusste das schon.

Klaus Küppers jedenfalls stand unter Schock. Er hatte einen trockenen Mund. In seiner Kehle und in seiner Brust herrschte eine quälende Enge. Ihm tropfte kalter Schweiß von der Stirn. Das Gehirn wurde anscheinend nicht mehr ausreichend durchblutet. Die Farben begannen zu verschwimmen. Er löste mit zitternden Händen den Sicherheitsgurt, stieß die Tür auf, fiel seitwärts aus dem Fahrzeug, prallte schmerzhaft auf den harten Bitumenbelag, erhob sich mühsam und wankte zum Straßenrand. Dort hielt er sich an einer dünnen Birke fest. Seine Beine schienen aus Gummi zu sein. Im Magen herrschte Revolution.

Jetzt erst drang die Stimme von Elvira zu ihm durch. Sie kreischte im hohen Falsett. Klaus Küppers konnte seiner Frau nicht helfen. Er musste sich übergeben. Eine Welle der Übelkeit löste die nächste ab, bis nur noch bittere Galle kam.

Später, auf einem finsteren Waldparkplatz, hatte sich Elvira so weit gefangen, dass sie wieder in einer normalen Tonlage reden konnte. Es war ein Monolog. Er musste auch nichts erwidern. Seine Meinung war nicht gefragt. Elvira Küppers' Tiraden drehten sich im Kreis. »Für das viele Geld hätten wir 14 Tage lang in die Karibik fliegen können. Blaues Meer, gelber Sand, Palmen soweit das Auge reicht, abends ein Cocktail an der Bar. Stattdessen fahren wir mit einem scheißteuren Truck auf einer Landstraße quer durch den Wald, der einfach nicht enden will, und wahrscheinlich auch nie enden wird.«

⊙

Die Reise zum Södernsee in Schweden dauerte nun schon den zweiten Tag. Von ihrem Heimatort Schmönzendorf aus, einer kleinen Gemeinde in der Nähe von Dresden, waren die Eheleute mit dem Wohnmobil nach Rostock gefahren. Die Überfahrt nach Trelleborg hatte spätabends begonnen und war sehr stürmisch gewesen. Das Kapitänsfrühstück musste ausfallen. In den frühen Morgenstunden waren sie blassgesichtig und hohläugig im Hafen angekommen. Das Ticket und die Kabine hatten ein Vermögen gekostet, von den Leihgebühren für den Wagen und den exorbitanten Spritpreisen ganz zu schweigen. Außerdem sollten die Lebenshaltungskosten in Schweden irrsinnig hoch sein.

Nachdem Elvira erneut auf das blaue Meer und die Palmen zu sprechen gekommen war, holte sie tief Luft.

»Mit allem, was du sagst, hast du völlig recht«, nahm Klaus Küppers seiner Gattin hastig den Wind aus den Segeln. »Aber uns blieb schließlich keine andere Wahl.

Wir mussten es tun. Klaus Gottlob hat mich gefragt. Er ist mein Chef. Ich konnte nicht Nein sagen.«

»Weil du keinen Arsch in der Hose hast!«, zischte Elvira zurück und strich sich entnervt eine Haarsträhne aus dem Gesicht. Aber sie hörte auf, weiter zu lamentieren. Die Verhältnisse waren nun mal so, wie sie waren. Da half kein Jammern und kein Klagen. Es gab die da oben, und es gab die da unten. Familie Gottlob wohnte bereits seit Generationen oben in ihrem Herrenhaus, und Familie Küppers unten in ihrer Kate. Daran hatten weder der Untergang des Kaiserreichs noch das wiedervereinte Deutschland etwas ändern können. Fettaugen schwammen immer oben.

Klaus Gottlob hatte von seinem Alten eine mittelständische Baufirma geerbt und sie in den vergangenen zehn Jahren erfolgreich erweitert. Er war vom selben Jahrgang wie Klaus Küppers, den er als einen seiner schlecht bezahlten Arbeiter beschäftigte. In Schmönzendorf wurden sie nur »der große und der kleine Klaus« genannt, so wie schon ihre Väter vor ihnen. Der große Klaus gab die Befehle, und der kleine Klaus musste springen. So lauteten die Regeln. Und wem sie nicht gefielen, für den waren in Schmönzendorf die Messen gesungen.

»Hör zu, mein Freund«, hatte der große Klaus vor ein paar Wochen verkündet, wobei ein gönnerhafter Unterton in seiner Stimme mitschwang, der nichts Gutes verheißen konnte. »Die Zeiten sind zwar schlecht, aber du gehörst seit der Schulzeit zu meinen Freunden. Deshalb will ich dir einen Gefallen tun. Du kennst sicherlich meinen Geschäftspartner, Dr. Mangold. Wir wollten im Juni mit zwei Wohnmobilen zum Södernsee in Schweden aufbrechen. Dort haben wir Stellplätze direkt am Ufer gemietet. Mehrere gute Bekannte wollen später zu uns stoßen. Nun ist Dr. Mangold leider krank geworden. Er muss operiert werden. Du kannst seinen Campingbus für einen schmalen Taler übernehmen. Was sagst du dazu? Wir fahren endlich wieder einmal zusammen in die Ferien, so wie damals, in unserer Schulzeit.«

Der kleine Klaus erinnerte sich an diese Ausflüge. Sie hatten sich unauslöschbar in sein Gedächtnis eingebrannt. Der große Klaus war immer für Überraschungen gut gewesen. Beispielsweise hatte er seinem »Freund« in der fünften Klasse einen Eimer Tümpelwasser, in dem Hunderte Kaulquappen schwammen, unterdie Bettdecke gekippt. Und in der neunten Klasse gar …

Klaus Küppers wollte nicht weiter darüber nachdenken und ballte nur heimlich die Fäuste. Er versuchte es mit Ausflüchten: »Unsere Adoptivtochter hat einen Studienplatz bekommen. Da können wir keine großen Sprünge mehr machen.«

»Papperlapapp. Wir sind in einem Alter, in dem die Kinder endlich damit beginnen müssen, für uns zu sorgen. Keine Widerrede, du und deine Frau, ihr fahrt mit. Drei Wochen lang werden wir viel Spaß haben, An- und Abreise inklusive. Der Weg ist das Ziel! Angeln, Bier trinken, Grillen. Camping am Busen der Natur, doch mit Komfort. Euer Wohnmobil hat ein Wohn- und ein separates Schlafzimmer. Die Dusche sowie die Toilette sind getrennt, und die Satellitenschüssel justiert sich vollautomatisch.«

Klaus Küppers aß keinen Fisch. Er hatte noch nie geangelt und auch nicht vor, es jemals zu tun. Außerdem ahnte er, welche Rolle ihm zugedacht war: Das Bier heranzuschaffen und den Grillmeister zu spielen. Er konnte froh sein, wenn er nebenan am Katzentisch sitzen durfte. Trotzdem willigte er ein. Ihm blieb keine andere Wahl.

Elvira hatte ihm zuerst die Hölle heiß gemacht, aber ebenso wie er rasch kapituliert. Auch ihre Familie wohnte seit mehreren Generationen im Dorf. Sie wusste ganz genau, wo Barthel den Most holte.

Bevor die Reise überhaupt losgegangen war, hatten schon die Probleme angefangen. Eine Woche vor der Abfahrt sagte Klaus Gottlob: »Mir ist ein wichtiger Termin dazwischen gekommen. Ihr müsst ohne mich starten. Ich komme ein, zwei Tage später nach.«

»Was ist mit deiner Frau?«

»Sie hasst Camping und fliegt stattdessen nach Kuba. Mir ist es da viel zu heiß. Blaues Meer und Palmen sind außerdem auf Dauer langweilig.«

»Aber wir kennen den Weg nicht. Wir sind noch nie in Schweden gewesen und beherrschen die Sprache nicht. Wir werden uns verirren.«

»Unsinn. Im Bus befindet sich ein Navigationsgerät. Es wird euch auf dem direkten Weg zum Campingplatz lotsen. Im Notfall fragt ihr euch durch. Hier hast du einen Reiseführer.«

Kurz hinter Trelleborg hatte das Navi den Betrieb eingestellt. Eine freundliche Frauenstimme, die klang, als hätte sie Kreide gefressen, verkündete: »Ihre Route befindet sich außerhalb des zum Lieferumfang gehörenden Kartenmaterials. Bitte folgen Sie von nun an den Straßenschildern.«

Die Landkarte im Handschuhfach besaß einen Maßstab von 1:815.000. Nach stundenlangem Suchen hatte Elvira zwar den Södernsee gefunden, aber es waren weder die Zufahrtsstraßen, noch irgendwelche Campingplätze eingezeichnet. Eine Ortschaft in der Nähe hieß Kvälling. Dort wollten sie nach dem Weg fragen.

Am späten Nachmittag hatten sie in Växjö an einem Laden gehalten, um ihre Vorräte zu ergänzen. Elvira kaufte Brot, Butter und Wurst. Klaus nahm einen Sechserpack englisches Bier.

Danach fuhren sie noch ein Stück, hielten an einem schattigen Parkplatz direkt am See und bauten ihr Domizil auf. Am Campingtisch unter der Markise war es richtig idyllisch. »Jetzt fange ich langsam an, den Urlaub zu genießen«, meinte Klaus und nahm einen tiefen Zug aus seiner Bierflasche. Er spuckte im hohen Bogen aus. »Verdammt, was ist denn das für eine Plörre? Da steht zwar Ale drauf, aber es ist nur Radler drin!« Klaus warf einen prüfenden Blick auf das Etikett. Des Rätsels Lösung war: Der Alkoholgehalt betrug lediglich 2,3 %.

Die nächste Überraschung gab es, als seine Frau mit großem Appetit in das frisch geschmierte Wurstbrot biss. »Igittigitt, pfui Teufel, schmeckt das widerlich«, rief sie entgeistert und spuckte den Bissen aus. »Das Brot ist zuckersüß, die Butter und die Wurst jedoch sind ekelhaft salzig. Das kann kein Mensch essen.«

Dann kamen die Mücken und griffen an. Die Luft wurde schwarz vor surrenden Insekten. Es blieb nur die Flucht. Sie fuhren in die Nacht hinein. Bis sie dem Elch begegneten.

⊙

Am späten Nachmittag des nächsten Tages passierten sie Gamleby. Auf dem Ortsausgangsschild stand: Kvälling 15. Klaus meinte zu seiner Gattin: »Aufgepasst! Vielleicht entdecken wir den richtigen Abzweig auch ohne fremde Hilfe.«

Elvira ließ die Blicke schweifen. Nach etwa zwei Kilometern rief sie plötzlich: »Dort drüben steht ein Wegweiser!« Sie deutete auf eine handgemalte Hinweistafel.

In schwarzer krakeliger Schrift stand dort auf weißem Grund *Camping Södernsjö.* »*Sjö* heißt auf schwedisch See. So steht es jedenfalls im Reiseführer. Dort müssen wir abbiegen.«

Klaus Küppers hielt an und meinte zweifelnd: »Das ist doch nur ein unbefestigter Waldweg. Wir fahren lieber weiter, bis wir eine ausgebaute Zufahrt finden.«

»Unsinn. In Deutschland gibt es auch viele Campingplätze, zu denen man nur über eine holprige Sandpiste gelangt.«

Ihr Mann seufzte, setzte den linken Blinker und bog von der Landstraße auf den grasüberwachsenen Pfad ab. Nach einer Weile wurde der Boden morastig. »Siehst du«, rief Elvira triumphierend. »Der See muss hier ganz in der Nähe liegen.«

»Hoffentlich bleiben wir nicht stecken«, brummte Klaus.

Die Bäume schienen immer dichter zusammenzurücken. Ihre Zweige streiften rauschend die Seitenwände des Reisemobils. Aus großen Pfützen spritzte bei der Durchfahrt das Wasser. Irgendwelche Tiere in der Nähe stießen klagende Laute aus. In der Luft ballten sich Mückenschwärme. Ein Stein wurde hochgeschleudert und knallte gegen das Bodenblech.

Klaus Küppers fuhr nur noch Schrittgeschwindigkeit. Der Pfad wurde noch schmaler. Elvira begann unruhig zu werden. »Wir scheinen hier doch völlig falsch zu sein. Lass uns lieber umkehren.«

»Dazu müssen wir erst einen Platz zum Wenden finden. Ich kann mit diesem Monstertruck unmöglich fünf Kilometer rückwärts durch den Forst fahren.«

Plötzlich strahlte die Abendsonne von vorn durch die Bäume. Der Wald öffnete sich. Vor ihnen lag eine Lichtung. Auf ihr stand ein rotes schwedisches Holzhaus.

Es machte einen heruntergekommenen, baufälligen Eindruck. Neben ihm befand sich eine Schrotthalde. Dutzende Autowracks, Campinganhänger und Wohnmobile gammelten vor sich hin. Irgendetwas kam dem kleinen Klaus seltsam vor. Aber er konnte nicht genau sagen, was es war.

»Hoffentlich ist das hier nicht der Zeltplatz«, flüsterte Elvira.

Die Haustür öffnete sich. Ein ausgemergelter Alter trat heraus. Er trug einen zerschlissenen blauen Arbeitsanzug und derbe Stiefel. Sein unrasiertes Gesicht war sonnenverbrannt und tief zerfurcht. Von dem fast kahlen Schädel standen einige graue Haarbüschel ab. Ein zottiger großer Hund kam kläffend angerannt.

Klaus ließ das Seitenfenster nach unten surren und schaltete den Motor aus. Dann fragte er: »Sagen Sie bitte, mein Herr, ist das hier der Weg zum Södernsee?«

Der Alte antwortete etwas völlig Unverständliches. Es klang so, als würde er im Mund eine Kartoffel zerquetschen und dabei zu sprechen versuchen. Der Hund zog den Schwanz ein und verzog sich wieder.

Klaus nahm die Landkarte aus dem Handschuhfach und stieg aus. Der Graukopf nickt verstehend und wies auf das Haus.

»Elvira, der Opa will mir drinnen etwas zeigen. Warte bitte im Wagen. Ich bin gleich zurück.«

Der Hausflur war mit Gerümpel vollgestellt. Von dort aus führte eine Tür in einen großen Raum, der offensichtlich gleichermaßen als Küche, Wohn- und Schlafzimmer diente. Es roch nach ungewaschener alter Kleidung, angebranntem Essen und nach Verwesung. Der Bewohner war anscheinend ein Messi. Überall lag Gerümpel herum. Dutzende Koffer stapelten sich. Zwischen den abgenutzten wenigen Möbelstücken ließen nur schmale Durchgänge den Weg frei. Hinter einer halb offenen Tür neben einem altertümlichen Küchenherd schien sich die Speisekammer zu befinden. Jedenfalls kam von dort der unangenehme Geruch nach verfaultem Fleisch. Schillernde Fliegen summten aufgeregt hin und her. Auf einem Tisch lagen Dutzende ausrangierte Fotoapparate, staubbedeckte Sonnenbrillen, unmoderne klobige Handys und allerlei Kinderspielzeug. Eine stabile Kellerluke mit verrosteten Eisenbeschlägen war mit einem großen Vorhängeschloss gesichert. Neben dem Fenster an der Vorderfront hing eine Schrotflinte.

Der Alte ging zum Küchenschrank, dessen ehemals gelber Schleiflack dringend einer gründlichen Reinigung mit viel heißem Wasser und einem scharfen Putzmittel bedurft hätte, und kramte eine grüne Halbliterflasche nebst drei leeren, fettverschmierten Gurkengläsern hervor. Er goss eine ölige, helle Flüssigkeit in die Trinkgefäße und bedeutete seinem Besucher, sich eines davon zu nehmen. Dann zeigte er auf die Tür und auf das andere Glas.

Klaus ging vor das Haus und rief nach seiner Frau: »Wir müssen erst einen Schnaps zusammen trinken. Das verlangt hier wohl die Gastfreundschaft.«

Elvira schüttelte sich, als ihr das schmutzige Glas in die Hand gedrückt wurde. Aber sie tat es ihrem Mann gleich und nahm tapfer einen großen Schluck.

⊙

Der kleine Klaus erwachte mit starken Kopfschmerzen. Außerdem war ihm kalt. Er lag in fast völliger Dunkelheit auf feuchtem, fest gestampftem Boden. Er war splitterfasernackt. Selbst seine Armbanduhr fehlte. Neben sich hörte er seine Frau stöhnen. Er tastete nach ihr.

Auch sie trug keine Kleider. Klaus Küppers richtete sich mühsam auf. Über sich hörte er Schritte.

»Was ist passiert?«, fragte Elvira.

»Offensichtlich hat uns der Alte betäubt und in seinem Keller eingesperrt.«

Licht fiel in winzigen schmalen Streifen durch die Fußbodenritzen.

»Ich will noch nicht sterben.«

»Du wirst auch nicht sterben. Jedenfalls nicht hier. Das verspreche ich dir«, erwiderte Klaus Küppers mit fester Stimme. Im nächsten Moment fiel ihm ein, was ihm bei den Fahrzeugen auf dem Schrottplatz seltsam vorgekommen war: Sie hatten alle noch ihre Kennzeichen gehabt. Das war gar nicht gut.

»Das Schild an der Landstraße war eine Falle. Wie es scheint, raubt der Perverse Touristen aus.«

»Und bringt sie um?«

»Und bringt sie um. Aber nicht gleich, denn wir leben noch. Vielleicht ist er ein Kannibale, und wir sind seine Lebensmittelvorräte. Also müssen wir einen Plan schmieden, wie wir ihn überwältigen können.«

»Du könntest auf meine Schulter steigen und versuchen, die Bodenklappe aufzustoßen.«

»Das hat keinen Sinn. Die Luke ist ganz sicher verriegelt.«

»Was sollen wir also tun?«

»Nach einer Waffe suchen.«

Der kleine Klaus tastete die Wände ab. Sie schienen aus grob gegossenem Beton zu bestehen. Der Keller maß etwa zwei Meter in der Breite und drei Meter in der Länge. Er war völlig leer.

»Hier ist nichts zu finden. Aber vielleicht kann ich einen Stein ausgraben. Der Boden besteht aus gestampften Lehm, vielleicht sind darunter Steine. Allerdings brauche ich ein Werkzeug, einen Löffel oder ein Messer. Mit bloßen Händen kann ich nicht viel ausrichten.«

»Ich habe etwas«, erwiderte seine Frau. Sie fasste sich in ihren Haarknoten. »Hier, die Spange hat er übersehen. Sie ist aus Metall.«

Der Mann begann mit dem kleinen Blechteil zu graben. »Es ist sehr mühsam, aber es geht.« Unter dem festgestampften Lehmboden stieß er auf eine Lage Ziegelsteine. Sie waren fest verfugt. Er stocherte in den Ritzen und versuchte, einen der Steine herauszuziehen. Sie saßen fest. Klaus Küppers brach sich mehrere Fingernägel ab.

»Ich muss mal dringend«, sagte Elvira.

»Tu dir keinen Zwang an. Am besten strullst du hier auf die Ziegelsteine. Die Feuchtigkeit wird den Kalk aufweichen.«

»Das ist aber eklig.«

»Eine andere Möglichkeit gibt es nicht.« Der kleine Klaus rückte ein Stück beiseite. »Ich werde eine Weile warten, bis dein Pipi im Boden versickert ist.«

»So, ich bin fertig. Aber ich muss dir noch etwas sagen. Später habe ich vielleicht keine Möglichkeit mehr dazu.«

»Unsinn!«

»Egal, du sollst es jedenfalls wissen. Erinnerst du dich noch an unsere Klassenfahrt nach Hörselgau? Für uns wurde ein Geländespiel veranstaltet. Trapper gegen Indianer.«

»Daran will ich gar nicht denken. Das war in der neunten Klasse. Der große Klaus und zwei seiner Kumpane haben mich überwältigt und an einen Baum gebunden. Direkt daneben befand sich ein Ameisenhaufen. Die Biester haben mich überall gebissen. Ich habe geschrien wie am Spieß.«

»Ich konnte dich hören. Ich lag einige hundert Meter weit entfernt im Gebüsch. Ich konnte dir aber weder helfen, noch um Hilfe rufen. Mir steckte ein Knebel im Mund. Außerdem war ich gefesselt. Der große Klaus hat mich vergewaltigt. Deshalb bin ich früher abgefahren.«
»Weshalb hast du mir nie davon erzählt?«

»Ich musste schwören, nichts zu verraten. Mein Vater stand beim Alten vom großen Klaus irgendwie in der Schuld. Ich wurde schwanger. Meine Eltern haben alles vertuscht. Ich musste abtreiben. Dabei ist etwas schief gegangen. Deshalb kann ich keine Kinder bekommen.«

Ihr Mann erwiderte nichts. Aber er kratzte wie von Sinnen in den Ritzen zwischen den Ziegelsteinen. Seine Finger waren blutig, als er den ersten Stein aus dem Verbund lösen konnte. »Wir müssen handeln, solange wir noch bei Kräften sind, und sofort die Initiative übernehmen. Die Kellerluke geht nach rechts auf. Das Licht fällt demzufolge von oben links schräg nach unten. Du stellst dich an den Rand, aber so, dass dich der Alte noch gut sehen kann. Ich stehe im Schatten und werfe ihm den Stein an den Kopf. Es muss klappen. Wir haben nur den einen Versuch.«

»Wie sollen wir den Verrückten dazu bringen, die Klappe zu öffnen?«

»Du musst schreien, so laut du kannst, in den allerhöchsten Tönen. Du weißt, wie es geht. Bei der Begegnung mit dem Elch hast du sehr schön geübt. Bereit?«

»Bereit!«

»Dann los!«

Elvira begann zu kreischen. Der schrille Ton ging durch Mark und Bein.

Der Kidnapper über ihnen brüllte verärgert und stampfte wütend auf den Dielenfußboden. Dreck rieselte nach unten.

Nun stimmte Klaus Küppers in die Kakophonie mit ein. Seine Töne waren etwas tiefer, aber sie steigerten die Lautstärke ungemein.

Eisen klirrte. Mit einem Ruck flog die Luke auf. Elvira starrte wie ein blinder Maulwurf in den grellen Lichtschein. Ein Flintenlauf wurde sichtbar.

Auch der kleine Klaus war geblendet und konnte nur Schemen erkennen. Trotzdem schleuderte er den Ziegelstein mit der gesamten Kraft, die er aufbringen konnte, schräg nach oben. Das Geschoss traf die linke Kniescheibe ihres Peinigers. Es gab ein dumpfes Geräusch. Es klang so, als ob ein dürrer Ast brechen würde. Der Alte quiekte auf, verlor das Gleichgewicht und stürzte in die Grube.

Klaus Küppers entriss ihm sofort das Gewehr und versetzte ihm mit dem Kolben einen harten Schlag gegen die Schläfe. Der Widerling hörte auf zu zappeln und rührte sich nicht mehr.

Der Mann stieg auf die Schultern seiner Frau. Er konnte gerade so über den Rand der Luke fassen und sich mit seinen zerschundenen Händen nach oben ziehen. »Wirf mir die Flinte hoch«, sagte er. Dann ging er nach draußen zu den Autowracks. Der Hund kam bellend angerannt. Gleich der erste Schuss saß.

In einem völlig verstaubten Landrover fand Klaus Küppers ein blaues Abschleppseil. Er zog Elvira aus dem Kellerloch nach oben und verriegelte die Luke. In einer Zimmerecke fanden sie ihre Sachen. Der Alte hatte sie achtlos auf den Boden geworfen. An der Wand neben dem Küchenschrank hing das Schild, auf dem mit schwarzer krakeliger Schrift *»Camping Södernsjö«* geschrieben stand.

Die Eheleute gingen, nackt wie sie waren, nach draußen zu ihrem Wohnmobil. Dort duschten sie lange und heiß. Elvira öffnete eine Dose mit Erbsensuppe und machte sie warm. Das süße Brot schmeckte sehr gut dazu. Auch das Bier war längst nicht mehr so fad.

»Jetzt fehlt nur noch eine gute Zigarette«, sagte er.

»Du hast vor fünf Jahren aufgehört zu rauchen.«

»Manchmal muss man eine Ausnahme machen.«

Elvira verschwand auf der Toilette. In diesem Augenblick klingelte das Handy. Es war der große Klaus. Das Gespräch dauerte nur wenige Minuten.

Nachdem Elvira zurückgekommen war, fragte sie: »Wer war das?«

»Na, wer schon.«

»Was wollte er?«

»Er hat geschimpft. Sein Navi funktioniert nicht. Ich sollte ihm den Weg zum Campingplatz beschreiben.«

»Aber den kennen wir nicht.«

»Doch, jetzt schon.« Klaus Küppers stand auf.

Seine Frau sah in fragend an.

Er sagte: »Ich gehe los, und hänge das Schild wieder auf.«

STEPHAN HÄHNEL

Anschlussverbindung

Von Leipzig bis Berlin fuhr der Zug zwei Stunden und drei Minuten. Ole Lausmann bevorzugte die Zugverbindung am späten Vormittag aus pragmatischen Gründen und versuchte, wenn irgendwie möglich, einen Fensterplatz zu reservieren. Meist gelang das.

An diesem Morgen prüfte Ole Lausmann zum wiederholten Mal, ob er an alles gedacht hatte. Viel war nicht zu beachten, die Aufzählung auf dem Blatt war übersichtlich. Dennoch strich er jeden Punkt in Gedanken sorgfältig ab. Zufrieden legte er die Liste zu den anderen in eine mit rotem Leder gebundene Mappe und schaute erwartungsfroh aus dem Fenster. *Siebenundzwanzig Jahre ist es jetzt her, dass ich sie das letzte Mal gesehen habe,* ging es ihm durch den Kopf. Das, was er fühlte, Vorfreude zu nennen, war nicht die richtige Formulierung, aber es umschrieb annähernd jenes Gefühl, das ihm seit Wochen guttat. Erneut stellte er sich die Frage, ob sie ihn wiedererkennen würde.

Ole Lausmann, den alle nur »Lausi« nannten, hatte in Leipzig Grünau das Licht der Welt erblickt. Mit zehn Jahren musste er – wie er behauptete, gegen seinen

Willen – nach Berlin Prenzlauer Berg ziehen. Eine Diskussion mit seinen Eltern fand nicht statt und hätte selbstverständlich auch den Umzug nicht verhindert. Es entstand ein Trauma, das von verschiedenen Psychologen eindeutig diagnostiziert worden war, jedoch erfolglos behandelt wurde. Die seelische Blessur jener Tage ließ sich mit Worten nicht auflösen. Allerdings dachte er auch keinen Augenblick lang daran, der Therapeutin Frau Dr. Manke die Diagnose der anderen Seelenklempner zu erläutern. An das Trauma hatte er sich längst gewöhnt. Der Besuch galt ihr. Das zu begreifen, stand am Ende seines Planes.

Die Befürchtung, dass sie ihn wiedererkennen würde, erwies sich als unbegründet. Zwar studierte sie nachdenklich seine Gesichtszüge, bat ihn dann aber freundlich herein, ohne ihn mit ihrer eigenen Vergangenheit in Zusammenhang zu bringen. Sorgfältig hatte sie seinen Namen notiert, der natürlich falsch war, und sich darüber gefreut, dass er für die therapeutische Leistung bar zahlen wollte. Die Fantasieadresse, sein Geburtsdatum und ein paar persönliche Angaben, die alle ebenfalls nicht stimmten, ergänzten das Formblatt seiner Akte. Er wusste, sie würde den Wahrheitsgehalt nicht prüfen.

Selbst nach all den Jahren sah Mandy Manke noch immer gut aus. Sie war wie damals schlank, sportlich und schien die Zeit auf ihrer Seite zu wissen. Natürlich hatte sie ein wenig nachhelfen lassen. Nicht übermäßig viel, und wenn er es nicht vorher recherchiert hätte, wäre es ihm nicht einmal aufgefallen. Dass die Falten auf der Stirn, an den Mundwinkeln und um die Augen durch Botox geglättet worden waren, registrierte er mit

Genugtuung. Auch an ihr war die Zeit nicht spurlos vorbeigegangen.

Im ersten Therapiegespräch hielt Ole Lausmann es für angemessen, Frau Dr. Manke ausführlich darüber zu informieren, dass er den zwanghaften Tick besaß, Listen zu führen. Das entsprach der Wahrheit. Er liebte jede Form von Zusammenstellungen und hatte in den Jahren eine Perfektion erreicht, die seinesgleichen suchte. Einkaufslisten. To-do-Listen. Inventarlisten. Bewertungslisten für Bücher, Filme oder Fernsehsendungen. Regelmäßig pflegte er die Verzeichnisse seiner Freunde, interessanter Kontakte oder unangenehmer Mitmenschen. Ole Lausmann ließ Frau Dr. Manke wissen, dass er über all seine Aktivitäten penibel Aufzählungen erstellte, seien es Orte, die er besucht hatte oder Städte, die er noch zu sehen beabsichtigte. Über die vergangenen Reisen könne er detailliert Auskunft geben. Aus Gründen der Übersichtlichkeit habe er sogar die Inhaltsverzeichnisse der verwendeten Koffer bei einem Buchbinder nach Jahrgängen einbinden lassen. Täglich zwinge ihn eine unbestimmte Macht pünktlich um 8 Uhr, sein Gewicht, den Bauchumfang, den Fettanteil seines Fleisches sowie die Körpergröße zu messen und in eine Tabelle einzutragen. Zu jeder vollen Stunde beurteile er sein Befinden auf einer Skala von zehn Punkten. Kurz vor dem Schlafengehen berechne er daraus sein durchschnittliches Tagesempfinden, um zu erfahren, ob es ihm eigentlich gut oder schlecht gehe. Unter dem Zwang, alles registrieren zu müssen, leide er seit seiner Kindheit außerordentlich.

Ole Lausmann nutzte die erste Therapiesitzung vollständig, um über seinen Tick zu philosophieren und klarzustellen, dass er seiner Ansicht nach nichts dagegen tun könne. Er beendete seine Ausführungen mit der Theorie, dass die einzige Chance, den Berg an Listen zu reduzieren, womöglich darin bestehe, sie punktweise abzuarbeiten. Die Therapeutin gab ihm mit einem halbherzigen Nicken Recht. Es war ein Nicken, welches kaum verhehlen konnte, wie erleichtert sie war, dass die Stunde endlich ihr Ende gefunden hatte.

Seitdem fuhr Ole Lausmann wöchentlich zu seiner Therapiestunde. Obwohl Frau Dr. Manke vielversprechend begonnen hatte, indem sie ihm einfach nur zugehört und sich Notizen gemacht hatte, amüsierte es ihn, wie viel Energie es sie kostete, seine Ausführungen nicht zu unterbrechen. Sie tat das Übliche, um Vertrauen aufzubauen und ihm das Gefühl zu vermitteln, ernst genommen zu werden. Dennoch bedurfte es nur weniger Gespräche, um sie zu durchschauen. Ihre Mimik verriet sie. Nach fünf Sitzungen gab es kein Nicken, das er nicht schon einmal an ihr beobachtet hatte. Mandy Manke verfügte über ein umfangreiches Repertoire an bejahendem Mienenspiel, um Interesse und Verständnis zu heucheln, Erstaunen zu signalisieren oder um ihre Gleichgültigkeit zu kaschieren. Nur: *ihm* konnte sie nichts vormachen!

Meist begann sie die Sitzung mit einem wohlwollenden Nicken, wie auch Lehrer es verwenden, um einen besonders lernschwachen Schüler zu ermuntern, ein völlig blödsinniges Ergebnis an der Tafel zu überprüfen. Danach variierte ihr Nicken zwischen einer Mut machenden Aufforderung, sich dem inneren Kind zu nähern, seine unterdrückte weibliche Seite zu öffnen oder den unbewussten Hass auf den Vater durch hemmungsloses Weinen hinfort zu spülen.

Lausmann kannte alle diese Vorgehensweisen. Er hatte sie auf einer seiner Liste erfasst und alphabetisch sortiert. Auf seinen Rückfahrten nach Leipzig hakte er dann zufrieden jeden einzelnen Punkt ihres psychologischen Dilettantismus' ab.

Natürlich wusste Frau Dr. Manke nicht, dass ihr Patient keine Hilfe von ihr erwartete, jedenfalls nicht im üblichen therapeutischen Sinne. Auch konnte sie nicht ahnen, dass sie auf einer seiner Listen stand, in der schon drei Namen fein säuberlich durchgestrichen worden waren. Hätte sie erkannt, dass der unscheinbare Mann ihr vom zehnten Lebensjahr an bis zum Abschluss ihrer gemeinsamen Schulzeit jeden Tag Verhaltensnoten gegeben hatte, wäre ihr augenblicklich klar geworden, in welcher Gefahr sie schwebte.

Ole Lausmann war es innerhalb weniger Wochen spielend gelungen, den Spieß umzudrehen. Sie war mehr sein Patient, als er der ihrige. Er hatte ihr Vertrauen gewonnen und ihre fachliche Beurteilung manipuliert, die ihn nun zwar als schweren, aber harmlosen Fall klassifizierte. Ihrer Einschätzung nach litt der Patient unter einer anankastischen Persönlichkeitsstörung, die ihn zwanghaft alles organisieren ließ. Von der gemeinsamen Vergangenheit ahnte sie bis zum heutigen Tag nichts. Dabei war doch alles überdeutlich erkennbar. Wie ein offenes Buch hatte er sich präsentiert. Nur einer einzigen Erinnerung hätte es bedurft, um zu verstehen. Bitter hatte Ole Lausmann registriert, dass er noch immer für sie zu unbedeutend war, um auch nur einen Gedanken an ihn zu verschwenden. Nichts hatte sich in all den Jahren geändert.

Damals hatte er nicht nach Berlin gewollt. Ohne es erklären zu können, spürte er in jenen Tagen in seinem Inneren, dass etwas mit ihm geschehen würde. Anfänglich war es nur Traurigkeit gewesen, dann Trotz, später Wut und Verzweiflung, die in ihm eine bedrohliche Leere entstehen ließen. Die Leere wollte gefüllt werden, und so hatte er vom ersten Tag an alles in sich einsickern lassen, was er an Ablehnung, Verachtung und Boshaftigkeit erfuhr.

Heute verstand Ole Lausmann, was geschehen war. Wenn ein zehnjähriger Leipziger Junge nach Berlin Prenzlauer Berg kommt, freut sich nun mal der gemeine preußische Kieznachwuchs und lässt keine Möglichkeit aus, den sächsischen Migranten zu ärgern.

Freunde fand Lausi in der Folgezeit keine, weder in der Schule noch in dem Viertel, in das seine Eltern gezogen waren. Meist blieb er allein und träumte von Sachsens Glanz und Gloria. Damals hatte er begonnen, seine Verzweiflung, die geheimen Wünsche und andere wichtige Dinge aufzuschreiben. Jeder sorgsam notierte Satz war ein Schwur, eine Erinnerung, der er sich verpflichtet fühlte. Tief in sich wusste er, irgendwann würde er die damit verbundenen Versprechen erfüllen.

Mandy Manke gehörte zu jenem Personenkreis, die auf der Liste TK/74/1/1 ganz oben stand. Ole Lausmann liebte sprechende Schlüssel.

TK/74/1/1 bedeutete: Todeskandidat/Jahr/Priorität/Nummer.

Das war ein bewährtes Verfahren und in sich von einer atemberaubenden Logik. Die anderen drei Namen auf dem vergilbten Blatt konnte er schon vor ein paar Jahren durchstreichen.

Die Polizei hatte zwischen den Taten keine Verbindung herstellen können. Gewundert hatte ihn das nicht. Die betreffenden Personen wohnten an unterschiedlichen Orten, kannten einander nicht, und dank einer umfassenden Liste mit Mordmethoden konnte Ole Lausmann penibel darauf achten, keinen zu allen passenden Modus Operandi zu liefern. Jede Art zu töten, hatte er vorher bis ins kleinste Detail studiert, und selbst im Schlaf vermochte er Punkt für Punkt herzubeten.

Der Autounfall, ein Raubmord wegen zehn Euro und ein Arbeitsunfall waren von den Kriminalbeamten problemlos akzeptiert worden. Kein Kommissar war auf die Idee gekommen, in der Kindheit der Opfer nach Gemeinsamkeiten zu suchen. Was hätten sie auch finden können?

Daran, dass TK/74/1/2 einen Jungen namens Ole Lausmann im Ferienlager geohrfeigt hatte, konnte sich garantiert niemand mehr erinnern. Und dass TK/74/1/3 beim Tischtennisturnier in Oles Wasserflasche gespuckt und sich mit den anderen Mannschaftskameraden über den dummen Sachsen amüsiert hatte, stand in keinem Zusammenhang mit dem ersten Mord.

Der Vierte auf der Liste, ein ungehobelter Fleischerlehrling, hatte es für witzig gehalten, ihm eines Tages auf dem Weg zur Schule unauffällig einen Schweineschwanz an die Jacke zu heften. Dem Kerl war er vorher nie begegnet. Alle hatten Ole ausgelacht. Ein Spaß, der den Fleischermeister fünfzehn Jahre später als Hackfleisch enden ließ. Offiziell ein Unfall. Das Protokoll fasste mit der unappetitlichen Formulierung das Geschehen zusammen: Metzgermaschinen unterscheiden grundsätzlich nicht, welche Sorte Fleisch sie zu verarbeiten haben.

Auch wenn die betreffenden Personen seiner Liste ihre vermeintlich gerechten Strafen bekommen hatten, Mandy Manke war ein Sonderfall. Sie stand nicht ohne

Grund an erster Position der TK/74er Auflistung. Ihr war es zu verdanken gewesen, dass in der Schule bekannt wurde, dass Ole mit seiner Familie jedes Wochenende im Sommer auf einem Freikörperkulturzeltplatz verbrachte. FKK. Seine Eltern waren Dauercamper. Trotz seiner Bitten nicht mitfahren zu müssen, ließen sie keine Diskussion zu und meinten ernsthaft, es habe ihm doch immer Spaß gemacht. Was andere darüber dachten, sei unwichtig. Mandy hatte von ihrer Cousine davon erfahren und diese dazu gebracht, Fotos von ihrem Klassenkameraden zu schießen, wie er nackt mit seinen Eltern Tischtennis spielte. Sie hatte die Bilder mit in die Schule gebracht. Damals war er vierzehn gewesen.

Die Begeisterung seines Vaters, unbekleidet in der freien Natur Sport zu treiben, hatte Ole Lausmann spätestens nach seiner Jugendweihe nicht mehr geteilt. Kein Sohn spielt mit seinem Vater gern Tischtennis, wenn dieser nur mit einem T-Shirt bekleidet ist und sein ehrgeiziges Schnaufen in direktem Zusammenspiel mit dem Fingerzeig seines Gemächts verrät, in welchem Teil der Platte der Ball auftreffen würde. Noch weniger mochte er es in diesem Alter, wenn fremde schwitzende Körper verschiedener Generationen sich albern kichernd in eine Reihe drängen, um nicht bei der nächsten Runde Chinesisch auszuscheiden. Vollends unerträglich wurde der Zustand für Lausi, als er Zeuge eines nächtlichen Geflüsters wurde, in dem seine Mutter die besten Teile seines Vaters Ping und Pong nannte.

Nachdem die Bilder überall in der Schule aufgetaucht waren und sich jeder über ihn amüsiert hatte, sah er nur noch einen Ausweg. Er packte ein paar Sachen zusammen und haute ab. Ziel: Leipzig – die gelobte Stadt.

Ole liebte es, in einem Zug zu sitzen und einem Ort entgegenzufahren, der auf ihn zu warten schien. Auf dem Hauptbahnhof angekommen, wurde er jedoch von zwei Polizisten aufgegriffen, die ihn sofort als Ausreißer erkannten. Unfreundlich als »Boulette« betitelt, übergab man ihn dem Zugpersonal des nächsten Zuges in Richtung Hauptstadt. Von diesem Tag an war Ole Lausmann vom Reisevirus und von ziemlich konkreten Rachegelüsten infiziert. Den Campingplatz betrat er nie mehr, und wann immer es eine Gelegenheit in seiner Jugend gab, setzte er sich in einen Bus oder Zug und verschwand.

Von all dem hatte er Frau Dr. Manke natürlich nichts erzählt.

Während der heutigen Sitzung philosophierte er statt dessen darüber, dass seine Listen wie eine Hexaeder-Pyramide organisiert seien. Sechs Seiten bilden die Grundlagen seiner Urteilsfindung. Basis sei die fünfeckige Grundfläche – Hass zum Beispiel oder Liebe. Die fünf restlichen Flächen, die sich nach oben hin verjüngten und in einem Punkt vereinten, stellten gleichsam die Lösung des Problems dar.

An ihrem Nicken erkannte er, dass Frau Dr. Manke auch nicht ansatzweise verstand, was er ihr offenbarte. Ihr Lächeln verriet einzig, dass sie froh war, dass das Ende der Sitzung nahte.

»Es tut so gut, mit jemandem zu reden, der einen versteht«, erklärte er übertrieben dankbar. »Sie glauben nicht, wie sehr ich mich freue, Sie gefunden zu haben.«

Frau Dr. Manke betrachtete ihn nachdenklich, ließ dann seine Akte im Schrank verschwinden und antwortete höflich: »Wenn Sie sich besser fühlen, habe ich nichts falsch gemacht.«

Ole Lausmann vollführte eine unbeholfene Geste, die alles bedeuten konnte.

Etwas amüsiert schaute sie ihn an und ging dann auf ihn zu, um ihn endgültig zu verabschieden.

»Lassen Sie uns beim nächsten Mal über die Hexaeder-Pyramide reden. Die Zeit ist leider für heute um. Auch ich muss einmal Feierabend machen.«

»Selbstverständlich! Das verstehe ich. … Nur: Es wird kein weiteres Treffen geben.«

»Wollen Sie die Therapie abbrechen?«

Ole Lausmann kicherte ein wenig. Er hatte eine derartige Frage erwartet.

»Nein! Es ist so: *Sie* werden sie nicht fortführen können.«

Einen Augenblick lang war es ruhig im Raum. Er genoss die Situation, ihr erstauntes Nichtverstehen und die ersten Anzeichen einer wachsenden Beklemmung. Noch immer weigerte sich vermutlich jede Zelle ihres Körpers, sich an ihn zu erinnern. Enttäuscht zuckte er mit den Schultern und zog dann aus seiner Tasche eine Luftdruckpistole. Er richtete sie auf die Therapeutin und drückte ab. Ein schmerzhafter Aufschrei bestätigte, dass das Ziel getroffen war. Ein Pfeil mit einem bunten Puschel am Ende steckte in ihrem Oberschenkel.

»Einundzwanzig, zweiundzwanzig, dreiundzwanzig … nach etwa fünf Sekunden müsstest du die Wirkung spüren. Mandy, setz dich lieber hin, du verlierst jeden Moment das Gleichgewicht.«

Trotzig versuchte sie, stehen zu bleiben, aber als ihr das rechte Knie wegknickte, hielt sie es doch für besser, auf dem Sofa Platz zu nehmen. Ole Lausmann drückte ihren Oberkörper sanft auf das Polster, schob das Kissen zurecht und legte ihre Beine etwas zur Seite. Dann setzte er sich neben sie.

»Was verdammt … haben Sie mir … gespritzt?«

»Meinen Lieblingscocktail! Eine Mischung aus Beruhigungsmitteln, wie man sie im Zoo verwendet, um ungestört gefährliche Tiere untersuchen zu können und einer Überdosis Botox. Es ist schier unmöglich zu schätzen, wie viel dieses Nervengiftes ein weiblicher Körper absorbieren kann. Dieses Problem hat mich dazu veranlasst ein Pferd zu töten, nur um sicherzugehen, dass die Wirkung genauso eintritt, wie ich es mir gedacht habe. Mandy, du glaubst nicht, wie leid mir das tut. Um das Pferd natürlich.«

Entsetzt schaute sie ihn an. Er konnte in ihren Augen sehen, dass die Unfähigkeit, sich zu bewegen ihre Verzweiflung ins Unermessliche steigen ließ. Außerdem schien ihr Hirn angestrengt zu arbeiten, um eine Antwort zu finden.

»Ich gebe dir einen Hinweis«, sagte Ole Lausmann und begann, Mandy Manke mit einem imaginären Fotoapparat zu fotografieren. Wie jedes Mal faszinierte ihn auch jetzt der Moment, wenn die Erkenntnis endlich ans Licht trat.

»Ich … ich weiß jetzt! Du bist der Junge … Mein Gott! … Das ist so lange …«

Vorsichtig legte er seinen rechten Zeigefinger auf ihren Mund.

»Dir bleibt nicht mehr viel Zeit. Mandy, ich will dir nichts vormachen. Du wirst bei vollem Bewusstsein ersticken. Ein wirklich schrecklicher Tod! So ging es mir damals auch, als du die Fotos von mir in der Schule verteilt hast. Ich dachte, ich würde nie wieder atmen können.«

Er konnte in ihren Augen sehen, dass sie begriffen hatte. Verzweiflung wandelte sich schlagartig in Angst, die sie hinter Tränen zu verstecken versuchte.

»Botox macht nicht nur die Haut glatt, indem es Nerven lähmt. Bei der siebenjährigen Stute zog es sich fünfzehn Minuten lang hin. Bei dir wird es nur einen Bruchteil der Zeit dauern.«

»Warum …?«

Ihre Stimme war kaum zu verstehen. Schweiß perlte auf der Stirn. Ihre Lunge kämpfte ausweglos nach Luft. Vorsichtig richtete er sie auf und legte ihren Kopf an seine Schulter.

»Du wirst es mir nicht glauben, aber ich habe dich damals geliebt. Natürlich wusstest du nichts davon. Ich habe dich so sehr geliebt, dass es geschmerzt hat. Kannst du dir das vorstellen? Noch heute besitze ich eine Liste, an welchen Stellen ich dich küssen wollte. Damals hielt ich es für eine gute Idee, oben links am Ohrläppchen zu beginnen, mich an der vegetativen Rinne der Ohrmuschel entlang zu arbeiten, um mich schließlich detailliert mit deinem Gesicht zu beschäftigen. Bis zu deinem rechten kleinen Zeh hätte ich vierhundertsiebenunddreißig Stellen mit meinen Lippen berührt. Noch heute kann ich die richtige Reihenfolge aufsagen. Du wirst es nicht mehr erfahren. Das Botox wirkt zu schnell.«

Ole Lausmann schob das Kissen zurecht, um es ihr so bequem wie möglich zu machen. Dann setzte er sich an den Schreibtisch und beobachtete sie. Er fand es angemessen, seine ehemalige Klassenkameradin in den ihr verbleibenden Minuten mit ihren Erinnerungen allein zu lassen. Noch einmal bäumte sich ihr Körper auf. Es war soweit. Nach ihrem letzten Atemzug strich er ihren Namen sorgfältig von seiner Liste. Perfekt, dachte er, legte das Blatt Papier in die elegante, mit rotem Leder gebundene Mappe und schloss sie. Es stimmte tatsächlich, es tat gut, alle offenen Punkte erledigt zu haben.

Anschließend griff er in seine Aktentasche und zog ein neues Dossier heraus.

»1980 bis 1983. Die Zeit meiner Lehre«, las er vor, obwohl er wusste, dass Mandy Manke ihn nicht mehr hörte. »Beginnen wir mit dem Jahr 1980.«

Ehrfurchtsvoll strich er mit den Fingerspitzen über den mit Goldziffern geprägten Aktendeckel und öffnete ihn behutsam. Er betrachtete die Namen und die Orte, an denen er die Personen finden würde. Es war ihm schwergefallen, die drei Schlimmsten jener Zeit zu bestimmen. Zu viele hatten ihn in den Jahren der Ausbildung mit ihrer Anwesenheit gequält. Schließlich war es ihm mit einem Ausschlussverfahren gelungen.

Der Erste auf der Liste lebte inzwischen in Bern. TK/80/1/1 würde er seine nächste Reise widmen. Vor vier Wochen hatte er den Nachtzug nach Basel gebucht. Schon lange stand ein Besuch in der Schweiz auf seiner Wunschliste. Zufrieden schaute Ole Lausmann auf seine Uhr. Bis zur Abfahrt blieb noch genug Zeit, um ein bisschen durch Berlin zu spazieren.

ETHEL SCHEFFLER

Keine Rückkehr nach Heidiland

Ich war von Anfang an gegen einen Urlaub in der Schweiz gewesen. Wie konnte Roland nur annehmen, dass für mich eine Eisenbahnrundfahrt durch die Schweiz der Inbegriff eines Urlaubes sein könnte? Tagsüber würden wir ständig im Zug sitzen und jeden Abend in einem anderen Hotel übernachten. Aber Roland liebte die Berge. *Klara,* sagte ich zu mir, *du musst in einer Beziehung auch Kompromisse machen.* Gut, ich wusste, dass es in der Schweiz traumhaft gute Schokolade gab, und die einmaligen Tortenkreationen zum Kaffee würden mich im Nachhinein versöhnlich stimmen.

Zusätzlich durfte ich mit einer überwältigen Flut von Glückshormonen nach dem Verzehr all dieser Köstlichkeiten rechnen, aber leider auch mit dem Zuwachs meines Hüftgoldes. Aber wenigstens schlemmen wollte ich, ohne dass meine Lieblingsjeans am Bund gleich wieder zu drücken begann. In Vorbereitung auf diesen Urlaub hungerte ich mir deshalb drei Kilo ab. Meine Vorahnungen waren nicht unbegründet, denn ein Panoramazug würde uns innerhalb der acht Tage zu bemerkenswerten Sehenswürdigkeiten des Landes fahren. Das bedeute für jeden Fahrgast ständiges Essen ohne Bewegung. Da würde selbst der Darm Urlaub machen.

Na, ich will nicht ungerecht sein. Schon am ersten Tag verzauberten mich Leipziger Flachländerin die Berge mit ihren weißen Gipfeln, die in der Maisonne wie Zuckerguss glitzerten.

Ich war überwältigt, nachdem ich nach der beeindruckenden Auffahrt zu Eiger, Mönch und Jungfrau bei Kaiserwetter hinaus auf die Plattform trat. Der sagenhafte Blick über das ewige Eis bei strahlendem Sonnenschein und wolkenlosem Himmel ließ mich die Unzufriedenheit der letzten Monate vergessen. Klein und bedeutungslos kam ich mir vor. Die schöne und doch zugleich raue Bergwelt wirkte hier allem Menschlichen überlegen, und doch bewies die Plattform *Top of Europe* in 3571 m Höhe, dass gerade der menschliche Tatendrang diesen Ausblick ermöglicht hatte.

Im Angesicht des Aletschgletschers schien die Welt friedlich und versöhnlich.

War es wirklich so friedlich in der Schweiz? Noch ahnte ich nicht, was am Ende unserer Reise geschehen würde.

Auch am letzten Tag unserer Rundreise waren wir zeitig aufgestanden. Noch vor dem Zähneputzen schob Roland den frisch geladenen Akku in die Kamera und steckte eine neue Speicherkarte ein. So lieb Roland sein konnte, auf der Jagd nach dem perfekten Foto vergaß er über Stunden hinweg, dass ich auch noch da war. Ich hätte mir öfter einmal eine Umarmung oder einen Kuss gewünscht, schließlich kannten wir uns erst ein Jahr.

Die Sonne am wolkenlosen Himmel verhieß eine exzellente Weitsicht und natürlich tolle Fotos. Der *Bernina-Express* führte uns wieder in die Welt der Berge.

Wir saßen in Fahrtrichtung rechts. Die Stimme des Reiseführers erklang aus dem Lautsprecher und pries das Bergmassiv linkerhand als berühmtes Fotomotiv an. Da vor dem gegenüberliegenden Fenster unseres Abteils zwei Leute die Sicht versperrten, sprang Roland auf und ging an die Zugtür, wo er bei freier Sicht aus dem Türfenster würde fotografieren können. Ich hingegen blieb sitzen und genoss die Sicht auf einen immer näher kommenden Bergsee. Zu meiner Freude spiegelte sich das Wasser wie am Mittelmeer türkisblau in der Sonne. Wie gern würde ich jetzt dort in einem Strandkorb sitzen und einen Milchshake genießen! Wenigstens musste ich nicht wandern. Ich holte meinen Fotoapparat heraus und hielt die herrlichen Farben für immer fest.

Der Zug fuhr eine kleine Rechtskurve und bot beim Näherkommen einen herrlichen Anblick auf den See. Majestätisch ragte die graue Felswand auf einer Seite aus dem Wasser und bot zu dem Türkisblau einen beeindruckenden Kontrast. Die Uferlinie verlief um den Berg herum, und die Wassermassen schienen fast das ganze Tal auszufüllen.

Ich sah ein kleines Boot einsam auf den Wellen treiben. Schon konnte ich darin einen beleibten Mann mit dunklen kurzen Haaren und eine blonde Frau unterscheiden. Sie saßen sich gegenüber und hatten den See ganz für sich. Jedenfalls konnte ich keine weiteren Besucher entdecken.Wie romantisch!

»Roland, schau mal«, rief ich begeistert.

Doch Roland reagierte nicht. Ich sah ihn immer noch an der Tür stehen und ohne Pause auf den Auslöser drücken. Die Bahn schlängelte sich in Schrittgeschwindigkeit über das Gleisbett immer näher an den See heran. Das Boot war jetzt so nah, dass ich einzelne Gegenstände auf seinem Boden erkennen konnte.

Die Wellen kräuselten sich leicht. Zarte weiße Schaumkronen rollten dem weit entfernten Ufer entgegen. Ich griff zu meiner Kompaktkamera und dachte an die Tipps für einen guten Bildaufbau, als ich durch die Linse schaute. Der Schneegipfel, die Sonne und natürlich das Boot ergaben ein Postkartenmotiv. Ich drückte den Auslöser. Doch was war das? Stand die Frau jetzt? Ich zoomte näher heran. Tatsächlich. Sie gestikulierte wild. Wie ein Paparazzo drückte ich auf den Auslöser: Klick, Klick, Klick. Der Kahn schaukelte bedrohlich. *Mein Gott passt auf,* hätte ich beinahe gerufen, *das Boot könnte kentern!* Da sah ich, wie die Frau nach dem Ruder griff und ausholte.

»Und jetzt sehen Sie links …«, tönte es aus den Zugboxen. *Nein, nein nein,* dachte ich, *rechts passiert etwas!*

Klick, klick.

Der Auslöser surrte.

Der Mann im Boot bekam das herniedersausende Ruder zu fassen.

Klick.

Das Boot schwankte immer mehr.

Noch ein Bild!

Für einen Sekundenbruchteil sah ich zu Roland hinüber. Ein weißes Bergmassiv auf der anderen Seite schien ihn zu faszinieren und seine ganze Aufmerksamkeit zu binden. Er würde mich nicht rufen hören, da müsste ich schon in ein Alpenhorn blasen.

Ich schaute wieder auf den See. Die beiden rangen immer noch miteinander. Plötzlich ließ die Frau los. Ich sah ihre weißen Zähne aufblitzen. Schon vermeinte ich ihr hämisches Lachen zu hören.

Klick.

Der Mann verlor das Gleichgewicht und fiel ins Wasser.

Klick.

Die Bahn gewann gerade nicht nur an Fahrt, sondern fuhr auch einen kleinen Bogen. *Nein! Nicht jetzt!,* dachte ich. Ich musste doch sehen, was da vor sich ging. Mit zusammengekniffenen Augen schoss ich weitere Fotos. Da! Die Frau nahm das zweite Ruder. Plötzlich Zweige, Blätter, immer mehr Grün, die mir die Sicht versperrten. Ich hörte ein Klatschen. Verdammt!

»Hast du das gesehen?« Roland stand plötzlich neben mir.

»Ja, was?«, erwiderte ich verwirrt. Er zog die Stirn kraus, nachdem ich ihm so unkonzentriert geantwortet hatte.

»Ich glaube«, hörte ich mich wie aus weiter Ferne stammeln, »ich habe etwas ganz Schreckliches gesehen.«

»Ach, was willst du denn gesehen haben?«

»Auf dem See da unten«, antwortete ich unsicher. Roland schüttelte seinen braunen Lockenkopf und setzte sich, um die Bilder in seiner Kamera zu kontrollieren. Nicht ein einziges Mal hatte er auf den See geblickt, geschweige denn so getan, als würde er sich dafür interessieren, was ich gesagt hatte.

»Hast du die Berge gesehen? Die Gipfel scheinen an die Himmelspforte zu stoßen«, entgegnete er stattdessen und verschwand wieder in Richtung Zugtür. Ich sah ihm nach. Traurigkeit überfiel mich, und in mir stieg die Unzufriedenheit der letzten Monate wieder hoch. Plötzlich kamen mir Fragen in den Kopf: *Warum war ich eigentlich noch mit Roland zusammen? War Glück doch nur ein flüchtiger Moment? Musste ich mich damit abfinden?*

Ich dachte an die Frau auf dem See. Wieder blickte ich auf die Wasserfläche, die wie ein türkisblaues Auge hinter den Bäumen hervorschaute. Ich lehnte mich zurück. Hatte ich wirklich das gesehen, was ich vermutete?

Die Bahn schob sich fast geräuschlos Meter für Meter über die Gleise, der nächsten Station entgegen. Erneut versuchte ich, einen Blick auf den See zu erhaschen, der langsam aber sicher kleiner wurde. Das Boot konnte ich nicht mehr erblicken. Beängstigend. Die Wasseroberfläche schimmerte friedlich in meinen Lieblingsfarben. Ich blickte auf die Uhr. Es war 5 Minuten vor 12.

»Sag mal Roland, wie hieß dieser See gerade?«

Roland setzte sich gerade wieder mir gegenüber ans Fenster. »Wozu willst du das wissen?«

Konnte er nicht einfach nur antworten? »Nur so. Die Farben des Wassers waren so herrlich.«

»Lago di Poschiavo«, antwortete er, ohne lange zu überlegen. Ich notierte mir Ort und Zeit. Auf der Rückfahrt ins Hotel beachtete mich Roland wieder etwas mehr. Wie gönnerhaft. Das versöhnte mich nicht wirklich.

Am nächsten Tag fuhren wir nach Hause. Dort angekommen brachte Roland das Gepäck ins Bad. Ich begann sofort, die Wäsche zu sortieren und setzte die erste Waschladung an. Unsere Schuhe standen bereits wieder im Regal, und alles andere war ebenfalls ausgepackt. Jetzt könnte ich … Zu spät. Roland saß schon am Computer und lud die Bilder von der Kamera herunter. Ich würde mit meinen Fotos wohl bis zum nächsten Tag warten müssen.

Am nächsten Morgen klingelte der Wecker bereits um 5:25 Uhr. Für Roland war der Urlaub Schnee von gestern. Für mich würde der Arbeitsalltag in der Steuerkanzlei erst zwei Tage später wieder beginnen. Obwohl auch ich den Wecker hörte, hielt ich die Augen geschlossen. Ich ließ Roland den Tag allein beginnen. Er würde sich einen Kaffee kochen, sich anziehen, den Kaffee viel zu heiß schlürfen und schließlich die Frühstücksbrote mitnehmen, die ich am Tag vorher vorbereitet und in den Kühlschrank gelegt hatte. Genauso wie immer.

Kurz darauf fiel die Tür ins Schloss. Ich streckte mich noch einmal. Dann sprang ich voller Neugier aus dem Bett und ließ das Duschen ausfallen. Ich stellte die Kaffeemaschine an, putzte mir aber wenigstens ordnungshalber die Zähne. Wenig später schaltete ich den Computer ein und schloss meine Kamera an. Natürlich war dieser einfache Fotoapparat kein Vergleich zu Rolands Spiegelreflexkamera. Aber eine hohe Pixelzahl allein macht noch kein gutes Foto.

Während die Aufnahmen im Computer landeten, trank ich in Ruhe meinen Kaffee. Den neuen Ordner nannte ich »Schweiz am See« und versah ihn mit einem Passwort. Obwohl ich gern sofort zur bewussten Serie gegangen wäre, riss ich mich zusammen und klickte die Aufnahmen der Reihe nach an. Endlich erschienen die erwarteten Bilder.

Auf dem ersten Foto saßen die beiden Personen noch ordentlich im Boot. Es war nicht zu sehen, ob sie miteinander diskutierten. Auf der nächsten Aufnahme hatte die Frau die Arme oben und grinste den Mann an. Ich konnte es ganz deutlich erkennen.

Die nächsten Bilder ließ ich in kleinen Sequenzen ablaufen. Die Frau erschien mir deutlich jünger als der Mann. Oder nahm ich das nur an, weil sie einen Zopf trug?

Auf dem nächsten Foto sah ich es: Die Frau hatte das an der Seite liegende Ruder aus der Halterung gezogen und holte aus. Der Mann war aufgestanden, hatte zugegriffen und das Ruder zu fassen bekommen. Er hielt es mit beiden Händen fest. Der Kahn stand bedrohlich schief. Ich erinnerte mich an die Szene und bekam eine Gänsehaut. Beide hätten bei dem Geschaukel leicht ins Wasser fallen können. Ein weiterer Schnappschuss zeigte nur den Mann im Wasser.

Auf das nächste Foto kam es an. Wenn ich Glück hatte, brachte es mehr zutage, als ich aus dem Zugfenster gesehen hatte. Die Frau hatte das zweite Ruder ergriffen.

Das darauffolgende Foto zeigte nur Zweige und Blätter. Mist! Nichts war eindeutig zu erkennen. Was nun? Klüger war ich durch das Betrachten der Bilder nicht geworden. Mein Bauchgefühl sagte mir jedoch, dass da etwas nicht stimmte. Wie konnte ich jedoch die Wahrheit herausfinden?

Das Handy klingelte, und das Display zeigte die Nummer meiner Freundin Mandy. Ich schaute auf die Uhr. Es war schon fast 9 Uhr. Ich hatte sie ganz vergessen.

»Bleibt es dabei, dass wir uns zum Frühstück treffen?« wollte Mandy wissen. Ich gab meinem Herzen einen Stoß und bejahte: »Bis gleich.« Ich würde mich nicht beeilen müssen. Unser Stammcafé befand sich in der »Karli«, wie wir Leipziger die Kneipenmeile in der Südvorstadt liebevoll nannten. Dort gab es wesentlich mehr zu entdecken, als auf der Kneipenmeile im Barfußgäßchen in der Innenstadt. Hier pulsierte nicht nur bis spät in die Nacht das Leben, es gab auch am Tag viel zu entdecken. Im *Wendel* schmeckte der Kaffee besonders gut und, was ich sehr schätzte, es gab dort auch etwas Herzhaftes zum Frühstück. Für Marmelade am frühen Morgen konnte ich mich nicht begeistern.

Mandy war schon da und wartete auf mich. »Du siehst aber erholt aus«, empfing sie mich.

»Ich habe nicht gleich einen Parkplatz gefunden«, entschuldigte ich mich und umarmte sie.

»Du könntest ja das kleine Stück von der Selnecker Straße bis hierher auch mit dem Fahrrad fahren«, erwiderte sie lachend.

»Könnte ich. Aber du weißt doch, was ich für eine Sportskanone bin …« Ich hakte sie unter, und wir gingen hinein.

Wir wählten einen freien Tisch aus, hängten unsere Taschen über die Stuhllehnen und begaben uns an die Theke. Ich überlegte währenddessen, ob ich Mandy von meiner seltsamen Beobachtung erzählen sollte oder nicht. Sie nahm Kaffee und Buttercroissants, und ich wählte Rührei mit Schinken und einen Cappuccino.

»Wir werden uns ein anderes Café suchen müssen«, erklärte Mandy, als wir saßen.

»Wieso?«

»Na, jetzt gibt es hier auch schon Frühstücksfernsehen. Ist viel zu laut, und niemanden interessiert das wirklich«, stellte Mandy umherblickend fest und biss in ihr Croissant.

»Musst ja nicht hinschauen«, entgegnete ich und kostete das Rührei. »Mmm. Das hat mir im Urlaub gefehlt.«

»Nun, sag mal, wie war es eigentlich?« Mandy brannte vor Neugier.

»Die Berge waren ergreifend. Kommst dir so richtig klein und unwichtig vor«, erwiderte ich und nippte von dem Milchschaum des Cappuccino.

»Ja, und wie ging es mit Roland?« Mandy riss fragend die Augen auf.

»Der Kompromiss, mit ihm in die Berge zu fahren, hat nichts gebracht. Im Gegenteil. Mir ist klar geworden, dass …«. Ich traute meinen Augen nicht. Das war doch … Auf dem Bildschirm sah ich plötzlich die Frau aus dem Boot.

»Klara, was ist dir klar geworden?«, hakte Mandy ungeduldig nach.

»Sei mal ruhig«, entgegnete ich und erntete dafür einen verständnislosen Blick. Aber nun schaute sie auch auf den Bildschirm, um herauszufinden, was mich so brennend interessierte.

Der Sprecher erklärte: »Das Unglück ereignete sich vor zwei Tagen. Der Chef der bekannten Schweizer Schokoladenfabrik *Alpenglück* ertrank bei einem Bootsausflug in einem See, weil er nicht schwimmen konnte. Seine Frau konnte ihn aufgrund seines immensen Übergewichtes nicht wieder in das Boot ziehen, sonst wäre es gekentert und sie selbst in Gefahr geraten.«

»Kennst du die Frau?«, wollte Mandy wissen.

»Nein, ich habe nur aufgehorcht, weil es in der Schweiz passiert ist, wo wir doch gerade dort im Urlaub waren«, erwiderte ich.

»Na, wie dem auch sei. Diese Frau ist jedenfalls abgesichert. Sie hat bestimmt keine Geldsorgen«, stellte Mandy fest.

»Da hast du allerdings recht. Also«, ich machte eine kleine Pause, »mir ist Folgendes klar geworden: Ich werde mich von Roland trennen.«

»Ich habe es geahnt«, erwiderte Mandy. »Besser jetzt, als wenn du nach Jahren der verlorenen Zeit nachjammerst.«

Ich nickte ihr zu. Mandy grinste mich schelmisch an: »Du musst mit deinen 35 Jahren keine Torschlusspanik bekommen. Nur,« Mandy hielt einen Augenblick inne und pikste zur Bekräftigung der nächsten Worte mit dem Zeigefinger auf mich, »so gut wie die Schokoladenfrau wirst du es allerdings nicht haben.«

»Auch da hast du recht«, antwortete ich und dachte dabei: *Wieso eigentlich nicht?*

Gleich nach unserem Frühstück fuhr ich heim, setzte mich an den Computer und googelte. Endlich fand ich eine Telefonnummer und rief im Sekretariat der Firma *Alpenglück* an. Ich drückte der Sekretärin mein Bedauern über das Ableben ihres Chefs aus und erklärte ihr, dass ich Frau Lechtnitz auch gern persönlich mein Beileid ausgesprochen hätte.

Erwartungsgemäß wimmelte mich die Vorzimmerdame ab. Frau Lechtnitz hätte jetzt keine Zeit für persönliche Kondolenzen. Darauf war ich vorbereitet gewesen und erwiderte: »Das verstehe ich natürlich. Aber richten Sie ihr aus, dass eine Freundin aus der Schweiz angerufen hätte. Eine Freundin, die ganz besonders bedauert hat, was auf dem sonst so friedlich blautürkis schimmernden See passiert ist. Nochmals mein Mitgefühl.« Abschließend gab ich noch meine Telefonnummer durch.

Jetzt musste ich nur noch auf den Rückruf warten. Es konnte Tage dauern. Keine zwei Stunden später klingelte das Telefon jedoch schon. Eine Schweizer Vorwahl, sie musste es sein. Ich widerstand dem Impuls, das Gespräch sofort anzunehmen und ließ es noch zweimal klingeln.

»Ja, Klara Baum, bitte?«, meldete ich mich und bemühte mich dabei, mit ruhiger Stimme zu sprechen.

»Hier Constanze Lechtnitz. Klara Baum? Ich kenne keine Klara Baum. Das muss wohl eine Verwechslung sein.«

»Natürlich können Sie mich nicht kennen. Aber ich kenne *Sie*. Obwohl – kennen ist vielleicht zu viel gesagt …« Ich holte kurz Luft und fuhr fort: »Haben Sie eine E-Mail-Adresse? Ich meine eine ganz private E-Mail-Adresse?«

»Was soll das? Ich kenne Sie nicht, und meine E-Mail-Adresse geht Sie gar nichts an.« Ihre Stimme klang sicher. Doch sie legte nicht auf.

»Gut, wenn Sie nicht wollen. Ich kann die Fotos auch der Presse senden. Allerdings ist auf den Aufnahmen leider nicht zu sehen, wie aufopfernd Sie versucht haben, Ihren Mann in das Boot zu ziehen. Eher das Gegenteil.« Ich wartete gespannt ab. Mein Puls hämmerte in den Adern. »Sind Sie noch dran?«

»Ja«, antworte Constanze Lechtnitz nach einer kleinen Pause. »Sie bluffen doch. Ich habe mir nichts vorzuwerfen.« Ihre Stimme vibrierte jetzt kaum merklich.

»Hören Sie zu. Ich habe mehrere Fotos vom Zug aus geschossen.«

»Vom Zug aus?«, unterbrach sie mich. Sie schien nachzudenken.

»Ja, der *Bernina-Express* fährt fast zweieinhalb Kilometer am See entlang. Daran haben Sie wohl nicht gedacht, als Sie Ihren Mann … Na, Sie wissen schon. Auf den Fotos ist deutlich zu erkennen, dass Ihr Mann nicht freiwillig ins Wasser gesprungen ist. Ich maile Ihnen ein Foto. Dafür will ich 250.000 Euro haben. Die Kontonummer schicke ich Ihnen auch gleich mit.«

»Sie sind ja wahnsinnig!«, dröhnte es vom anderen Ende. Von ihrem Zwischenruf ließ ich mich jedoch nicht ablenken.

»Vielleicht. Sie haben eine Woche Zeit. Sollte das Geld bis dahin nicht eingegangen sein, sende ich ein zweites Foto. Darauf ist der Hergang noch deutlicher zu sehen. Serienauslöser sind an den neuen Kameras doch etwas Herrliches.« Sie musste ja nicht wissen, dass ich den Auslöser nur schnell gedrückt hatte. Aber an Rolands Kamera gab es so etwas. Das wusste ich genau. »Dann kostet Sie der Spaß allerdings 300.000 Euro. Danach haben Sie wieder eine Woche Zeit, mir das Geld zu überweisen. Ein drittes Foto wird es für Sie nicht geben. Das geht dann direkt an die Presse.« Mir zitterten jetzt doch die Knie. Gut, dass ich schon saß. Schließlich hatte ich so etwas noch nie gemacht. Aber sie erbte schließlich Millionen, weil sie einen Menschen auf dem Gewissen hatte. Was waren da schon 250.000 Euro? Was gab es so lange zu überlegen? Unruhe beschlich mich. Schweißperlen besetzten meine Stirn.

»Gut. Und woher weiß ich, das ich Sie dann für alle Zeit los bin?«

»Glauben Sie mir. Mir reicht das Geld. Ich kann zwar gut schwimmen, aber ich werde die Bilder zu meiner Sicherheit bei einem Rechtsanwalt aufbewahren lassen.«

Eine Woche später freute ich mich über meinen neuen Kontostand. Ein zweites Foto würde ich der Lechtnitz nicht schicken müssen.

Roland legte ich einen Abschiedsbrief auf den Tisch. Ich wollte nicht mehr diskutieren. So war es auf alle Fälle besser für ihn– besser als eine Bootstour auf dem *Lago di Poschiavo.*

Meine Reisetasche enthielt nur das Nötigste. Als ich die Wohnungstür hinter mir ins Schloss zog und den Schlüssel in den Briefkasten warf, wusste ich eines: Nie wieder würde ich einen Urlaub im Heidiland verbringen.

SYLKE TANNHÄUSER

Abserviert im Zillertal

Das Hotel befand sich am Ortsausgang von Mayrhofen und trug den Namen *Alpenrose.* Direkt über dem Eingangsportal prangte eine aus Kupfer gehämmerte Gebirgslandschaft, die das Sonnenlicht reflektierte. Knut warf einen Blick nach oben, lächelte vor sich hin und stieß die Tür auf.

Mimi folgte ihm auf dem Fuße, er hatte es nicht anders erwartet. Seit vier Jahren waren sie nun schon ein Paar. Innerhalb dieser Zeit war Mimi zu einem bei jedem Schritt schnaufenden Kloß mutiert, der ihm mit seiner übertriebenen Anhänglichkeit gehörig auf die Nerven ging. Es war nicht seine Schuld, von Anfang an hatte er keinen Zweifel aufkommen lassen, wie er sich sein Leben vorstellte. Eine attraktive selbstständige Frau stand dabei an erster Stelle. Anfänglich hatte Mimi seine Erwartungen auch erfüllt. Bis sie ihre Liebe zum Kochen entdeckt hatte. Er hingegen hasste es, wenn die Wohnung nach Gebratenem stank. Wegen ihrer Kochleidenschaft hatte Mimi dann auch den Führerschein gemacht. Irgendwie musste sie ja an die Zutaten für das Essen kommen, ihn selbst brachten keine zehn Pferde in einen Supermarkt. Trotzdem bettelte sie jedes Mal, dass er sie begleiten solle. Nur zur Sicherheit, sie war keine gute Autofahrerin. Genau genommen fuhr sie grottenschlecht. Es gab Frauen, die beharrlich die Straßenmitte für sich beanspruchten, und es gab Frauen, die sich unerträglich viel Zeit beim Fahren ließen. Mimi tat beides, ein hoffnungsloser Fall.

Wenn er es recht bedachte, war sie der Anlass, dass er schon lange keine Freude mehr am Leben hatte. Allein die Ameisenzucht ließ ihn das alles vergessen. Anfangs hatte Mimi täglich gezetert, welch hässlicher Anblick das Tiergewimmel in dem Glaskasten darstelle, den er ihr zum Trotz mitten im Wohnzimmer platziert hatte. Mittlerweile hatte sie sich jedoch an das Formicarium gewöhnt.

»Wir bringen die Koffer aufs Zimmer, dann erkunden wir die Gegend«, schniefte Mimi und drängte sich an ihm vorbei zur Rezeption.

Knut schaute sich derweil um. Mimi hatte die Unterkunft über das Internet gebucht. Er hatte sich nicht einmal die Bilder angeschaut, doch die *Alpenrose* war genau so, wie er sich das Hotel vorgestellt hatte. Hölzernes Interieur, Holz auch an Decke und Wänden. Im Hintergrund dudelte Volksmusik, eine Frau betrauerte ihre Liebe zu einem gewissen Ferdinand und zwischen den Strophen jodelte sie, was das Zeug hielt. Kein Wunder, dass Ferdinand sie verschmäht hatte.

Mimi malträtierte derweil die Klingel auf dem Empfangstresen, allerdings ohne Erfolg. Die Mitarbeiter der *Alpenrose* interessierten sich anscheinend nicht für Neuankömmlinge.

»Saustall«, murrte Knut. Sein Ameisenvolk hätte sofort auf einen Eindringling reagiert. »Ich sehe mich mal draußen um.«

Mimi grunzte und stülpte ihre Oberlippe nach vorn. Wie ein Ochsenfrosch, fand Knut und wandte sich ab.

Alles in ihm drängte danach, sie anzuschreien, doch er beherrschte sich.

Vor dem Haus sondierte er die Lage. Rechts führte die Straße zurück in den Ort. Grund genug, sie zu meiden, in Mayrhofen wimmelte es nur so von Touristen. Er sehnte sich nach Ruhe. Sie waren aus Sachsen angereist. Schkeuditz, ihr Heimatort, lag am Rande von Leipzig, das eine halbe Million Einwohner zählte. Es blieb nicht aus, dass das Leben aus der Großstadt nach Schkeuditz schwappte. Trubel und Lärm aber waren nichts für seine Insekten.

Hinter ihm krachte die Tür ins Schloss. Mimi. Natürlich.

»Was machen wir jetzt?«, fragte sie.

»Was schon. Wir schaffen die Koffer ins Auto zurück und wandern ein Stück.«

»Du und die Natur. Auf der Fahrt durch Mayrhofen habe ich ein schönes Eiscafé gesehen. Es wäre viel netter, wenn wir uns erst einmal ausruhen würden. Wandern können wir auch morgen noch.«

»Bewegung tut uns gut«, sagte Knut und marschierte los.

Sein Ziel war der Wald, zu dessen Saum ein schmaler Weg linkerhand des Hotels führte.

Insgeheim hoffte er, dass Mimi zurückbleiben würde, aber anscheinend hatte sie beschlossen, auf das Eis zu verzichten. Ein Hauch ihres Parfüms streifte ihn, es roch nach Vanille. Den Duft hatte er noch nie gemocht, er erinnerte ihn zu sehr an seine erste Frau. Vera. Kaum verheiratet hatte er versucht, mit den Folgen fertig zu werden, die sich aus dem Trauschein ergeben hatten. Letztendlich hatte er sich von Vera getrennt. Auf seine Weise, da konnte er wenigstens sicher sein, dass sie nie wieder auftauchte. Das war in Venedig gewesen, er hatte extra eine Gondel gemietet.

Mimi drängelte sich neben ihn auf den Pfad. Ihr Busen wogte, der Bauch nicht weniger. Mit ihr hätte hätte er sich nicht die Mühe machen müssen, nachts auf die Lagune zu schippern. Mimi hätte die Gondel noch im Canale Grande zum Kentern gebracht.

»Wenn es wenigstens nicht so heiß wäre«, stöhnte Mimi und wischte sich über die Stirn.

»Du warst diejenige, die ausgerechnet im August Urlaub machen wollte.«

»Natürlich, aber ich wollte ans Meer, nicht in die Alpen.«

»Schau mal, der *Penken*. Sieht richtig beeindruckend aus, was?« Knut zeigte zu dem Berg, der sich auf der anderen Seite des Zillertals erhob.

Mimi blieb stehen und öffnete die oberen Knöpfe ihrer Bluse. Der Berg namens *Penken* schien ihr egal zu sein, sie würdigte ihn keines Blickes.

Wortlos ging Knut weiter. Nach hundert Metern erreichten sie den Wald, wo der Pfad einen Weg kreuzte, der aus breiten Fahrspuren bestand und wohl nicht nur von Menschen, sondern auch von Vieh benutzt wurde. Hin und wieder stießen sie auf Kuhfladen, die Knut an den Brotteig denken ließen, den Mimi jeden Freitag zubereitete.

»Sollten wir nicht allmählich umkehren?«, fragte sie.

»Es ist noch nicht einmal Mittag, wir haben genug Zeit.«

Mimi ließ sich auf einen neben dem Weg liegenden Baumstamm fallen. »Ich brauche eine Pause.«

Seufzend setzte sich Knut neben sie. Lustlos schob er mit dem Fuß die abgestorbenen Zweige und das Laub beiseite, das sich um das Holz herum angestaut hatte. Plötzlich stutzte er, dann erkannte er das winzige Etwas, das sich auf dem Boden bewegte. Sechs Beine um einen wohlgeformten rötlichen Leib. Formica aquilonia, eine Waldameise. Neugierig beugte er sich vor.

Neben ihm schniefte Mimi. »Was hast du?«

»Eine Ameise.«

»Du und deine blöden Viecher.«

»Ameisen sind sehr kluge Tiere.«

In der Nähe der ersten bemerkte er jetzt eine weitere, dann die dritte, die vierte … eine ganze Kolonne. Zielstrebig marschierten die Kleinen eine hinter der anderen in den Wald. Knut stand auf und verfolgte die Spur bis zum Nest: einem Kegel von mindestens einem Meter Höhe, vielleicht sogar mehr. Das scheinbare Gewimmel auf der Oberfläche des Haufens bildete ein klares System. Arbeiterinnen brachten Nachschub, andere schwärmten wieder aus. Weit hatten sie es nicht, in etwa drei Metern Entfernung lagen unzählige tote Bienen unter einem Baum. Vielleicht hatte ein Marder auf Honigsuche den Schwarm gestört, und nun taten sich die Ameisen an den Resten gütlich. Frauentypisch, dachte Knut, immer zur Stelle, wenn es etwas abzusahnen gab. Sonderschlussverkaufssyndrom. Andererseits war ihr Fleiß lobenswert. Der Bedarf eines Ameisenvolkes an tierischer Nahrung war beträchtlich, bestimmt konnten die sogar eine Leiche beseitigen, wenn sie lange genug im Wald herumlag.

Knut überlegte, wie viele Wochen es bei jemandem mit Mimis Ausmaßen wohl dauern würde, bis die Ameisen auch das letzte Krümchen vertilgt hatten. Eine cleanere Lösung gab es nicht, noch wusste niemand, dass er und Mimi in Tirol waren. Er musste sie nur zu sich tiefer in den Wald locken, ihr eins über den Schädel ziehen und fertig.

Allerdings gab es dabei einen Haken. Er konnte kein Blut sehen. Deshalb hatte er bei Karla, seiner zweiten Frau, auf Rattengift zurückgreifen müssen, damit sie ihn verließ. Was hatte er damals für Ängste ausgestanden, dass irgendjemand einen Verdacht an Karlas plötzlichem Tod äußern würde. Der Arzt hatte ein natürliches Ableben bescheinigt, aber eine gründlichere Untersuchung hätte die Todesursache schnell ans Licht gebracht. Zum Glück wussten alle in ihrem Umfeld, dass Karla einen Herzfehler hatte, daher hatte es keine Obduktion gegeben.

Trotzdem musste er bei Mimi einen anderen Weg wählen. Aber dazu war er ja schließlich hier. Ihr Urlaub hatte gerade erst begonnen, und in dieser herrlichen Umgebung würde ihm gewiss einfallen, was mit Mimi geschehen sollte.

Knut richtete sich auf. Ihm war, als wäre eine Last von ihm genommen. Er fühlte sich regelrecht befreit. Erst jetzt gestand er sich ein, dass er zwar schon mehrfach mit dem Gedanken an Mimis Tod gespielt hatte, sich aber noch nicht im Klaren gewesen war, ob das wirklich der richtige Weg war. Mochte sein, dass ein zweifacher Witwer nichts Ungewöhnliches war. Aber ein Mann, der drei Ehefrauen überlebte, geriet vermutlich früher oder später ins Visier der Polizei. Das musste er auf jeden Fall vermeiden. Nun aber hatte er einen Plan, wie er Mimis Leiche so verschwinden lassen konnte, dass sie nie gefunden werden würde.

Zufrieden lächelnd ging er zu der Stelle zurück, wo Mimi noch immer auf dem Baumstamm saß und mit geschlossenen Augen vor sich hin träumte. Sie musste ihn gehört haben, denn als er bei ihr stand, schlug sie die Augen auf.

»Und?«, fragte sie. »Hast du etwas Interessantes im Wald entdeckt?«

Knut schüttelte den Kopf.

Mimi stand auf. »Meinetwegen können wir weitergehen. Von oben haben wir bestimmt einen wunderbaren Blick in die Runde.«

Knut wollte fragen, woher sie das wusste, doch er unterließ es. Er musste nachdenken, Mimis umständliche Erklärungen würden dabei bloß stören.

Tatsächlich lichtete sich nach einem Anstieg von einer halben Stunde der Wald, und sie traten auf ein Plateau, das sich über den Berg in Richtung Tal schob. An dem Geländer, das Wanderer von dem Abgrund fernhalten sollte, stand ein Mann, der mit einem Feldstecher die gegenüberliegenden Bergrücken absuchte. Beim Geräusch ihrer Schritte ließ er das Fernglas sinken und drehte sich zu ihnen um.

»Schönes Wetter heute, was?« Der Aussprache nach musste es ein Landsmann sein. Sachsen waren eben überall auf der Welt anzutreffen.

Knut nickte. »Genau richtig für eine Wanderung.«

Der Fremde schaute Mimi an, die nach Luft japste, als würde sie jeden Moment ersticken. Bestimmt glaubte er, dass Knut sie bereits mehrere Stunden lang bergauf gehetzt hatte. Blödmann, dachte Knut und sagte: »Meine Frau ist leider nicht so gut zu Fuß.«

»Umso mehr sollten Sie die Aussicht genießen, jetzt, wo sie sich schon hier hoch gequält haben.«

Knut spürte, wie es in ihm grollte. Auf sinnloses Gerede konnte er verzichten, er brauchte Ruhe, musste nachdenken. Merkte der Kerl nicht, dass er störte?

Mimi nestelte die Kamera aus ihrer Handtasche und fummelte an der Einstellung herum.

»Wenn Sie wollen, mache ich ein Bild von Ihnen. Sie als Paar und im Hintergrund die Berge, das ist doch was, oder?« Der Fremde streckte die Hand nach dem Fotoapparat aus, und ehe Knut es verhindern konnte, hatte Mimi die Kamera schon weitergereicht.

»Ein Foto wäre wirklich schön.« Sie zog Knut zu einer Stelle, an der das Geländer ein wenig schief in der Halterung hing.

Offenbar kannte sich der Fremde mit Kameras aus, im Handumdrehen hatte er den Auslöser gedrückt.

Knut hoffte, dass sie nun endlich weitergehen konnten, doch Mimi war anderer Meinung. »Jetzt noch ein Bild von dir.« Sie trat zur Seite.

»Wenn Sie vielleicht noch ein kleines Stück …« Der Fremde wedelte mit der Hand.

Knut wandte sich um, da war nichts, wohin er hätte gehen können. Keinen halben Meter hinter ihm gähnte der Abgrund.

»Verdammt nochmal, stell dich nicht so an.« Er spürte den Stoß, ehe er überhaupt wahrnahm, dass sich Mimi bewegt hatte. Die Querstange des Geländers grub sich in seinen Bauch, er krallte sich daran fest, doch die Stange war schon bei der ersten Berührung aus der Verankerung gebrochen. Als er stürzte, hielt er das Eisen noch immer umklammert.

Seite an Seite schauten Mimi und der Fremde in die Tiefe. »Ich muss mich bei dir bedanken, Stefan«, murmelte Mimi.

»Keine Ursache.«

»War es schwer, eine geeignete Stelle zu finden?«

Stefan legte den Arm um ihre Schultern. »Leicht war es nicht. Zwei Wochen lang habe ich danach gesucht. Gestern erst habe ich das Plateau mit dem lockeren Geländer entdeckt und dich sofort angerufen. Wie hast du es geschafft, Knut hierher zu locken?«

Mimi hob die Schultern. »Erstens wusste ich, dass das Personal der *Alpenrose* nur nachmittags zum Einchecken vor Ort ist. Knut und ich kamen zu früh, daher war keiner da. Wir mussten die Zeit überbrücken, aber da das Hotel ganz am Rand von Mayrhofen liegt, gibt es bloß zwei Richtungen, in die man starten kann: in den Ort oder hierher.«

»Knut hätte mit dir nach Mayrhofen gehen können.«

»Ausgeschlossen. Mayrhofen ist gleichbedeutend mit dem Eiscafé. Eine größere Abschreckung hätte ich nie finden können, Knut jedenfalls hasste Essen. In letzter Zeit hat er überhaupt alles gehasst, nur seine Ameisen waren ihm wichtig.«

»Hoffentlich gibst du die Krabbelviecher weg«, sagte Stefan in angewidertem Ton.

»Nicht nötig, die dürften bereits erledigt sein. Ganze drei Kilo Ameisengift habe ich in das Formicarium geschüttet.«

Stefan drückte sie an sich. »Weißt du, worauf ich mich am meisten freue?«

Mimi hob fragend die Augenbrauen.

»Auf Gulasch mit Klößen. Darin bist du unübertroffen.«

»Ich koche für dich, was immer du willst«, flüsterte Mimi und fragte sich, ob Ameisengift auch für Menschen tödlich sein konnte. Sobald sie wieder zu Hause war, musste sie das unbedingt recherchieren. Den Gulasch konnte sie reichlich würzen. Stefan würde es gewiss nicht merken, wenn sie das Gericht mit einer Zutat verfeinerte, die in keinem Kochbuch zu finden war.

»Soll ich dich zur *Alpenrose* bringen?«, wollte Stefan wissen.

»Es ist besser, wenn man uns nicht zusammen sieht. Ich finde allein zurück. Außerdem sollte ich schnellstens zur nächsten Polizeiinspektion fahren. Schließlich ist mein Mann verschütt gegangen, während ich mich auf dem Baumstamm unten im Wald ausgeruht habe.«

Stefan gab ihr einen Kuss. »Du denkst wirklich an alles.«

Mimi lächelte stolz.

MITRA DEVI

Mimi mit dem Krimi

Da war mal ’ne Autorin,
’ne graue Seniorin
mit schönem Namen Mimi,
die schrieb an einem Krimi,

verpasste äußerst blutig
und literarisch mutig
den ganzen Hauptfiguren
erhebliche Blessuren,

und zwar von jener Sorte,
wo einem alle Worte
im Halse stecken bleiben.
So übel war ihr Treiben.

An einem frischen Morgen
geriet sie dann in Sorgen,
als sie zum Krimi-Mörder
erwähnte: »Ich beförder’

im hintersten Kapitel
mit raffiniertem Mittel
und Literaten-Ehrgeiz
dich ratzeputz ins Jenseits!«

Da sprang der Jack ganz böse
mit Rumpeln und Getöse
in voller Größ' und Breite
heraus aus dieser Seite,

verließ das Buch und stellte
vor Mimi sich und schnellte
hervor mit seinen Armen.
Sie schrie zwar noch: »Erbarmen!«,

doch Jack nur eisig lachte:
»Jetzt geht's ans Eingemachte!
So wolltest du mich killen?
Nun tanz nach meinem Willen!«

Er peinigte sie heftig
und grinste dazu deftig.
Das war nun Pech für Mimi
und ihren neuen Krimi,

denn dieser fiese Bürger
entpuppte sich als Würger,
kein cooler und kein hipper,
mit Namen Jack, the Ripper.

REGINA SCHLEHECK

Über die Erfindung des Tatars

Ein Tatsachenbericht

Er wurde in einem Zug geboren. Also nicht an einem Stück, das versteht sich ja von selbst. Ich meine, wenn Kinder zur Welt kommen, geschieht das in der Regel an einem Stück – nicht die Kinder, den Vorgang der Geburt meine ich. Die Kinder natürlich auch. Normalerweise jedenfalls. Also, er ist in einem Stück und in einem Zug geboren worden, und zwar in der Transsibirischen Eisenbahn. Die ist ja etwas länger unterwegs, so dass seine Mutter irgendwann nicht mehr an sich halten konnte, und da ist es halt passiert.

Von den Tataren sagt man ja, dass sie Tag und Nacht unterwegs waren. Die schliefen im Sattel und aßen im Sattel, und weil sie schlecht kochen konnten im Sattel, haben sie das rohe Fleisch halt weich geritten. Sich einfach drauf gesetzt, und weil man beim Reiten ja immer ein bisschen auf und ab wippt, wurde das Fleisch schön durchgewalkt, bis es mürbe war und bekömmlich. Mein Vater hatte die gleiche Technik bei den nordamerikanischen Indianern beobachtet.

So ungefähr war das auch mit Rudiks Mutter, einer Tatarin, die mit der Eisenbahn quer durch Sibirien zu ihrem Mann nach Wladiwostok fuhr. Irgendwo in der Nähe von Irkutsk war der kleine Rudik schließlich so durchgeschüttelt, dass es ihn nicht mehr im Bauch hielt.

⊙

Dass so ein Mensch wie Rudik nirgends sesshaft werden konnte, war doch gewissermaßen schon vorprogrammiert. Natürlich kann man einwenden, es habe an mir gelegen. Natürlich war ich nicht die Frau, die so einen Mann fesseln konnte. Genau genommen konnte das ja keine Frau. Selbst die Männer, denen er sich so leidenschaftlich zugewandt hat, haben ihn früher oder später nur noch von hinten gesehen. Ich meine, bei Männern geht das ja nun mal nur so von hinten, aber Rudik hat dann eben immer das Weite gesucht. Wien, Paris, Dänemark, sogar Australien. Ein Herumtreiber war er, wie mein Vater. Bis der Körper ihm einen Strich durch die Rechnung machte. Meinem Vater. Rudik viele Jahre darauf genauso.

Angefangen hat aber alles in Leningrad bei mir. Ein gutes halbes Jahrhundert ist das nun her. Mein Vater hatte damals endlich das Zeitliche gesegnet, sodass ich ein Zimmer zur Untermiete frei hatte. Den Namen meines Vaters werden Sie kennen. Samuel Falke, besser bekannt als Sam Hawkens. Reisender in Sachen Wilder Westen, seit der Jahrhundertwende Wilder Osten: die erste Russische Revolution, Blutsonntag, Februar-, dann Oktoberrevolution. Immer zugegen, wo es knallte. Völlig durchgeknallt halt. »Hihihihi«, und »Wenn ich mich nicht irre.« Sie wissen Bescheid. Ein notorischer Hallodri und Streuner. Seinen Skalp hatte er den Pawnees hinterlassen, seine Perücke mir. Die und das Haus. Die Perücke hab ich verbrannt. Das Haus war mein

Asyl. Die bittere Wahrheit ist: Es gibt Reisende und Hinterlassene. Reisende kann man nicht aufhalten. Der Rest muss sehen, wo er bleibt. Ich bin nicht Reisende, ich bin Gestrandete, Verlassene, Tochter einer Leipzigerin in Leningrad. Von einem Herumtreiber gezeugt. Am Ende nur dazu da, ihm die Sesshaftigkeit zu versüßen und ihn bis zu seinem Tod zu pflegen.

Als Rudik bei mir einzog, war ich endlich frei, aber abgewirtschaftet. Zu alt, um ein neues Leben zu beginnen. Zurück in das Land meiner Eltern? Nein. Das Reisen war mir noch verhasster als die Fremde. Da bescherte das Schicksal mir mit Rudik den Sohn, der mir bis dahin nicht vergönnt gewesen war.

Getanzt hat er damals am Institut. Mit der Dudinskaja, der Sizova, der Kugakpina. Aber gehört hat er mir. Er war doch noch ein halbes Jüngelchen, kaum 16 Jahre alt. Ich war ihm alles: Vermieterin, Haushälterin, Vertraute, Mutter. Ohne mich wäre er nie der geworden, dem bald darauf die Welt zu Füßen lag!

Sie haben ihn dann tatsächlich nach Österreich geschickt. Dort hat er mit dem Kirow-Ballett die Goldmedaille geholt. Er war so stolz!

»Baba«, sagte er, als nach seiner Rückkehr bei mir anklopfte, »sieh mal, was man in Wien jetzt trägt!« Und dann schlug er den Schal zurück, den er um Schultern und Brust geschlungen hatte. Da guckte mich mit großen Knopfaugen unter einem grauen Lockenbüschel ein Zwergpudel an! »Wie sollen wir ihn nennen?«, fragte er mich. Er sagte wirklich »wir«! Es war unser Hund, so wie er mein Junge war!

»Rudolf Nurejew«, hab ich gesagt, und er: »Ja?«

»Nicht du! Er!«, hab ich gesagt, und er hat gelacht.

»Aber wie willst du uns beide auseinanderhalten, Baba?«

»Du bist kein Hund«, hab ich geantwortet, und wie ich es gesagt habe, wusste ich auf einmal, dass es doch genau so war. Genau so. Er war ein Hund! Ein Schuft, wie er im Buche steht! Manchmal hat man ja so eine Vorahnung, noch ehe es irgendwelche Anzeichen gibt. Ich war die Tochter meines Vaters, aber ich hatte es nicht sehen wollen. Heute weiß ich, es war von vornherein unausweichlich. Wer schon in einem Zug geboren worden ist …

Dann kam die Anfrage wegen Paris. Die Bonzen wollten ihn erst nicht gehen lassen. Man kann ihnen ja vieles vorwerfen, aber doof waren die nicht. Mir ist dadurch auch einiges klarer geworden. Er war so beschäftigt in der letzten Zeit. Sonst war er immer hereingestürmt, hatte bei mir geklopft, den kleinen Nurejew abgeholt, und ist mit ihm erst einmal eine Runde um den Block gelaufen. Tagsüber war das Vieh ja immer bei mir. Ja, ich nenne die Dinge heute beim Namen. Ein Vieh. Genauso aufbrausend, dickköpfig und arrogant wie sein Herrchen. Damals war ich völlig vernarrt in ihn. In den Hund, meine ich. In den großen Nurejew wohl auch. In seinem Herzen ist er immer der wilde Steppensohn geblieben. Durchgeknallt halt. Kommt, setzt alles in Flammen, zieht wieder ab und hinterlässt Trostlosigkeit und Zerstörung.

Na, als ich jedenfalls die Briefe gelesen und die Unterlagen studiert hab, ist es mir wie Schuppen von den Augen gefallen. Bis dahin waren das alles für mich Heiligtümer gewesen, ich schwöre es! Ich habe immer alles vorsichtig beiseite gelegt, wenn ich in seinem Zimmer sauber gemacht habe, keinen Blick drauf geworfen, er war für mich doch der Größte!

Ja, und dann war mir klar, was er vorhatte. Er wollte mich verlassen. Abhauen. In den Westen. Er stand gewissermaßen nackt vor mir. Ungeschminkt. Keine Perücke, die ich hätte verbrennen können, und doch das gleiche Gefühl des Missbrauchtwordenseins.

Ich hab lange überlegt. Hätte ich ihn anzeigen sollen? Dann wäre es aus gewesen mit den Bühnen der großen weiten Welt! Die Fonteyn hatte um ihn gebuhlt! Er hätte sie nie zu Gesicht bekommen!

Aber das war mir nicht genug. Ich wollte eine Rache, die mir persönlich Genugtuung verschaffte. Eine physische, eine niederträchtige Rache. Ich wollte ihn im Innersten angreifen, so wie er mich verletzt, missbraucht hatte. Wie ich ein Leben lang verletzt, missbraucht worden war. Viel zu spät hatte ich verstanden, dass es keine Hoffnung gab. Einmal hinterlassen, immer hinterlassen.

Am Vorabend seiner Abreise gab es ein großes Essen mit allen Leningrader Apparatschiks, die wollten den Künstlern noch einmal so richtig sozialistische Lebensart einbläuen, bevor sie sie in den Westen ziehen ließen, wohl wissend, dass der eine oder die andere dort auf der Strecke bleiben würde. Das Risiko bestand ja immer. Aber sie konnten es doch nicht lassen, sich international zu brüsten. Ich wusste genau, wie sehr mein schmales Jüngelchen die fetten salzigen russischen Speisen hasste, die nur mit Unmengen von Wodka herunterzuspülen waren. Er nippte immer nur. Wer von den Tänzern da zugeschlagen hätte, der hätte auch gleich einpacken können. Unsereins kann so leben, ja, Bauern, Proleten, einfache Leute halt. Aber die Tänzer? Diese grazilen Geschöpfe, immer hart an der Grenze zur Unterernährung! Na, jedenfalls hab ich gesagt: »Rudik, ich mach dir was ganz Leckeres, einen kleine kalte Vorspeise, mein Abschiedsgeschenk an dich, ich hab mir was ganz Besonderes aus feinstem Filet einfallen lassen!« In Sachen

Erfindungsgeist sind die Sachsen ja unschlagbar, und auch ich hatte das wohl von meinen Eltern geerbt. Die Brandenburger mögen sich heute die Currywurst auf die Fahnen schreiben. Schmackhaft geht anders.

Er konnte gar nicht ablehnen. Es war köstlich! Ich konnte es mir selbst nicht verkneifen, es wenigstens vorsichtig einmal abzuschmecken. Ich musste doch wissen, ob er es überhaupt essen würde! Alles drin, was er liebte: ganz fein gehackte Zwiebeln, Essiggurken, Kapern, Knoblauch, ein Sardellenfilet, ein Schuss Olivenöl, und dann mit Salz, Pfeffer, Senf, Paprika und frischer Petersilie abgeschmeckt. Außerdem ein winziges Schüsschen Cognac, der hat mich damals ein halbes Vermögen gekostet. Aber dafür konnte ich ihn später auch in aller Ruhe genüsslich selbst vernaschen. Ja, und die Hauptsache: zartestes fein gewiegtes rohes Fleisch! Eine echte Tatarenspeise, und so habe ich es auch genannt: »Tatar«.

»Dir zu Ehren«, hab ich gesagt, und er hatte tatsächlich zwei dicke Krokodilstränen in den Augen! Er hat es aufgegessen bis auf das letzte Krümelchen, und ich hab genüsslich zugeguckt.

Erst als er aufstand, fiel ihm ein, dass er sich noch von dem Pudelchen verabschieden wollte. »Ach«, hab ich gesagt, »ich hab ihn zu einer Freundin gebracht, damit er sich nicht an dein Essen machen konnte, er war ja völlig wild darauf! Und dir hätte es doch nur weh getan, von ihm Abschied nehmen zu müssen!«

Damit gab er sich zufrieden. »Er ist in meinem Herzen – wie du, meine beste Baba!«, hat er gesagt und mich innig gedrückt.

Mehr kann man nicht wollen. Er hat mich immer im Herzen behalten!

Nur den Hund nicht. Der war ganz woanders gelandet.

CLAUDIA PUHLFÜRST

Ein Silberstreif am Horizont

Bernd hielt an der roten Ampel und musterte seine Frau dabei verstohlen aus den Augenwinkeln. Bianca schaute geradeaus und hatte ihren undefinierbaren Gesichtsausdruck aufgesetzt: die leicht nach vorn geschobene Unterlippe drückte die Oberlippe hoch. Ihr Patchouli-Parfüm nahm ihm den Atem, und Bernd ließ die Scheibe herunter. Er wusste nie, ob sie schmollte oder nur entspannt war, wenn sie so dreinsah. Es war ihm auch egal. Diese Frau würde nicht mehr lange an seiner Seite einherspazieren, affektiert auf andere herabschauen und alles, aber auch wirklich **alles** besser wissen. Bernd hatte den Ablauf genau geplant. Es konnte nichts schiefgehen.

Die Ampel schaltete auf Grün, und er gab Gas. Ein jugendlich-forscher Motorradfahrer preschte links vorbei, raste den Oberhohndorfer Berg hinauf und hinterließ eine unsichtbare Wolke süßlichen Katalyt-Geruchs. Ihn schien der Blitzer auf der Wildenfelser Straße nicht zu interessieren. Bianca zog unterdessen ihre Handtasche auf den Schoß, beugte sich über die Öffnung und lehnte sich dann lächelnd zurück. In der Linken hielt sie eine Schachtel *Marlboro-light* mit Menthol-Geschmack.

Widerliches Zeug. Raucher waren überhaupt widerliche Menschen. Sie stanken und merkten es nicht einmal. Bernd schaltete in den dritten Gang und grub die Schneidezähne in die Unterlippe. Wie hatte er nur auf eine Raucherin hereinfallen können? Aber Bianca hatte ihm wochenlang vorgegaukelt, sie würde seinetwegen damit aufhören. Pustekuchen. Alles leere Versprechungen, um ihn zu ködern.

Noch eine rote Ampel. Bernd beugte sich zur Seite und drückte seiner Frau einen Kuss auf die trockene Wange. »Wir können auf dem Weg nach Annaberg irgendwo Mittag essen.«

»Von mir aus. Wenn es hier vernünftige Restaurants gibt …« Am Ende des Satzes hob sie die Stimme, sodass es wie eine Frage klang. Dann zog sie ihre »Niedlich-Schnute«.

»Ich denke, wir werden schon etwas finden, ehe wir uns der Kultur widmen.«

Jetzt hatte er das böse Wort doch verwendet. Bernd schielte nach rechts, aber seine Frau schien den Fauxpas nicht bemerkt zu haben.

Bianca hatte kein Interesse an Kultur. Bianca hatte auch keine Geduld, schon gar nicht ihm zuliebe. Sie hatte kein Interesse an Büchern, kein Interesse an Kunst, kein Interesse an Musik.

Ihr scheinbar einziger Lebensinhalt bestand aus Einkaufen: Kleidung, Schuhe, Kosmetik, Schmuck. Das Ganze wurde dann mit einfältigen Freundinnen stundenlang begutachtet, anprobiert und mit quiekenden Lauten für toll befunden. Es war unerträglich.

Aber nicht mehr lange.

Bernds häufige Ausflüge zu den Sehenswürdigkeiten der Umgebung waren in ihren Augen vergeudete Zeit. *Sie* stammte nicht aus Sachsen, und die Geschichte des

Freistaats war ihr egal. Ein Essen in einem Nobelrestaurant mit anschließendem Einkaufsbummel hätten ihr gereicht. Aber Bernd hatte die letzten Tage so lange auf sie eingeredet, bis sie nachgegeben hatte.

Sie hatte doch nicht etwa vor, im Auto zu rauchen? Aber Bianca wartete, bis sie die A72 verlassen hatten und Bernd auf den Parkplatz des Restaurants abgebogen war. Dann stieg sie aus, warf sich die Tasche lässig über die Schulter und steckte sich die Zigarette an.

Bernd blieb noch einen Augenblick sitzen und tat so, als betrachte er die Straßenkarte, während seine Gedanken um die kommenden Ereignisse kreisten, ehe auch er ausstieg und sich neben seine Noch-Ehefrau stellte.

»Hotel *Grüner Baum*. Sieht ziemlich rustikal aus.« Bianca zog die Mundwinkel hoch. Zu hell leuchteten ihre gebleichten Zähne zwischen den rosa nachgezogenen Lippen.

Mit »rustikal« meinte sie bäurisch. Aber Bernd hatte beschlossen, heute nichts zu ihren Kommentaren zu sagen. Und ihr geziertes Lächeln störte ihn heute auch nicht. Nicht mehr.

Die Sonne brannte auf seine Schultern und erhitzte den Nacken. Seine Frau reckte ihr Gesicht dem Licht entgegen. Es ging ihr nicht darum, die Wärme zu genießen, sie wollte **braun** sein.

»Lass uns reingehen, dann kannst du dich von der Qualität der Speisen überzeugen.«

»Ist gut.« Bianca warf die halb gerauchte Kippe in den Kies und drehte den Absatz ihres Schuhs darauf hin und her. Dann folgte sie ihrem Mann.

⊙

»Warum muss es denn unbedingt Annaberg-Buchholz sein?« Bianca betupfte ihren Mund mit der Stoffserviette und suchte dann nach ihrem rosa Lippenstift.

»Das habe ich dir doch schon erklärt.« Bernd verkniff sich ein ungeduldiges Schnaufen. »Annaberg war vom sechzehnten Jahrhundert an eine der größten und reichsten Städte Sachsens. Hier wurde Silber abgebaut. Die Sankt Annenkirche stammt von 1525. Stell dir vor, das sind fast fünfhundert Jahre! Und dann dieses Besucherbergwerk mitten in der Stadt. Die jahrhundertealten Stollen wurden erst 1992 wiederentdeckt!« Vom Nachbartisch schaute ein älterer Herr zu ihnen herüber, und Bernd zügelte seine Lautstärke. Bloß nicht auffallen. Er winkte, um sich die Rechnung bringen zu lassen. Bianca klopfte mit den Fingernägeln auf die Zigarettenschachtel und beobachtete die Leute am Tisch gegenüber beim Essen.

Bernd wusste, dass die bloße Erwähnung von Silber und Edelsteinen ihr Interesse nicht wecken würde. Er musste stärkere Geschütze auffahren, um sie dazu zu bringen, mit ihm dieses Bergwerk zu besichtigen.

Draußen begann ein Rasenmäher zu rattern, und Bernd redete lauter. »Außerdem gibt es dort tolle Geschäfte für die Touristen. Man kann erzgebirgische Schnitzereien, aber auch seltene Mineralien und Schmuck kaufen. Amethyste, Tigeraugen, Achate, Bergkristalle, Granate aus Böhmen.« Bernd sah, wie sich Biancas rosa Lippen anerkennend kräuselten. Er wusste nicht, ob die Geschäfte wirklich Schmuckstücke und Edelsteine anboten, aber sie *musste* in dieses Bergwerk. Und zwar freiwillig. Alles sollte so natürlich wie möglich wirken.

Die Worte »Schmuck« und »kaufen« bewirkten, dass Bianca ihre bleierne Trägheit abschüttelte. »Dann bin ich gespannt.« Sie packte den Lippenstift weg und schob den Stuhl nach hinten. »Fahren wir, damit es nicht zu spät wird.«

»Geyer.« Bianca lachte über den Namen, den sie eben auf dem Ortseingangsschild gelesen hatte. »Krah, Krah.« Ihr Kinn ruckte nach vorn und zeigte so auf die betagten Häuser.

»Die Stadt gibt es seit dem 14. Jahrhundert.« Bernd konnte von der Seite Biancas linken Mundwinkel sehen. Er hing schon wieder nach unten.

»So lange … Unglaublich.« Bianca gähnte. Dann holte sie ihre Zigarettenschachtel aus der Tasche und begann, den Deckel auf- und wieder zuzuklappen. Auf. Zu. Auf. Zu.

Bernd hatte es satt. Ihre Marotten machten ihn wahnsinnig. Es wurde schlimmer und schlimmer. Mittlerweile ertrug er es schon nicht mehr, bei ihren stundenlangen Telefonaten mit den zahlreichen Freundinnen im gleichen Raum zu sein. Er hasste ihre kindliche piepsende Stimme, wenn sie etwas von ihm wollte; er *hasste* ihre Schränke voller Kleider, von denen sie die Hälfte noch *nicht einmal* getragen hatte, er hasste es, dass sie nicht kochen konnte, er hasste ihr pinkfarbenes Rüschennachthemd, und dass sie parfümiert ins Bett ging – Bernd seufzte unhörbar und verbot seiner rechten Hand, auf die lackierten Fingernägel seiner Frau zu schlagen, die unablässig den Pappdeckel bewegten.

Nicht, dass es am Anfang nicht nett gewesen wäre, oh nein. Sie hatten sich in einem Café kennengelernt. In Bad Wörishofen. Bianca hatte dort gekurt. Massagen, Kosmetikbehandlungen, Schwimmen, Sauna, Spaziergänge. Die elegante Frau Anfang Fünfzig war ihm aufgefallen, weil sie schlank und sehr gepflegt war, lebenslustig wirkte, mit ihrer Freundin angenehm leise plauderte und dabei immer irgendwie zufrieden wirkte. Nach drei Tagen höflichen Grüßens hatte er sich ein Herz gefasst und sie angesprochen. Bernd Selbmann, selbstständiger Unternehmer – ein geschiedener Herr in den besten Jahren – nicht mehr ganz frisch, aber durchaus noch vorzeigbar.

Bianca hatte seiner Einladung zum Essen nicht sofort zugestimmt. Er hatte mehrere Tage um sie werben müssen; und auch das hatte Bernd gefallen. Erst nach mehreren Abendessen, Ausflügen in die nähere Umgebung und einem Kinobesuch gewährte sie ihm den ersten Kuss. Bernd hatte sich gefühlt, wie ein Siebzehnjähriger, der zum ersten Mal bis über beide Ohren verliebt war.

Seinetwegen war Bianca von Bayern nach Sachsen gezogen, hatte ihre Wohnung in der Nähe von München aufgegeben und darauf verzichtet, ihre Freundinnen jede Woche zu sehen. Die Verliebtheit hatte nach der Hochzeit ungefähr drei Monate angehalten.

Bernd schaute kurz in den Rückspiegel und rollte mit den Augen. Was war er doch für ein Tölpel! *Gewesen.*

Er wartete, bis der Fußgänger den Zebrastreifen vor ihnen überquert hatte und schenkte Bianca ein verständnisvolles Lächeln. »Wir sind gleich in Annaberg. Noch zehn Minuten.«

»Ah ja. Sehr schön.« Dann lächelte sie zurück, drehte das Handgelenk und ließ die goldene Uhr, die er ihr geschenkt hatte, in der Sonne funkeln. Der Mercedes glitt die Steigung hinauf. Die maigrünen Wiesen mit ihren gelben und weißen Tupfen glichen einem Bild von Monet. In der frischkühlen Luft lag ein Geruch von Honig.

»Übrigens fahren wir hier eine historische Straße entlang – die Silberstraße. Sie wird auch ›Europas größtes Freilichtmuseum‹ genannt.« Bernd deutete nach rechts auf ein buntes Schild.

»Silberstraße, aha.«

»Wusstest du, dass Sachsen einst als reichstes Land im Heiligen Römischen Reich Deutscher Nation galt?«

»*Sachsen?*« Bianca staunte nicht wirklich, aber sie bemühte sich. Er konnte das an ihrer Stimme hören. Sie wollte *nett* sein. Bernd setzte seinen Beinahe-Monolog fort.

»Der Grund dafür waren die reichen Silbererzlagerstätten im Erzgebirge. 1491 entdeckte ein Mann namens Kaspar Nietzelt das Edelmetall am Schreckenberg. Daraufhin kam es zu dem berühmten ›Großen Berggeschrey‹.«

»Großes Berggeschrei, hm.« Bianca hörte endlich auf, mit den Zigaretten herumzuspielen und legte die Schachtel in ihren Schoß.

»Das kannst du dir so ähnlich vorstellen wie am Klondike.«

»Klonndeig?«

»Klondike. Ein Fluss zwischen Alaska und Kanada. Um 1900 wurde dort Gold gefunden, und das löste den größten Goldrausch in der Geschichte Amerikas aus.« Bernd erzählte das alles für sich. Sie hörte ja doch nicht zu. Außerdem war es jetzt sowieso zu spät, auch wenn ihr Interesse an historischen Fakten wie durch ein Wunder plötzlich erwachen würde. Es war vorbei, nur, dass sie das noch nicht wusste. Er drehte den Kopf nach rechts und lächelte seiner Frau zärtlich zu.

»Na sowas. Gold und Silber.« Sie lächelte zurück. »Ich würde gern erst einen Kaffee trinken, ehe wir dieses Bergwerk besichtigen.« »Dieses Bergwerk« sprach sie ein bisschen verächtlich aus.

»Das können wir machen.« Es war noch genügend Zeit. Die letzte Führung des jeweiligen Tages begann um sechzehn Uhr. Er hatte sich informiert. Und es musste die *letzte* Führung sein.

Im Schritttempo rollte das Auto über die buckligen Pflastersteine nach unten zum Markt. Bernd war schon mehrmals in Annaberg-Buchholz gewesen. In Vorbereitung ihres Ausflugs hatte er die ehrwürdige Stadt erst vor zwei Wochen besucht. Die Annenkirche würden sie nachher wahrscheinlich vom Plan streichen müssen. *Eine* historische Sehenswürdigkeit reichte bei Bianca für Monate.

⊙

»Wie du aussiehst!« Bianca stieß ihr girrendes Kichern aus und zeigte auf den gelben Helm und den müllsackähnlichen blauen Umhang.

Du siehst genauso bescheuert aus, meine Liebe. Bernd lächelte dem Führer entschuldigend zu und nahm Biancas Unterarm, um sie die Treppe hinunter zu geleiten.

»Die Rundgangstrecke, die wir gleich begehen werden, wurde in den Jahren 1992 bis 1995 ausgebaut.« Der Führer stand auf einem Treppenabsatz weiter unten und schaute zu den Besuchern auf, während er ihnen erklärte, dass die Entdeckung des Bergwerks einer Sensation gleichgekommen war. Bei Probebohrungen im Hof des Erzgebirgsmuseums Anfang der Neunziger sei man auf unberührten Silberbergbau des 16. Jahrhunderts gestoßen – mitten im Herzen von Annaberg-Buchholz. Man habe Gänge, Schächte und Stollen gefunden, die unter der gesamten Altstadt verliefen. Die Erklärungen klangen drollig, weil der Mann versuchte, Hochdeutsch zu sprechen, seine erzgebirgische Mundart dabei jedoch nicht unterdrücken konnte.

»Und nun, folgen Sie mir bitte!« Er schwenkte seinen Arm im Halbkreis und ging voran. Bernd betrachtete Biancas Schuhe, während sie vor ihm hertrippelte. Die spitzen Absätze waren sicher nicht das Richtige für den steinigen, unebenen Boden. Man konnte stürzen und sich böse den Kopf anschlagen. Den schützenden Helm hatte sie auch nur lose aufgesetzt, weil der Plastikrand angeblich auf ihre Stirn drückte.

»Hier wird hier sogar noch die jahrhundertealte Form der Entsorgung praktiziert!«

Bernd unterdrückte bei dem Wort »Entsorgung« ein Kichern. Wenn das nicht die passende Bezeichnung für sein Vorhaben war! Einige eifrige Zuhörer hatten sich dicht um den Führer gedrängt, während dieser mit seiner Lampe in einen steil nach oben führenden Schacht leuchtete. Silbrig blitzen kleine Kristallsplitter im Granit auf. »Die Abwässer historischer Häuser werden einfach in die Gänge des Bergwerks eingeleitet und versickern im Gebirge.« Bernd konnte hören, wie Bianca die Luft einsog. Wahrscheinlich verkniff sie sich gerade noch einen angeekelten Ausruf.

»Hier unten existieren auch zahlreiche nicht ausgebaute Stollen und Blindschächte. Und nun gehen wir etwas weiter, damit ich Ihnen die Haspelstube erklären kann.«

Als Bernd die gleichen Erläuterungen bei der ersten Führung gehört hatte, wusste er, was zu tun war. Nicht ausgebaute Stollen, Blindschächte, herabfallende Steine. Perfekt. Wenn er Glück hatte, würden sie Biancas Leiche wochenlang nicht finden. Scheidungen kosteten heutzutage ein Vermögen, und Bernd hatte trotz Biancas Verschwendungssucht noch reichlich Kapital, auf das sie womöglich Anspruch erheben würde.

Er berichtigte sich: *hundertprozentig* Anspruch erheben würde. Und er konnte sich einfach nicht mit dem Gedanken anfreunden, ihr nach der Scheidung eine Abfindung zu zahlen, oder – noch schlimmer – sein restliches Leben lang für zwei Monate Verliebtheit und anderthalb Jahre Nervenkrieg finanziell büßen zu müssen.

Vielleicht fand er irgendwann eine Frau, die seine Interessen teilte; eine, mit der er noch viele glückliche Jahre verleben konnte. Die rundliche Gestalt von Biancas Freundin Christine materialisierte sich im Dunkel der unterirdischen Gänge vor seinem inneren Auge. Mollige Frauen waren liebevoller als diese knochigen, ewig hungrigen Damen. Vielleicht würde er Christine demnächst einmal anrufen.

»Der Boden ist glitschig, iih!« Bianca zuckte betont theatralisch zusammen, als der von einer Gesteinsspitze herabfallende Tropfen auf ihrem Umhang landete. »Und außerdem ist mir kalt!« Zur Bestätigung rieb sie sich die Unterarme.

»Es dauert nicht mehr lange, Schatz. Dann machen wir einen schönen Einkaufsbummel.« Bernd wusste, dass er sie kein zweites Mal in diesen Schacht bringen würde. Weder in dieses, noch in irgendein anderes der zahlreichen Schaubergwerke des Erzgebirges. »Komm weiter. Das trocknet wieder.« Er tätschelte seiner Frau die feuchte Schulter und bemühte sich, seinen Atem unter Kontrolle zu halten. Nur noch wenige Minuten, dann hatte die Farce ein Ende. Bernd hatte zwei Führungen mitgemacht, im Internet recherchiert und alle Hefte gekauft, die am Eingang zum Museum angeboten wurden. Er hatte das Labyrinthsystem auf seiner inneren Landkarte gespeichert. Es würde funktionieren. Die Freiheit war nah. In wenigen Minuten würde die Gruppe die »Fahrten« genannten Eisenleitern hinaufklettern, und er und Bianca würden zurückbleiben und sich ein wenig verirren. »Komm, Liebes.« Bernd nahm die Hand seiner Frau und neigte den Kopf nach unten, um ihr einen Kuss zu geben.

⊙

»Dann bin ich im Dunkeln gestolpert, mein Helm ist verrutscht, und ich habe mir die Stirn an einem Vorsprung angeschlagen. Alle kamen zurück, und der Bergwerksführer hat uns vor versammelter Mannschaft belehrt, dass wir nicht einfach so zurückbleiben dürfen. Das war ziemlich peinlich!«

»Das kann ich mir vorstellen. Und dann seid ihr zwei wieder ans Tageslicht geklettert.« Christine klappte die Karte auf. »Vielleicht esse ich doch noch ein Eis.«

»Genau so war das. Ich hätte mich bei dem Sturz ernsthaft verletzen können.«

»Erzähl mir auch den Rest noch mal.« Christine hatte die Geschichte nun schon mindestens viermal gehört, aber es schauderte sie noch immer bei der Beschreibung, wie Bernd und Bianca zum nur wenige Kilometer entfernten Scheibenberg gefahren waren, um zum Abschluss des Tages den Gipfelrundweg zu den »Orgelpfeifen« entlang zu wandern. Bianca hatte sich unbedingt bis an den Rand der fast fünfzig Meter hohen Basaltsäulen vorkämpfen müssen, um ins Land sehen zu können, und Bernd war ihr widerwillig gefolgt. Bernd war nicht schwindelfrei.

»Und dann ist er gestolpert, hat den Halt verloren und ist hinuntergestürzt.«

»Du Ärmste bist wirklich vom Unglück verfolgt!«

»Das kannst du laut sagen.« Bianca betupfte ihre Augen kurz mit der Serviette und rammte dann die

Kuchengabel in das letzte Stückchen Butterkremtorte. Das zufriedene Lächeln blitzte, bevor sich der Ausdruck tiefer Trauer wieder über ihr Gesicht legte, nur so flüchtig hervor, dass Christine es nicht wahrnahm.

»Allmählich habe ich wirklich die Hoffnung aufgegeben, mit einem Mann, den ich liebe, alt zu werden. Vor sechzehn Jahren hatte Friedrich in der Badwanne den Herzinfarkt. Dann hat Gunther seine Medikamente verwechselt. Das ist nun auch schon fast fünf Jahre her. Vor zweieinhalb Jahren habe ich – genau *hier* im Kurhotel – Bernd kennengelernt.« Bianca nickte zu ihren Worten, nahm die Schachtel Marlboro vom Tisch und musterte dabei den distinguiert wirkenden Herren zwei Tische weiter. Sein graues Haar war sauber gescheitelt und leuchtete in der Sonne silbern. Als er herüberschaute, schickte sie ihm ihr scheues Lächeln und senkte dann den Blick schnell auf den weißen Porzellanteller.

Vielleicht war der Urlaub doch noch nicht ganz verfehlt.

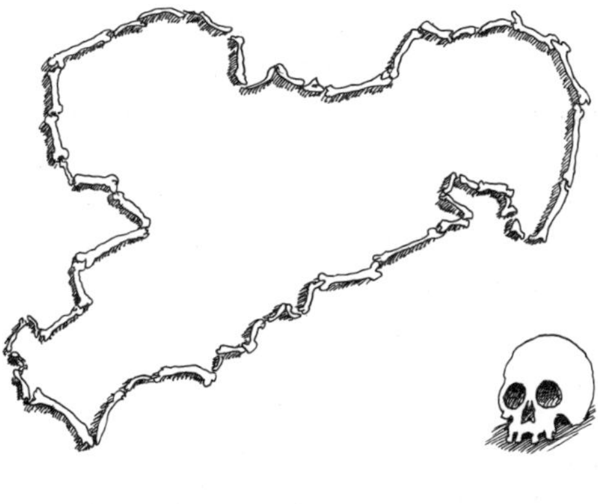

SVEN DIETRICH

San Michele kann warten

»Wasser ist gleich Zeit«, hat der Nobelpreisträger Joseph Brodsky geschrieben. Nur in Venedig verstehe ich, was er damit meinte.

Das Wasser der Lagune ist heute ganz glatt, und die Zeit steht still. Nur wenn das Wasser aufgewühlt ist, schreitet die Zeit voran.

Die Frau neben mir lächelt mich an, und ich taste vorsichtig nach ihrer warmen und weichen Hand. Die dunklen Haare fallen ihr verspielt in die Stirn, und ich habe das Bedürfnis, zärtlich zu ihr zu sein. Sie ist ein paar Jährchen älter als ich, aber es ist mir völlig gleich, wie viele.

Was ist schon ein Jahr? Heute vor einem Jahr war ich noch ein überzeugter Zwickauer, der eine Venedig-Reise geplant und das an seine Facebook-»Freunde« hinausposaunt hatte ...

⊙

Endlich war es soweit: An einem warmen Frühlingstag des Jahres 2012 packte ich meine Sachen und schichtete sie in den Kofferraum. Mit jedem Gepäckstück schien sich das auffällig dunkelblau und silbern lackierte Auto tiefer in seine stählernen Federn zu senken. Da war einiges zusammengekommen: Kleidung und Bücher, Elektrogeräte und Strandzeug – was man halt alles so braucht. Einen ganzen Jahresurlaub lang wollte ich in der Ferne sein, in der Stadt meiner Träume: Venedig! Aber das hieß auch: Sechs Wochen lang kein Zwickau, keine Familie und keine Freunde, abgesehen von denen aus dem Computer. »Vielleicht bleibst du ja dort und wirst ein Venezianer«, hatte mein Freund Silvio ins Netz getippt.

»Nein«, hatte ich geantwortet. »Heimat bleibt Heimat, und Heimat ist Zwickau!«

Aus den Augenwinkeln heraus sah ich, dass ein elegant gekleideter Mann in mittleren Jahren meine Haustür ansteuerte, als wäre in ihr ein Magnet eingebaut.

»Was wollen Sie?«, fragte ich, und hatte eigentlich beabsichtigt, es höflicher klingen zu lassen.

»Mit Ihnen sprechen«, antwortete der Mann mit einem angedeuteten Lächeln.

»Worüber?«

»Über die Botschaft des Herrn und ihre Bedeutung für Sie!«

Jetzt war mir alles klar: Ein Missionar, der von Haus zu Haus ging. Ungewöhnlich nur, dass er allein unterwegs war.

»Einen Schutzheiligen kann ich auf meiner Reise vielleicht gebrauchen«, sagte ich, »aber niemanden, der mir den Nerv raubt. Sie haben zwei Minuten.«

»Warum sind Sie so unfreundlich?«, fragte der Mann. Mir fiel auf, dass sein Gesicht nicht zu seiner gepflegten Kleidung passte: Die Augen standen unnatürlich eng beieinander und die Rasur war alles andere als perfekt.

»Nun?«, setzte er nach.

Ich lächelte und sah auf die Uhr: »Ihre Zeit läuft!«

Im gleichen Moment nahm ich wahr, wie sich am äußersten Rand meines Blickfeldes ein Schatten bewegte. Einen Augenblick später sah ich, dass sich jemand eilig vom Kofferraum meines Autos entfernte. Ich lief ihm ein paar Schritte nach, doch er war schon zwischen vorbeifahrenden Autos und Gruppen von Fußgängern verschwunden.

Auf den ersten Blick fehlte nichts, stellte ich erleichtert fest, als ich wieder an meinem Auto stand. Auch der Typ mit den eng beieinander stehenden Augen war nicht mehr zu sehen.

Mit einem unangenehmen Gefühl stieg ich ins Auto ein. Die lange Reise Richtung Süden konnte beginnen.

⊙

Venedig! Endlich! Die Anstrengungen der langen Fahrt verblassten, als mich die Autofähre über das blaue Wasser des Canale della Giudecca durch die Stadt zum Lido fuhr. Zu beiden Seiten säumten Paläste und Kirchen den Kanal. Der Anblick des Markusplatzes, geprägt von Dogenpalast, Markusdom und Glockenturm glich einer Begrüßung: *Du bist angekommen,* schienen selbst die Riesen zu sagen, die mit ihren Hämmern zu jeder vollen Stunde auf die Glocken des Uhrenturms einschlugen.

Auf dem Lido, der schmalen Landzunge zwischen Adria und Lagune, nahm ich schließlich Quartier. Hier war – zur Freude besonders der Ankömmlinge mit viel Gepäck – das Auto erlaubt.

Nach einem reichhaltigen Abendessen ging ich auf mein Zimmer, sah aus dem Fenster und erschrak: Eine Gestalt machte sich an meinem Auto zu schaffen und fummelte dabei mit einer kleinen Taschenlampe herum. Der Mann kroch unter das Auto und kam kurz darauf wieder hervor.

Nachdem der Schuss die Stille der Dunkelheit zerfetzt hatte, rannte der Unbekannte davon. Schwer und kühl lag die *Browning* in meiner Hand. In diesem Moment war ich froh, eine Pistole zu haben, warum und woher ist eine andere Geschichte. Ich hatte zwar nur in die Luft geschossen, aber die Lage dennoch geklärt. Leider war es zu dunkel, um sofort nach dem Auto zu sehen.

Am nächsten Tag wartete ich das Frühstück nicht erst ab, um meiner Neugier nachzugehen. Ich hatte ohnehin kaum geschlafen – zu aufregend war der abendliche Überraschungsbesuch gewesen. Mit der Morgenröte ging ich zu meinem Wagen und begann zu suchen: im Kofferraum, zwischen den Sitzen. Als ich unter das Auto sah, wurde mir der Grund des nächtlichen Besuches klar: Jemand hatte unter meinem Auto vier kleine Behälter angebracht. Ich musste mehrfach den Schraubenzieher ansetzen, um einen von ihnen zu lösen.

Nun packte mich die Neugier erst recht: Wer trieb solch einen Aufwand, um so kleine Behältnisse von einem Land der Europäischen Union in ein anderes fahren zu lassen? Wem war der Inhalt so wichtig, dass er sie mit Zahlenschlössern sicherte? Ich hatte im Auto reichlich Werkzeug liegen, aber weder mit einem Schraubenzieher noch mit einem Hammer ließ sich das Teil öffnen. Erst mit Hilfe einer Rohrzange gab es sein Geheimnis preis.

Der Anblick war nicht unerfreulich. Die weißen Kristalle erinnerten mich an Kandiszucker, den ich in meiner Kindheit verschlungen hatte, bis die Milchzähne sich aufgelöst hatten. Aber etwas in meinem Inneren ahnte, was ich vor mir hatte, und hämmerte einen Namen in meinen Kopf: *Crystal.*

Ich hatte Berichte über die Entwicklungen auf dem Drogenmarkt gelesen; über die freizügige Drogenpolitik Tschechiens, über Zwickau als Umschlagplatz der heißen Ware, über gigantische Beschaffungskriminalität. Ich wusste, wie ernst meine eigene Lage war.

Was nun? Sollte ich zur italienischen Polizei gehen und ihr auf Deutsch erklären, dass ich mit Drogen eingereist war? Oder besser versuchen, nach Deutschland zurückzukehren? Wo gab es Sicherheit für mich?

Hier auf dem Lido konnte ich keinesfalls bleiben. Wer auch immer mir das Crystal untergeschoben hatte: Er würde es wiederhaben wollen und sich bei seinem nächsten Besuch nicht von einem Schuss in die Luft abhalten lassen.

Ich mochte mein Auto – natürlich, denn ich war ein Bürger der Automobilstadt Zwickau. Aber mit seiner ungewöhnlichen Lackierung und seinem Zwickauer Kennzeichen verriet es mich, wo immer ich damit hinfahren würde. Ein sicherer Ort konnte daher nur einer ohne Autos sein.

Als ich wieder auf der Autofähre stand, sah ich Venedig mit anderen Augen. Ich würde in den Stadtteilen bleiben müssen, in die sich kein Auto verirren würde, müsste mich in dem Gewirr mittelalterlicher Gassen und Kanäle verstecken.

Zwölf Uhr mittags. Am Tronchetto legte die Fähre an. Es war ein alles überragendes Gefühl, die Glocken der zahlreichen Kirchentürme zu hören. Ich fühlte mich erhaben und bedroht zugleich. Galt das Läuten mir? Und wenn ja: Warum wurde aufgespielt? Zur Hochzeit oder zum Tod? Wie würde es mir gehen, wenn ich es das nächste Mal hörte? Falls es ein nächstes Mal gab … Die Passagiere drängelten hinaus. Mitten im Gewühl bemerkte ich einen kurzen Blick aus eng beieinanderstehenden Augen. Diese Augen … Sie erinnerten mich an irgendetwas, aber es wollte mir partout nicht einfallen.

Nachdem ich mein Auto in einem Parkhaus am Piazzale Roma abgestellt hatte, blickte ich vom obersten Parkdeck aus auf viele rote Dächer. Ich schaute auf Venedig und spürte ein angenehmes Prickeln entlang meiner Wirbelsäule. Meine geliebte Stadt, vertraut und doch ewig fremd. Ihre Gassen waren ein Labyrinth und ich ein Suchender. Es gab viele Eingänge für mich. Aber auch einen Ausgang?

Mein neues Zimmer lag im Stadtteil Cannaregio, wo sich die Aura der mittelalterlichen Lagunenstadt besonders gut erhalten hatte. Hier gab es nicht ganz so viele Touristen, weniger Hektik, keine nervigen Schwarzhändler. Ich genoss den Blick auf den Kanal, der direkt an der kleinen Pension vorbeiführte. Endlich ein Augenblick der Ruhe. So hatte ich mir diesen Urlaub eigentlich vorgestellt.

Das Klingeln des Mobiltelefons riss mich aus meinen Gedanken. Mein Freund Silvio sprach wie ein Wasserfall. Wie denn die Fahrt gewesen sei, und wie die Ankunft. Ob ich auch ins Internet könnte? So viele Fragen, das passte eigentlich gar nicht zu ihm. Ich begann, misstrauisch zu werden. Und dann sprach er die Worte: »Stell doch mal ein Foto ein, damit ich mir vorstellen kann, wo du jetzt bist.«

Kraftlos ließ ich das Telefon sinken. Ich fühlte mich wie ein Schulkind, das beim Eislaufen eingebrochen war, alles war kalt und hoffnungslos. Die Worte hallten in meinen Gedanken wider: »Foto«, »wo du jetzt bist«.

Ich hatte ein Foto von meinem Hotel auf dem Lido eingestellt. Von dem Umzug hatte ich kein Wort erwähnt.

Als sich die Schockstarre langsam wieder löste, schüttelte ich unwillkürlich den Kopf. Warum misstraute ich meinem Freund? Er war ein Schwätzer, natürlich. Aber ein Verbrecher? Dafür gab es keinen Beweis, das war zu weit hergeholt. Aber solange ich die vier kleinen Plastikbehälter in meinem Besitz hatte, würde ich niemandem mehr trauen können. Es war an der Zeit, sie loszuwerden, um nicht ihr Sklave zu bleiben.

Eine Stunde später stand ich auf dem Markusplatz, im Herzen der Lagunenstadt. Von allen Seiten drängten Menschenmassen an mich heran. Ich fühlte mich wie der Inhalt einer Sardinendose. Freiwillig wäre ich nicht hierhergekommen, jedenfalls nicht mitten am Tag. Aus früheren Besuchen wusste ich, dass es hier am frühen Morgen und ab dem späten Nachmittag traumhaft schön sein konnte.

Meine Augen wanderten unruhig hin und her. Wer konnte mir helfen? Alles, was ich brauchte, war ein Käufer, der mich vom Crystal befreite und mir einige zehntausend EURO zahlte. Damit würde ich mich über Wasser halten können, bis Seegras über die Sache gewachsen war. Den Rest würde dann die Unterwelt unter sich klären. Wen konnte ich mit Aussicht auf Erfolg ansprechen?

Mein Blick blieb an einem jungen Mann von indischem, vielleicht pakistanischem Aussehen haften. Er hatte dunkle Augen, die aus einem hellbraunen Gesicht geheimnisvoll hervorschimmerten. Als ich näher an ihn herantrat, überflutete ein Lächeln sein Gesicht. Dann holte er mit seinem rechten Arm aus und warf etwas vor meine Füße. Ich brauchte einen Moment, um die Situation zu überschauen, dann wurde mir klar, dass sich ein Flummi auf dem Erdboden langsam wieder in seine ursprüngliche Form zurück verwandelte. Der junge Mann lachte hell auf und war sehr stolz auf seine Leistung.

Einige Schritte weiter stand ein auffällig bunt gekleideter Schwarzer. Über seinen Armen hingen Handtaschen von verschiedener Farbe. Als ich näher kam, musterte er mich aus großen, aufmerksamen Augen. »Du kaufen?«, fragte er schließlich.

»Nein!«, gab ich zurück. »Ich verkaufen.«

Seine Augen verengten sich, er schien eine eingebaute Zoomfunktion zu haben. Ob er sich auf die Schippe genommen vorkam? Es wirkte sehr beängstigend. Doch dann entspannten sich seine Gesichtszüge wieder und er gab mir ein Zeichen, dass ich warten sollte.

Plötzlich stand jemand dicht vor mir, wie aus dem Nichts, als wäre er gerade vom Himmel auf den Markusplatz gefallen. Der ganz in dunkelblau gekleidete Mann mit der Sonnenbrille baute sich vor mir auf und fragte: »Bitte?«

Mehr sagte er nicht, und er schaute über mich hinweg. Ich fragte mich, was er damit bezwecken wollte. War es Verlegenheit? Oder sollte es ein Ausdruck von Stärke sein, gar ein Kräftemessen? In meiner Ratlosigkeit sah ich an ihm vorbei und versuchte, mir ein Bild von der Umgebung zu machen: Die Menschen schoben sich weiterhin in beide Richtungen vorwärts. Zwei jedoch waren stehen geblieben und schienen mich zu beobachten. Als ich die eng beieinanderstehenden Augen des einen bemerkte, durchfuhr mich ein Schreck.

Im nächsten Moment zog der Typ mit den merkwürdigen Augen eine kleine Waffe, eine Art Damenpistole, und zielte in meine Richtung: »Bleib stehen!«, kreischte er, aber ich war schon unterwegs. Die Ellenbogen ausgefahren, ohne Rücksicht auf Verluste, jagte ich an den Rand des Markusplatzes und suchte das erstbeste Mauseloch, hinter dem sich eine kleine Gasse öffnete. Hinter mir hörte ich das Gezeter der Leute, die ich umgerannt hatte. Es waren verschiedene Sprachen; für »Idiot« gab es sicherlich in jeder Sprache ein Wort.

Ich rannte durch schmale Gassen und über Stufen kleiner Brücken. Die schmiedeeisernen Geländer gaben mir ein vages Gefühl von Sicherheit: Jedenfalls würde ich nicht ins Wasser fallen. Hier, abseits der großen Touristenströme, waren weniger Menschen unterwegs. Und doch spürte ich, dass ich nicht schnell genug vorankam. Mir fehlte die absolute Entschlossenheit des Sprinters, der nur die Stoppuhr zum Gegner hat. Ich kannte mich im Gassengewirr zu wenig aus, hatte zu viel Angst vor einem Weg, der an einer Mauer enden würde, ausweglos. Mir fehlte die Sicherheit der Heimat.

Die anderen beiden hatten es leichter, sie brauchten nur meinen Schritten zu folgen. Ich spürte, dass sie näher kamen. In kurzen Momenten des Verschnaufens glaubte ich sie sogar zu hören.

Als ich die Weitläufigkeit des Platzes um die Kirche *Santa Maria Formosa* vor mir liegen sah, fühlte ich mich fast ein wenig erleichtert. Ich kannte den Campo aus besseren Tagen. Gern hätte ich hier eine Pause eingelegt, mich niedergesetzt, einen Weißwein getrunken und die Zeit Zeit sein lassen. Doch heute war die Zeit gegen mich.

Der Platz war heute weniger bevölkert, als vermutet. Langsam drehte ich mich um – und erstarrte: Der Mann mit den eng beieinanderstehenden Augen stand nur wenige Meter von mir entfernt und zückte seine Waffe. Auch ich griff nun nach meiner Pistole.

Gleich darauf lösten sich die ersten Schüsse. Dicht neben mir prasselten Kugeln aufs Pflaster, während ich noch um eine ruhige Hand rang. Doch vergebens. Sie zitterte. Zudem bewegte sich der Typ mit den eng beieinanderstehenden Augen geschickt, während sein Kollege im Hintergrund blieb. Ich schoss zu schnell. Patrone um Patrone löste sich aus meiner Browning, während ich nichts als das Kreischen und die Panik der unschuldigen Menschen auf dem Campo erreichte.

Schließlich war mein Magazin leer geschossen. Ich drehte mich um und rannte in die nächste Seitengasse, dabei Haken schlagend wie ein Feldhase, so dass mich die Kugeln meines Verfolgers nicht treffen konnten.

Enge Gassen, schmiedeeiserne Geländer und kurze Blicke auf goldgelb angestrahlte Kanäle: Venedig von seiner romantischen Seite. Als ich das Reiterstandbild des Söldnerführers Colleoni sah, kam mir eine Idee: Auf offenem Gelände konnte ich meinen Verfolgern nichts entgegensetzen. Aber die unübersichtliche Größe der Kirche *Giovanni e Paolo* konnte mich vielleicht unsichtbar machen.

Der Innenraum der Kirche war angenehm kühl. Auf der rechten Seite schlief ein kleiner Mann in einem gläsernen Sarg den Schlaf der Gerechten. Einen Augenblick lang erwog ich, an seine Stelle zu treten. Doch sein Bart hielt mich ab: So schnell konnte ich mir keinen Bart wachsen lassen; der Aufmerksamkeit meines Verfolgers würde das nicht entgehen.

Solider und sicherer erschienen mir die steinernen Pfeiler, die das Kirchenschiff durchzogen. Hinter einem von ihnen versteckte ich mich. Von dort aus sah ich, wie die beiden Männer die Kirche betraten, der Typ mit den eng beieinanderstehenden Augen und der andere, der jünger, zurückhaltender, aber auch unscheinbarer wirkte. Der ältere Mann ging vorsichtig von einem Grabmal zum anderen, während der Jüngere den Eingangsbereich nicht verließ. Langsam, Säule für Säule nutzend, schlich ich mich zu ihm nach vorn. Mein Herz schlug wild, und ich fürchtete fast, es würde im ganzen Kirchenraum zu hören sein und mich verraten.

Schließlich stand ich an der letzten Säule vor dem Eingang. Sie war rund und von gewaltigem Durchmesser. Der Typ mit den eng stehenden Augen suchte vor den bunten Fenstern des hinteren Teiles der Kirche nach mir, während der Jüngere sich sichtbar langweilte. Langsam zählte ich herunter: drei – zwei – eins … Der Türwächter erkannte erst im letzten Augenblick, dass ich auf ihn zu rannte. Er versuchte noch, seine Pistole hochzureißen, doch da spürte er schon meine Browning auf seiner Nasenwurzel. Auch eine leer geschossene Pistole konnte noch eine klärende Wirkung haben.

Die lange glatte Wand des an die Kirche angrenzenden Hospitals wies mir den Weg. Am Horizont war schon die backsteinfarbene Mauer von San Michele zu sehen.

Ich war froh, als das Vaporetto auf der Friedhofsinsel San Michele anlegte. Hier würde ich in jedem Fall Ruhe finden, für ein paar Stunden oder für immer. Die meisten Gräber waren hell und in sauberem Zustand. Namen und Jahreszahlen waren auf den Grabsteinen festgehalten, oft auch ein Bild. So wenig blieb übrig, wenn der Tod seines Amtes gewaltet hatte.

Hier, inmitten des Todes, würde ich den Tod wenigstens kommen sehen.

Stunden vergingen, während sich nichts ereignete. Hatten sie meine Spur verloren? Nur einige Möwen schienen von mir Notiz zu nehmen, setzten sich auf die Grabsteine und erweckten den Eindruck, mich auszulachen.

Ich schaute durch das Stahlgitter in der Außenmauer über das Wasser: Dort drüben waren das *Fondamenta Nuove* und meine Pension in Cannaregio, aber vielleicht auch der Tod durch Erschießen. Hier waren Sicherheit und der Tod durch Verdursten.

Ich ging. Ich kehrte zurück von der Insel San Michele, der Insel ohne Wiederkehr. Es konnte ein Risiko sein, aber wo war die Alternative? Ein Leben auf der Flucht? Nein, das wollte ich nicht.

Es war nicht richtig, dem Schicksal aus dem Weg zu gehen, denn so konnte es seine Erwählten nicht finden. Mochte Silvio ein Verräter sein oder irgendein anderer meiner Facebook-»Freunde«; mochten meine Verfolger mir mit Hilfe der Handy-Ortung auf der Spur sein oder mir eine unbemannte Friedensdrohne schicken. Ich würde es erfahren.

Wieder in meinem Zimmer in Cannaregio angekommen, hatte ich das Bedürfnis, ein Bad zu nehmen. Ich wollte alles von mir abwaschen, was mich die letzten Stunden verunreinigt hatte. Das warme Wasser umschmeichelte meinen Körper, und auch das leise Singen der Wirtsfrau unten im Empfang vermittelte Geborgenheit.

Plötzlich verstummte das Singen und wich einem aufgeregten Redeschwall. Ich verstand die Worte nicht, aber ich verstand die Botschaft, die von energischen Schritten auf der Treppe untermauert wurde.

Mit einem Satz war ich aus der Badewanne, quälte meine nassen Beine in die herumliegende Hose und sprang auf das Fensterbrett. Schon hörte ich, wie auf die Türklinke geschlagen wurde.

Nun gab es kein Halten mehr: Ich ließ mich auf das schmale Dach abrutschen, das vor dem Fenster verlief. Nur fünf oder sechs Meter entfernt gab es eine Möglichkeit, auf die Gasse zu springen. Kurz davor rutschte ich jedoch aus und es ging unkontrolliert abwärts.

Ich landete nicht in der Gasse, sondern im Kanal. Die Ankunft dort war wenig erfreulich: Das Wasser war kälter, als ich an diesem warmen Frühlingstag erwartet hatte, und der weiche Schlamm an meinen Füßen war mir mehr als unangenehm. Ich versuchte, mich so flach wie möglich zu machen und schwamm nach der schattigen Seite des Kanals hin.

Nach einiger Zeit erreichte ich eine Stelle, an der der Kanalrand fast auf der Höhe einer Gasse endete. Vorsichtig näherte ich mich dem Ufer – und schrak zurück:

Auch meine beiden Verfolger suchten hier, hatten mich zum Glück aber noch nicht gesehen.

Nachdem sie in die nächste Gasse abgebogen waren, kletterte ich heraus. Passanten gingen lachend oder kopfschüttelnd an mir vorüber. Irgendwie war ich froh darüber, dass ich mir noch eine Hose gegriffen hatte, bevor ich aus dem Zimmer verwand.

Ich ging schnell weiter, als ich sah, dass sich mir zwei Polizisten näherten. Wenige Meter entfernt befand sich eine Brücke, die in eine Gasse mit seitlicher Mauer mündete. Dort bog ich ein. Mir kam jemand entgegen …

Mit einem gewaltigen Schwung konnte ich die Mauer überwinden, noch bevor der Typ mit den eng beieinanderstehenden Augen mich bemerkt hatte.

Ich sah mich um: Es war eine völlig andere Welt, die von der Abendsonne zärtlich angestrahlt wurde. Ein Meer von Blumen und Sträuchern, ein gepflegter Rasen – ein venezianischer Garten wie aus dem Bilderbuch.

In seiner Mitte stand ein Liegestuhl. Die Frau, die darin lag, trug nur einen Bikini, strahlte jedoch trotzdem Eleganz aus. Sie hatte dunkle, leicht wellige Haare und die lang gezogene Nase echter Venezianerinnen. Ihre Augen waren hinter einer großen Sonnenbrille verborgen, und doch wusste ich, dass ich sie erschreckt hatte und sie nun erwog, ob sie schreien sollte.

Ich verschränkte meine Hände vor der nassen Hose und hoffte, mit dieser Geste doppelter Schamhaftigkeit ein wenig Vertrauen bei ihr gewinnen zu können.

Minuten vergingen. Und dann lächelte sie. Sie lächelte wie eine alte Freundin, die mich durchschaut hatte und offen ließ, wie sie über die Situation dachte.

⊙

Keiner Frau – abgesehen von meiner Mutter – habe ich so viel zu verdanken wie ihr. Sie hätte jeden Grund, mir die Pistole auf die Brust zu setzen: »Bleib für immer oder geh!«

Frauen können sehr erfinderisch sein, um diesen Gedanken auf den Punkt zu bringen. Sie müssen ihn gar nicht formulieren: Eine kleine Geste oder ein Augenaufschlag reichen aus, um klar zu machen, dass die Mausefalle wieder gespannt ist.

Sie ist zu klug dafür. Sie gibt mir Wärme, aber auch das Gefühl, jederzeit wieder gehen zu können. Es ist der einzige Weg, um mich zu halten. Sie hat ihn gefunden.

Im unsteten Blick ihrer braunen Augen finde ich den sichersten Halt. Ich fühle mich wie ein Holzpfahl, der in den Sand der Lagune getrieben wird, und mit jedem Schlag fester, fester, fester wird. Der vergisst, woher er gekommen ist, und sich nicht vorzustellen vermag, wohin es mit ihm gehen wird.

Gehen? Ich könnte wieder gehen. Schließlich besitze ich eine Hose und das Wissen um vier Plastikbehälter, die in Cannaregio sehr gut versteckt sind.

Aber wohin? Aus der schönsten Stadt der Welt ist jeder Weg ein Irrweg. Ich habe nur noch einen Weg vor mir: Den nach San Michele. Aber San Michele kann warten!

GÜNTHER ZÄUNER

Hundert Millionen Kerzen

Dem Flair dieser Stadt kann man sich nicht entziehen. Ihr Bann lässt niemanden los. Die wechselvolle Geschichte sorgt für Staunen und Schaudern. Im Herzen Europas, einst das Zentrum eines Weltreiches, heute Schnittstelle von West und Ost.

Es macht Spaß, durch die engen Gassen der Innenstadt zu bummeln. Stets gibt es Neues zu entdecken, fallen versteckte Kleinodien auf, die in keinem Stadtführer verzeichnet sind. Es ist die Stadt der schönen Künste, eine Stadt voller Musik, wo der Himmel angeblich voller Geigen hängt, wie es in einem Wienerlied heißt.

Es hat seinen Grund, dass Wien ständig im Ranking der Städte mit der höchsten Lebensqualität ganz vorn mitmischt.

Der Historiker Holger Moelke ist traurig. Morgen muss er wieder nach Dresden zurück. Die Zeit in der österreichischen Hauptstadt verging wie im Fluge. In der einen Woche seines Aufenthaltes konnte er sein selbst auferlegtes, umfangreiches Besichtigungsprogramm absolvieren, durfte so manchen Blick in die Wiener Seele werfen und lernte das viel zitierte Goldene Wienerherz kennen, dass oftmals gar nicht so glänzt, wie es gern beschrieben und besungen wird, vielmehr ziemlich ruppig sein kann.

Besonders gestern Abend, als er eines dieses Weinlokale, einen *Heurigen,* besuchte, wurde ihm das bewusst, draußen im sechzehnten Bezirk, in Ottakring, einer Arbeitergegend mit sehr hohem Migrationsanteil. Der Tipp des Taxifahrers war goldrichtig, nicht nach Grinzing, Sievering und Neustift zu fahren, wo die Touristen massenweise abgefertigt und geneppt werden, die *Weana* Gemütlichkeit nur vorgegaukelt wird und sehr verlogen ist.

Der Wein war exzellent, die Nachwirkungen spürt Moelke jedoch noch immer. Sein Resümee über die Wiener: Schwierig, doch haben sie dich einmal ins Herz geschlossen, dann gehörst du zu ihnen. Den Sachsen nicht unähnlich. Die Wiener tragen das Herz auf der Zunge, ebenso wie seine eigenen Landsleute. Das gefällt Moelke.

Nur mit diesem hintergründigen Witz, diesem *Weana Schmäh,* wo der Fremde nie genau weiß, wie es gemeint ist, kommt er nur schwer klar. Mit dem Wiener Dialekt steht er ebenfalls auf Kriegsfuß. Aber die sächsische Mundart klingt für den Wiener auch wie eine Fremdsprache.

Natürlich war Moelke schon öfter in Wien, doch nur zu offiziellen Terminen. Kongresse, Vorträge und danach steife Empfänge. Manchmal waren auch Stadtführungen inkludiert, doch sich allein und individuell, vor allem ohne Zeitdruck diese Stadt anzusehen, ist ihm erst jetzt gelungen.

Nun steht der Historiker mitten auf dem weitläufigen Rathausplatz, in seinem Rücken das breit angelegte Rathaus im neogotischen Stil, gegenüber, auf der anderen Seite der Ringstraße, wo einst die Stadtmauer verlief, das weltberühmte Burgtheater.

Bei genauer Betrachtung ist es ein Abbild der Semper-Oper in seiner Heimatstadt. Kein Wunder, ist doch der Architekt derselbe. Der gebürtige Hamburger Gottfried Semper hat auch in Wien seine Spuren hinterlassen. Neben diesem Musentempel, der von 1873 bis 1888 erbaut wurde, verewigte er sich mit dem Bau des Kunst- und Naturhistorischen Museums, der Neuen Hofburg und dem Semper-Depot, wo früher Kulissen und Theaterdekorationen produziert wurden und das heute gelegentlich als Veranstaltungsort genutzt wird.

Holger Moelke muss sich ein bisschen sputen. Der begeisterte Opernfan und Kenner der klassischen Musik muss um fünfzehn Uhr am Bühneneingang der Staatsoper sein. In letzter Minute konnte er noch eine Karte für eine Backstage-Führung ergattern. Diese Gelegenheit gilt es zu nutzen. Wann hat man schon die Möglichkeit, genau dort zu gehen und zu stehen, wo sich auch seine Idole aufhalten: Anna Netrebko, Erwin Schrott, Placido Domingo, José Carreras und wie sie alle heißen. Die Liste ist lang. Den Geist von Luciano Pavarotti zu spüren oder genau dort sein zu dürfen, wo auch einst Karajan, Furtwängler, Mehta oder Böhm gewesen waren waren.

Die junge Führerin geleitet die überschaubare Besuchergruppe, mehrheitlich dominiert von den unvermeidlichen japanischen Touristen, die wirklich jedes Detail filmen und fotografieren, in den Garderobenbereich, wo sich die Künstler und das Ballett für die Vorstellungen fertig machen.

Die Frau, wahrscheinlich eine Musikstudentin, die sich auf diese Weise wohl ihr Studium finanziert, erzählt in einem Gang, an dessen Ende sich Duschen befinden, vom harten Training der Eleven bis zur Primaballerina und zum Solotänzer, vom weiten Weg bis zur gefragten Sopranistin und zum gefeierten Tenor.

Plötzlich stutzt Moelke. An der Wand kleben doch Blutspuren! Das ist weder rote Farbe noch Schminke, das ist eindeutig Blut! Noch ist es niemandem weiter aufgefallen. Moelke geht näher an die Wand heran. Das Blut glänzt feucht. Vorsichtig und unbemerkt fährt er mit den Fingerkuppen über den Verputz, doch seine Hand bleibt sauber.

Am Ende des Ganges taucht ein Mann auf, ärmlich gekleidet, blickt bewegungslos und mit starrem Blick auf die Gruppe, fixiert dabei Moelke, der sich von diesen Augen nahezu durchbohrt fühlt. Jemand zupft den Historiker am Ärmel. Doch er befindet sich am Ende der Gruppe. Weder links noch rechts steht jemand. Doch eine Kinderhand fasst seine Rechte. Aus weiter Ferne hört er eine dünne Mädchenstimme flehentlich bitten: »Zünde für ihn niemals eine Kerze an.«

Moelke rinnt es kalt über den Rücken, die Nackenhaare sträuben sich, und er spürt Gänsehaut auf seinen Armen. Verwirrt fährt er sich über die Augen. Dieser verdammte Wiener Wein! Noch ein Viertel, das obligatorische Wiener Maß beim Wein, und noch eines und dann noch zwei. Einen Liter *Grünen Veltliner* trank er gestern Abend allein in Gesellschaft mit den beiden Ottakringern, die sich zu ihm setzten. Zu dritt unterhielten sie sich königlich. Das ist die Rechnung dafür: Sein Gehirn spielt nun verrückt, und vor seinen Augen erscheinen Trugbilder.

Das Blut an der Wand ist weg! Der Mann bei den Duschen ebenfalls, und die Kinderhand fühlt er auch nicht mehr. Nur dieses Stimmchen flüstert abermals: »Zünde für ihn niemals eine Kerze an!«

Gedankenverloren, kaum noch fähig, den Erklärungen der Fremdenführerin zu folgen, trottet er als Schlusslicht hinter der Gruppe her, die jetzt über eine Treppe hinauf zur großen Bühne steigt. Da ist es wieder! Blut, überall auf den Stufen Blut! Das gibt es doch nicht! Niemandem außer ihm fällt es auf!

Moelke bückt sich, streicht über die Stufen. Wieder bleiben seine Hände sauber.

»Haben Sie etwas verloren?«

Scheinbar aus weiter Entfernung nimmt er die besorgte Frage der Führerin wahr.

»Nein, nein, danke«, antwortet der Historiker, »alles in Ordnung. Ich bräuchte nur dringend eine Toilette.«

»Kein Problem. Wieder die Treppe abwärts, gleich vorn bei den Duschen. Danach kommen Sie wieder hoch, und ich sehe Sie dann auf der Bühne. Sie können es nicht verfehlen.«

Moelke nickt nur und macht auf dem Absatz kehrt. Das Blut auf den Stufen ist weg.

In der Toilette schaufelt er sich mit hohlen Händen kaltes Wasser ins Gesicht, prustet, schnaubt und spuckt, atmet tief durch und reißt danach ein paar Papierhandtücher aus dem Behälter daneben, um sich abzutrocknen.

Als er die Augen wieder öffnet und in den Spiegel blickt, erschrickt er zu Tode. Hinter ihm steht ein kleines Mädchen. Barfuß, in einem weißen Höschen, einem gleichfarbigen Unterhemdchen und mit offener Bluse. Zahllose Stichwunden bedecken den zarten Körper, und das Rot ihres Blutes tränkt das unschuldige Weiß.

»Ich will nicht, dass man mich vergisst«. Es ist dasselbe Stimmchen, das er bereits zweimal gehört hat. »Ich bin Dagmar, und ich wollte eine berühmte Primaballerina werden. Aber er hat es verhindert. Zünde für ihn niemals eine Kerze an.«

Moelke will fragen, schreien, sprechen, aber seine Kehle ist wie zugeschnürt. Zitternd wie Espenlaub klammert er sich an das Waschbecken, wagt nicht, nochmals in den Spiegel zu blicken. Doch der Spuk ist vorüber. Mehrere Minuten lang bleibt er wie angewurzelt stehen, bevor er es wagt, sich langsam umzudrehen, doch hinter ihm ist niemand. Er nimmt all seinen Mut zusammen, sieht in den einzelnen Kabinen nach, aber er ist allein.

Das kann doch nicht sein! Bisher hat er Alkohol in Maßen immer gut vertragen, und er kennt auch den süffigen Wiener Wein, doch was haben die gestern nur in diesem Heurigen ausgeschenkt?

Moelke beschließt, die Führung abzubrechen. Dafür fehlen ihm jetzt die Nerven. Hals über Kopf verlässt er das Opernhaus, geht vorbei am weltberühmten *Hotel Sacher* und beschließt, im angrenzenden *Café Mozart* einen starken Kaffee zu trinken. Es ist ein warmer, angenehmer Septembernachmittag, und deshalb nimmt er draußen im Schanigarten des Lokals Platz. So nennen die Wiener die Gastgärten, die nur bei Schönwetter aufgestellt werden.

Nachdem er seinen *Einspänner,* eine Wiener Kaffeespezialität, bestellt hat, lässt er nochmals die schaurigen Erlebnisse Revue passieren. Er ist ein anerkannter Historiker, denkt rational und logisch, glaubt nur, was auch eindeutig wissenschaftlich zu beweisen ist. Dazu gehören Geistererscheinungen und alle damit verbundenen Phänomene mit Sicherheit nicht. Das ist Firlefanz, und er gibt ausschließlich dem Wein die Schuld für seine Wahnvorstellungen. Langsam erholt sich Moelke und ärgert sich über sich selbst, dass er die Führung verlassen und die Chance, einmal auf der Bühne eines der weltbesten Opernhäuser stehen zu dürfen, verpasst hat. Er nimmt einen Schluck des köstlichen Kaffees, genießt das Aroma, lässt den Blick hinüber zur Albertina schweifen, einer der bedeutendsten Kunstsammlungen, in der auch Albrecht Dürers Werk »Der Hase« aufbewahrt wird, das jedoch dem Publikum nur ganz selten gezeigt wird.

»Sie gestatten, meine Herr?«

Der unbekannte Fremde, der plötzlich aus dem Nichts aufgetaucht ist, wartet erst gar keine Antwort ab und setzt sich Moelke gegenüber. Dem Historiker droht beinahe die Tasse aus der Hand zu fallen, und das Blut scheint ihm in den Adern zu gefrieren. Das ist der unbekannte Mann, den er in den Gängen der Oper vor den Duschen gesehen hat! Dieser bohrende Blick, die ärmliche, abgetragene Kleidung, die aus alten Zeiten stammt. Für einen Moment hatte Moelke ihn in der Oper für einen Sänger, ein Mitglied des Chores oder einen Statisten, der bereits im Kostüm zur Probe musste, gehalten.

»Sie brauchen sich nicht vor mir zu fürchten«, sagt der unbekannte Mann in den Vierzigern im Wiener Dialekt, »ich tue Ihnen bestimmt nichts Böses an. Ich möchte Sie nur um etwas bitten.«

Jetzt erst bemerkt Holger Moelke, dass der Mann durchscheinend ist. Er kann durch ihn, durch seinen Körper hindurch sehen. Durch den Astralleib dieses Unbekannten sieht Moelke das Mahnmal des Bildhauers Alfred Hrdlicka für die Bombenopfer des Philipphofes im Zweiten Weltkrieg, unweit der Albertina. Durch seinen Kopf fahren Fiaker, die berühmten Wiener Pferdekutschen.

»Ich weiß«, sagt dieses unheimliche Wesen, »was Sie nun denken. Ja, ich bin ein Geist. Nur wenigen Menschen ist es beschieden, einem Untoten zu begegnen.«

Darauf hätte Moelke liebend gern verzichtet.

»Haben der Herr noch einen Wunsch?«, fragt der Kellner, aber Moelke winkt ab.

Tatsächlich, dieser Zombie ist nicht sichtbar. Niemand, nur Moelke bekommt ihn zu Gesicht. Keiner der Gäste im Schanigarten nimmt auch nur annähernd Notiz von dem ungebetenen Besucher am Tisch des Historikers aus Dresden. Langsam gewinnt Holger Moelke seine Fassung wieder. Diese Begegnung ist zu faszinierend, und er wäre ein schlechter Wissenschaftler, wenn er die Sache nicht interessant fände und ihr auf den Grund gehen möchte.

»Das heißt«, seine Stimme klingt kratzig und heiser, »Sie kommen aus einem anderen Kosmos, den wir alle, die wir noch am Leben sind, erst später betreten werden.«

Im Zeitalter des Handys, wo beinahe jeder schon Freisprecheinrichtungen für sein Mobiltelefon in den Ohren stecken hat und daher vermeintlich Selbstgespräche führt, kümmert sich auch keiner der Gäste darum, dass hier einer an einem Tisch sitzt und mit sich selbst quatscht.

»Ja«, antwortet der durchsichtige Mann, »so ist es.«

»Ich habe Sie schon einmal gesehen. Heute in der Oper. Richtig?« Ein leichtes Kopfnicken bestätigt Moelkes Frage. »Es gibt eine Verbindung zwischen Ihnen und diesem kleinen Mädchen.«

»Hat Sie sich Ihnen auch gezeigt? Sie will nicht, dass ich endlich Erlösung und Ruhe finde. Ich kann das auch verstehen, nach dem, was ich ihr angetan habe. So lange ich nicht meinen ewigen Frieden gefunden habe, wird auch die Kleine nicht zur Ruhe kommen.«

»Sie haben das Kind in der Oper umgebracht.«

Wieder nickt die Erscheinung. »Das ist lange her. Es geschah am 12. März 1963.« Holger Moelke rechnet nach. Damals hat er in Zwickau Jugendweihe gehabt. Kurz danach war er mit seinen Eltern nach Dresden gezogen. »Ich bin als Opernmörder in die österreichische Kriminalgeschichte eingegangen, worauf ich alles andere als stolz bin. Ich bin Josef Weinwurm und habe Dagmar Führich erstochen.«

»Das Mädchen erschien mir im Waschraum der Toilette«, sagt Moelke und muss sich sehr zusammenreißen, damit ihm seine aufgewühltes Inneres keinen Streich spielt. »Sie war eine Balletteleevin, erzählte sie mir, und wollte eine berühmte Primaballerina werden. Diesen Traum haben Sie ihr zerstört. Und sie sagte auch, ich solle für ihn, also für Sie, niemals eine Kerze anzünden.«

»Ja, auch das entspricht der Wahrheit«, die durchsichtigen Hände liegen auf der runden Marmorplatte des Kaffeehaustischchens, »deshalb auch meine Bitte an Sie. Entzünden Sie für mich eine Kerze, verschwenden Sie auch ein Gebet an einen Mörder.«

»Warum?«

»Weil ich dann vielleicht wieder ein Stückchen näher an meine Erlösung herankomme. Erst wenn hundert Millionen Menschen für mich eine Kerze angezündet und ein kleines Gebet für mich gesprochen haben, habe ich die Chance, endlich meine schwere Schuld loszuwerden.«

»Wer hat das angeordnet?«

»Darüber darf ich nicht sprechen. Wenn einst Ihre letzte Stunde geschlagen hat, werden auch Sie, wie alle anderen hier«, seine durchsichtiger Arm zeigt in die Runde, »wissen, wer solche Anordnungen ausspricht.«

»Ich weiß nicht, was ich noch glauben soll«, schwankt Moelke zwischen Skepsis und Faszination. Nur eines ist ihm vollkommen klar: Er wird niemals über dieses unheimliche Erlebnis sprechen können, niemals darüber publizieren. Sofort wäre seine internationale Reputation als Historiker *ad absurdum* geführt. In Fachkreisen würde ihn niemand mehr ernst nehmen.

»Es gibt viel mehr Dinge zwischen Himmel und Erde«, sagt Weinwurm mit seiner leisen Stimme, die wie weit entfernte Sphärenklänge klingt, »wovon Lebende sich keinen Begriff machen. Auch ich gehörte dazu, bis ich nach meinem Tod rasch eines Besseren belehrt wurde.«

»Wann sind Sie gestorben?«

»2004 in meiner Zelle in der JVA Stein in Niederösterreich. Nachdem ich zu lebenslanger Haft verurteilt worden war.«

»Warum gerade ich?«, fragt Moelke.

»Kein Österreicher, besonders kein Wiener«, reüssiert Weinwurm, »würde jemals für mich eine Kerze stiften, geschweige denn ein Gebet für mich sprechen. Obwohl der Mord so lange zurückliegt, ist meine Untat noch immer, besonders in den Köpfen der älteren Generation, fest verankert. Seit meinem Tod muss ich am Tatort, eben der Staatsoper, barmherzige Menschen finden, die mir vergeben, und sie bitten, für mich eine Kerze zu entzünden. Ich hege die Hoffnung, dass Touristen eben milder gestimmt sind. Und Sie sind, wie ich an Ihrer Aussprache höre, Deutscher.«

»Und wie viele Kerzen sind bisher entzündet worden?«

»Nicht der Rede wert. Wenn ich jemanden gefunden habe, taucht Dagmar auf und will es verhindern. Sie kann mir nicht verzeihen. Ich verstehe das, denn sie hat mir nie etwas getan. Ich kannte sie gar nicht, und dennoch habe ich sie getötet, weil dieser verfluchte Dämon in mir stärker war. Seit Jahren sind Sie wieder einer, der nicht sofort schreiend davonrennt, sogar mit mir an einem Tisch sitzt und sich mit mir unterhält. Dann meldeten sich diese Leute bei Zeitungen und im Fernsehen, erzählten ihr Erlebnis oder verbreiteten es über dieses Internet, und ich wurde zum neuen Phantom der Oper. Dabei will ich nur endlich meinen ewigen Frieden finden. Natürlich könnte ich diesen Menschen überall erscheinen, aber das darf ich nicht und ich will es auch nicht. Ich habe zu viel in meinem vergangenen Leben zerstört. Und ich habe die Hoffnung nicht aufgegeben, wenn ich irgendwann endgültig geläutert bin und mir vergeben wurde, doch wieder als neuer, besserer Mensch in eure alte Welt zurückkehren zu dürfen. Jetzt will ich Sie nicht länger belästigen. Danke, dass Sie einem Mörder zugehört haben. Vielleicht erfüllen Sie mir meine Bitte?«

Josef Weinwurm löst sich einfach auf, kehrt in unbekannte Sphären zurück, wohin einem Sterblichen noch kein Zugang erlaubt ist.

Moelke bezahlt, sieht sich um, doch seine Wahrnehmungen bleiben ungetrübt. Nirgendwo mehr ist eine Dagmar oder ein Weinwurm. Gedankenverloren geht er in Richtung seines Hotels über die Kärntner Straße. Vor ihm taucht das imposante Wiener Wahrzeichen, der *Steffl,* der gotische Stephansdom auf. Ein Weilchen verharrt er vor dem Riesentor, betrachtet die Menschenmassen um sich herum und muss schmunzeln. Jeder würde ihn wohl für verrückt halten, wenn er erzählt, dass er noch vor wenigen Minuten mit dem Geist eines Mörders im Café gesessen, sich unterhalten hat und zuvor Kontakt mit dessen Opfer hatte.

Fast wie ein Zeichen, gleichsam eine Aufmunterung, beginnen die Glocken zu läuten. Moelke betritt das riesige und Ehrfurcht gebietende Gotteshaus, steuert einen der Seitenaltäre an, wirft ein paar Münzen in die bereitstehende Kasse und nimmt zwei Kerzen aus dem Fach. Eine für Dagmar, eine für Weinwurm. Er kniet nieder und kann sich nicht mehr erinnern, wann er zuletzt ein *Vater Unser* gebetet hat.

Wieder zu Hause in Dresden wird er künftig, wann immer er in der Nähe ist, in der Frauenkirche, in der Trinitatiskirche oder wo auch immer, zwei Kerzen stiften. Doch eines hat sich Moelke geschworen: Sollte es ihn wieder einmal nach Wien verschlagen, dann wird er einen großen Bogen um den Wiener Wein machen …

⊙⊙⊙

Der Mord mit einem Springmesser an der kleinen, zehnjährigen Ballettelevin Dagmar Führich aus dem neunten Wiener Gemeindebezirk am 12. März 1963 gegen siebzehn Uhr erregte ungeheures öffentliches Aufsehen. Auch das Verhalten der Staatsoperndirektion, damals unter Herbert von Karajan und Walter Erich Schäfer, gereichte nicht zum Ruhm des Hauses. Vielmehr war man um das saubere Image besorgt, holte vorerst nur den Theaterarzt. Wäre nicht zufällig ein Kriminalbeamter des damaligen Sicherheitsbüros im Haus gewesen, wer weiß, ob der Mord dermaßen schnell an die Öffentlichkeit gedrungen wäre.

Wertvolle Zeit ging verloren. Erst nach rund einer Stunde kam Polizei in die Staatsoper. Natürlich war der Täter längst über alle Berge.

Josef Weinwurm wurde 1930 im niederösterreichischen Haugsdorf geboren. Nach Kriegsende übersiedelte er mit seinen Eltern nach Wien, die dort eine Gemischtwarenhandlung eröffneten. Bereits in jungen Jahren war Weinwurm kriminell geworden, beging eine Unzahl an Diebstählen und Einbrüchen, saß dafür auch mehrmals ein. Auch seine pädophile Neigung brach sehr früh aus. Er überfiel Mädchen und Frauen, wurde erwischt und in die psychiatrische Klinik »Am Steinhof« eingewiesen.

Nach seiner Entlassung schlug sich Weinwurm abermals mit Einbrüchen und Diebstählen durch. Neuerliche Verhaftung und eine weitere Haftstrafe folgten. Nach deren Verbüßung öffneten sich für ihn die Gefängnistore am 5. März 1963. Nur eine Woche später erstach er Dagmar Führich.

Eine beinahe unübersehbare Menschenmenge erwies am 22. März 1963 der kleinen Dagmar auf dem Grinzinger Friedhof die letzte Ehre. Unter den Trauergästen war auch Herbert von Karajan.

Nach der Bluttat verübte Weinwurm weitere Messerattacken auf Frauen unterschiedlichen Alters, bis er endlich geschnappt werden konnte. Sein Motiv: Hass auf alle Frauen.

Josef Weinwurm war geständig und das Urteil am 10. April 1964 verkündete seine lebenslange Haft. Sämtliche Anträge auf frühzeitige Entlassung wurden abgelehnt. Am 22. August 2004 trat Josef Weinwurm vor seinen letzten, allerhöchsten Richter.

SOPHIE SUMBURANE

Franz

Eigentlich fühle ich mich ganz wohl hier, in der Lauge. Mir ist zwar nicht ganz klar, was hier um mich herum schwimmt, Salzlösung, Essig oder irgend eine andere Flüssigkeit, aber es hält mich frisch, das ist es doch, was zählt. Wenn nur dieser Mann nicht wäre, der mich alle naselang aus dem Glas holt und gegen irgendwelche Wände, Türklinken und Gläser drückt.

Ich bin ein Finger, kein Stempel. Wann rafft der das endlich?

Ich weiß nicht, was ich in meinem Leben schon alles angefasst habe, ich bin ein Finger, und Finger haben kein Gehirn. Ich registriere meine Berührungen erst, seit man mich vom Gehirn meines ursprünglichen Besitzers getrennt hat. Alles was ich weiß, ist, dass ich aus Leipzig komme und dass ich noch gar nicht so alt bin.

Jetzt bin ich nur noch ein Finger, der durch Frischhalten überlebt. Was das soll? Woher soll ich das wissen?

Der Typ, dem ich jetzt zu gehören scheine, schleppt mich und mein Glas in einer schwarzen Tasche umher, manchmal drückt sich ein Messer an die Glaswand, und immer liegen Fahrscheine überall hier drin herum.

Ich sehe das Tageslicht nur, wenn er mich aus dem Glas holt, um mich irgendwo draufzudrücken.

Beschissenes Leben, sag ich euch, aber was willste machen? Soll ich etwa um Hilfe rufen? Hör auf zu lachen, lieber Leser, das ist gar nicht komisch.

Oje, die Tasche ruht. Das Wasser schwappt nicht mehr, das Messer ist verschwunden. Geräusche höre ich nicht hier in meiner Brühe, nur stumpfe Töne, Murren oder Blubbern. Plötzlich öffnet sich der Deckel, eine Hand greift zu mir herein und holt mich raus. »Hey, hey! Was geht hier ab?«, versuche ich die Finger, die mich halten, zu fragen. Ihre Antworten aber werden von dem Latex verschluckt, in das sie gehüllt sind. Hastig sehe ich mich um, ein kleiner dunkler Raum, dicke Vorhänge vor dem Fenster, ich lande auf einer Tischkante.

Beim Hochgehobenwerden sehe ich plötzlich Körperteile. Nein, einen ganzen Körper. Ein Mensch, auf dem Boden. Er bewegt sich nicht. Ich werde auf ein Messer gedrückt, das in der Luft hängt, gehalten von anderen Fingern. Gedrückt auf den Griff, das Messer scheppert auf den Parkettboden und bleibt zurück. Er will mich wieder ins Glas verbannen, ich versuche, mich zu drehen, ihn anzusehen und glaube, das Gesicht zu kennen. Lacht der etwa? Findet der das witzig?

Dunkelheit. Plopp, die Stille kehrt zurück. Jedoch nicht lange. Von oben dringt Licht in die Tasche, Ketten, Münzen und jede Menge Schmuck klimpern herein. Herrje, hoffentlich steckt er mir diese hässlichen Ringe nicht an. Ich bin doch ein Männerfinger.

Dann wird es wieder still und dunkel. Die Tasche fängt an zu schaukeln, er läuft, fährt Bahn und läuft wieder. Und ich? Was soll ein Finger in Lauge schon machen den ganzen Tag?

Überlegen.

Woher kenne ich dieses Gesicht? Es lag vor meiner Zeit als denkender Finger, irgendetwas mit meinem Besitzer hatte dieser Mann zu tun, na klar, sonst wäre er ja nicht an mich heran gekommen. *Du bist echt ein Genie, Finger.*

Finger ist übrigens ein blöder Name. Ich finde, ich habe einen Namen verdient, oder nicht?

Franz. Finger Franz. Gefällt mir. Zurück zum Thema.

Dieser Schmuck irritiert mich, irgend etwas dazwischen tickt die ganze Zeit, so laut, als wäre es direkt hier bei mir in der Lauge.

Jetzt aber, Franz! Konzentriere dich. Wie heißt denn dein Besitzer? Franz, oder? Na was für ein Zufall, deswegen ist dir dieser Name wohl auch als erstes eingefallen. Zwergengenie.

Also Franz, wann wurdest du von Franz getrennt? Denk nach! Wie lange bist du schon hier drin?

Zwei Wochen? Wie oft hat der mich schon heraus geholt? Zehn, zwölf Mal? Kommt hin. Der muss doch langsam in sämtlichen Haushalten in Sachsen gewesen sein, in denen es etwas zu holen gibt, meine Güte.

Kann man einen Finger, der zwei Wochen nicht mehr auf seinem Stumpf an der Hand saß, eigentlich wieder annähen?

Das mit dem gradlinigen Denken müssen wir aber nochmal üben, nicht wahr, Franz?

Auf einmal glitzert Licht zu mir herein. Feine Sonnenstrahlen, gebrochen an dem Gold des Schmucks, blenden mich, lassen die Lauge um mich herum glitzern und verschwinden so schnell, wie sie gekommen sind, hinter einer Zeitung. Langsam wird es eng.

Aber da! Franz! In der Zeitung! Also nicht ich, sondern er! Franz! Mein Besitzer. In der Zeitung?

Scheiße, verflucht, warum kann ich nicht lesen?

Ich bin ein denkender Finger, der seinen Besitzer erkennt, warum kann ich nicht auch lesen? Dort steht bestimmt der Grund für den ganzen Spaß hier!

Huch! Tasche zu. Dunkelheit.

Franz war doch nicht allein auf dem Foto? Links und rechts von ihm waren Männer mit lustigen blauen Schirmmützen abgebildet.

Zum Glück hatten sie Franz nicht auch eine solche Mütze aufgesetzt. Partyhütchen vielleicht? Aber was soll das in der Zeitung?

Was hilft's, ich mach Pause und lasse mich treiben, irgendwann wird dieses Gewackel ein Ende haben, irgendwann wird er mich wieder aus dem Glas holen, dann kann ich erneut versuchen, irgendetwas zu erkennen.

Wildes Schaukeln, ich krache gegen die Innenwände meines Glases, hin und her, hoch und runter. Was macht der? Durch die Lauge höre ich die dumpfen Laute von mehreren Personen, mehr als zwei müssen das sein, und plötzlich: Ruhe. Keine Bewegung, kein Geräusch. Nur Licht. Es strömt so gnadenlos herein, brennt so heiß. Wo bin ich?

Über der Tasche erscheint ein Gesicht, auf dem eines dieser blauen Partyhütchen thront. Eine Hand greift herein, holt Schmuck und Zeitung heraus, ruft etwas und langt nach meinem Glas. Er scheint zufrieden, streicht sich über die Wampe, Herrgott, wie dieses Hemd über seinem Bauch spannt. Ein schlankerer Mann mit gleicher Kleidung kommt in mein Blickfeld, auch mit Partyhütchen.

Toll, bin ich auf einer Feier gelandet? Irgendwie macht es doch nicht den Anschein. Alle laufen geschäftig herum, ziehen Schubläden auf, sammeln Papiere ein und sehen so gar nicht nach Party aus. Ich habe von meinem Platz auf dem Tisch einen bombigen Blick, wenn nur die zwei Gesichter sich nicht ständig vor die Linse schieben würden.

Nun ist das Schauspiel vorbei, ich lande wieder in der Tasche, schaukle aus dem Partyraum und werde wieder abgestellt. Diesmal offenbar auf dem Rücksitz eines Autos. Das Bremsen kommt so abrupt, und die Kurven sind so scharf geschnitten, dass ich hin und her rutsche. Außerdem ist da dieses Geheule, ein ewig lautes wiiiiih-hooo wiiiiiiiiihoooo, das selbst durch die Lauge zu mir dringt. Mehr als laut und deutlich.

⊙

Als ich das nächste Mal das Licht der Welt erblicke, ist es tatsächlich ein wenig wie eine Neugeburt. Da sitzt Franz. Und lacht.

Streckt seine Hand nach mir aus, dort wo sonst ich gewesen war, wickelt sich ein weißes Band um den Stumpf. Er hat mich nicht ersetzt, er muss mich vermisst haben.

Zum Glück kann man Tränen in Lauge nicht sehen.

Die Hand umschließt mein Glas, der Deckel wird geöffnet, über mir erscheint sein Gesicht. Worte und Geräusche dringen zu mir herein, ich höre Fragen, Männerstimmen, Lachen und Murmeln.

»Kann man den wieder annähen?«

Franz, wir müssen Seelenverwandte sein, denn auch mir brannte diese Frage auf der Fingerkuppe.

»Da müssen Sie schon einen Arzt fragen. Hat sich aber ganz gut gehalten, in der Suppe da.« Der Dicke! Was hat er nur mit seinen Händen ständig an seinem Bauch zu schaffen?

»So, also Ihre Fingerabdrücke, ähm, der Fingerabdruck wurde an zwölf verschiedenen Tatorten im gesamten Bundesland gefunden. Zwei Mal Leipzig, zwei Mal Zwickau, Chemnitz, Gera, Lichtenstein, Dölitz, Rakwitz und drei Mal Dresden. Da Sie in dieser Zeit aber im Krankenhaus lagen, ist klar, dass Sie es nicht gewesen sein können.«

»Ja. Das hab ich ja die ganze Zeit gesagt.«

»Muss erstmal alles überprüft werden.«

»Sie haben mich doch im Krankenhaus aufgesucht. Die Schwestern gefragt. Was …«

»Reine Routine.«

Ui, dieser Blick: Schweig, rede nur nach Aufforderung.

»Ihr Bruder …«

Na klar, daher kenne ich das Gesicht!

»… hat Ihnen also den Finger abgetrennt und ist damit durch Sachsen gereist, hat Raubmorde verübt und Ihren Fingerabdruck hinterlassen, ist das richtig?«

Im Ernst?

Franz' Blick wandert vom Polizisten zu seinem Stumpf und schließlich zu mir. Ich finde es lustig, mir zu überlegen, was er sich gerade überlegt. Wir denken offensichtlich das Gleiche: »Muss man das noch fragen?«

»Das entscheide ich.«

»Ich würde gern zurück ins Krankenhaus, da war ich nämlich nicht aus Spaß, und vielleicht kann man meinen Finger ja doch noch …«

»Alles zu seiner Zeit.«

»Wenn die Ärzte mir nachher sagen, ich sei eine halbe Stunde zu spät, auf wie viel Schmerzensgeld kann ich Sie dann verklagen? Sagen Sie's laut, damit es auch richtig aufgenommen wird.«

Gib's ihm Franz! Never separate a winning Team! Oder so.

JAN FLIEGER

Das Gesicht

Der Himmel über Leipzig war grau und kündete vom nahen Schnee.

Das Tor der Haftanstalt lag hinter ihm.

Er sah den Mercedes seiner Eltern und seine Mutter, die ihm mit weit geöffneten Armen entgegenrannte, um ihn dann stürmisch zu umarmen.

Er war frei!

Fünfzehn Monate in einer Zelle lagen hinter ihm, endlos lange Monate, die dem Prozess gefolgt waren. »Die Verteidigung der Rechtsordnung gebietet es, eine Strafe ohne Bewährung zu verhängen«, hatte das Landgericht damals verkündet. Milderungsgründe würden nicht vorliegen. Sehr vehement, jedoch vergeblich, hatte sich sein prominenter Verteidiger bemüht, ein besseres Ergebnis zu erzielen, und auf seine positive Sozial- und Kriminalprognose verwiesen. Aber er hatte nun mal einen Menschen überfahren und getötet, einen Sechzehnjährigen, und dabei Restalkohol im Blut gehabt von einer gewaltigen Feier am Abend zuvor. Zum Zeitpunkt des Unfalls waren noch 1,39 Promille in seinem Blut gewesen.

Aber nun fielen die quälenden Gedanken von ihm ab wie ein Panzer. Und auch die Erinnerung an das Gesicht des Großvaters seines Opfers, mit Falten wie tiefen Narben, mit harten, durchdringend blickenden Augen, die jede seiner Bewegungen beim Prozess verfolgt hatten, und mit einem Schnauzbart, dessen Enden zu beiden Seiten des Mundes schmal herabhingen, länger als bei jedem anderen.

Der blanke Hass hatte in diesen Augen gestanden. Immer, wenn er an sie dachte, fröstelte es ihn.

Er vergrub sein Gesicht im Haar seiner Mutter, stand minutenlang reglos mit geschlossenen Augen, vernahm ihr hemmungsloses Schluchzen.

Er war frei! Er war endlich frei!

Und er hatte gebüßt, auch wenn dieser Großvater damals die Strafe nicht hatte wahrhaben wollen, weil sie ihm viel zu mild erschienen war.

Nun konnte er alles vergessen! Nun würde er alles vergessen!

Das Leben mit all seinen Freuden lag wieder vor ihm und sozusagen als Einstiegsgeschenk gab es von seinen Eltern einen BMW, weiß und nagelneu, so, wie es sein Wunsch gewesen war.

Und schon am heutigen Abend würde es eine große Party geben, die alle Feiern bisher in den Schatten stellen sollte.

Er musste nachholen, viel nachholen, rasch nachholen.

Aber er musste auch studieren.

Er musste das richtige Maß finden.

Er saß neben dem Vater im Auto und lächelte glücklich. Sein Vater tätschelte ihm mit der rechten Hand den linken Oberschenkel; er sprach nie viel, die Mutter aber dafür umso mehr.

Tief atmete er durch. Jetzt, in diesem Augenblick, war er gewiss der glücklichste Leipziger, ja sogar der glücklichste aller Sachsen.

Er genoss das Leben in all den Tagen, die der Entlassung folgten, er genoss den schnellen Wagen, er genoss die neue Freundin – Annabel, die Blonde, die Schöne, die von Norwegen schwärmte und den Lofoten. Dorthin wolle sie reisen, schwärmte diese Traumfrau, und zeigte ihm Bildbände, die sie gesammelt hatte, um diesen Reisewunsch zu untermalen.

Er entschloss sich, ihr diesen Wunsch zu erfüllen, noch ehe er das Studium wieder fortsetzen würde, das er so lange und ungewollt hatte unterbrechen müssen.

Es wurde die längste, die größte Reise seines bisherigen Lebens. 2700 Kilometer waren es allein bis zum Fährhafen in Norwegen, von dem aus sie auf die Lofoten fahren konnten.

Dann empfing sie eine Landschaft, die wohl grandioser nicht sein konnte. Und die Gedanken an die Zelle, die Einsamkeit, in der er nur den Himmel gesehen hatte, verflogen endgültig.

Die wild gezackten hohen Gneisgiganten empfingen sie, die Straßen am Nordmeer entlang, die einsame Schönheit einer Landschaft, die jeden, auch sie, ergriffen machte. Sie wohnten in einem roten Holzhaus, das auf Pfählen im Wasser stand und auf dessen Geländer die Möwen hockten, sehr groß und mit schwarzen Knopfaugen.

Sie lebten im Paradies.

Es war der fünfte Tag. Er hatte an einem Angelausflug auf das Nordmeer teilgenommen, das sich sehr stürmisch verhielt am Nachmittag, so dass er froh war, als er die Planken des Schiffes verlassen konnte. Annabel würde schon warten, die sonnenhungrige Annabel, die gewiss den ganzen Tag zur Bräunung genutzt hatte. Er lächelte, als er in sein Auto stieg und auf der Uferstraße fuhr, die dicht und hoch am Nordmeer entlang führte. Hier musste man achtgeben. Nur ein einzelnes, silbergraues Auto folgte ihm, ein Seat. Sonst war er allein in dieser gewaltigen Landschaft.

Plötzlich fuhr der Seat sehr rasch heran, und der Fahrer, der ein Basecap trug, das er tief in sein Gesicht gezogen hatte, betätigte die Lichthupe. Was beabsichtigte der Mann?

Sein Herz klopfte so stark, als wollte es seine Brust sprengen. Das fremde Fahrzeug, das nur noch einen halben Meter hinter ihm fuhr, bedrängte ihn bedrohlich. Die Hände, die das Lenkrad umklammerten, zitterten, als er seinen Wagen stoppte.

Sein Verfolger riss die Fahrertür auf, verließ hastig das Fahrzeug. Als er die Scheibe herunterkurbelte, sah er etwas Dunkles in der Hand des Fremden, und verspürte einen stechenden, anhaltenden Schmerz, als der Strom durch seinen Körper drang.

Dann wurde es schlagartig dunkel um ihn.

Als er erwachte, saß er straff gefesselt auf seinem Fahrersitz und roch das Benzin, überall in seinem Auto, ja selbst an seiner Kleidung. Und er sah ein Gesicht, das er jählings erkannte, mit Falten wie tiefe Narben, er sah harte, durchdringend blickende Augen und einen Schnauzbart, dessen Enden zu beiden Seiten des Mundes schmal herabhingen.

Der Schreck nahm ihm den Atem.

Entsetzen weitete seine Augen, als er Finger sah, die ein Streichholz an einer Reibfläche rieben.

RALF ALEX FICHTNER

Der zweifelhafte (Fahr)Gast

Im Comic von Gorey »Der zweifelhafte Gast«
verstört eine Vogelkreatur ohne Hast
siebzehn Jahre lang fünf komische Leute
in einem gar düsteren Villengebäude.

Super gezeichnet! Doch im richtigen Leben
wird es so eine Story wohl keinesfalls geben.
Weit gefehlt! Es geschah in der Erzgebirgsbahn:
Ein unglaublicher Vorfall von finsterem Wahn.

Vor Abpfiff sprang in Zwickau ein Mann ins Abteil
und seit diesem Moment war die Welt nicht mehr heil.
Er knallte seinen Rucksack mit Wucht in den Gang
und faselte Nonsens. – Alle schauten ganz bang.

Ab und zu nahm der Kerl einen kleinen Schluck Schnaps.
Doch er war nicht besoffen. – Er hatte ’nen Klaps.
Ein paar Sicherungen schienen da durchgebrannt.
Und immer mehr geriet er außer Rand und Band.

Er beschimpfte, die ihm am nächsten saßen
auf die übelste Weise und ohne Maßen.
Er würde den Weicheiern das Maul polieren,
bis sie vor ihm kröchen auf allen Vieren.

Als der Randalierer gegen die Scheiben schlug,
verließ in Werdau 'ne Familie den Zug.
Egal ob Mann oder Frau und jung oder alt,
alle waren entsetzt von der rohen Gewalt.

Jeder dachte nur noch: Augen zu und nach Haus.
Drum wichen die meisten seinen Blicken schnell aus.
Auch ich hatte Schiss, das gesteh' ich ganz ehrlich,
denn dieser Psychopath war wirklich gefährlich.

Aschenbecher riss er raus und warf sie umher.
Bald wurde es im Dunstkreis des Irren sehr leer.
Ihm passte das gar nicht. Er verließ seinen Platz,
suchte neue Opfer, machte weiter Rabatz.

Da fiel ausgerechnet sein Augenmerk auf mich,
jetzt hatte die »Goldene Arschkarte« **ich.**
Ich wusste sofort, jetzt gibt's Krieg! – Oh nein!
Ohne Übergang begann er, mich anzuschrei'n …

Das war mir zu viel und auch ich explodierte.
Worauf er ein wenig verblüfft reagierte,
denn auf Gegenwehr war er nun gar nicht gefasst.
Sowas hat in sein wirres Konzept nicht gepasst.

Völlig außer mir war ich, und brüllte in Rage:
»Ich zeichne mit Blut deine doofe Visage!
Du widerlicher Schwachkopf eignest dich perfekt
für mein neuestes Horror- und Krimiprojekt!«

Er ließ sich tatsächlich von mir porträtieren.
Hielt still, wurde ruhig, ich konnte es spüren.
Das fertige Bild hat ihm gar nicht gefallen.
Doch ich ging durchs Abteil und zeigte es allen.

Damit endete alles in Lächerlichkeit …
Halt in *Neuwelt*. Ich war zum Aussteigen bereit,
sah noch kurz in den Gang und erstarrte vor Schreck:
Zwei Polizisten verließen vorn ihr Versteck …

*Dieses Gedicht beruht auf einer wahren Begebenheit.
Ralf Alex Fichtner war am 29. Oktober 2012 auf dem Rückweg von »Mord am Hellweg« – Europas größtem Krimifestival.
Der Zwischenfall mit dem zweifelhaften Fahrgast ereignete sich zwischen 20:10 Uhr und 20:53 Uhr in der Erzgebirgsbahn zwischen Zwickau und Schwarzenberg und hat sich exakt so zugetragen. Sogar die Freie Presse berichtete am 7. November 2012 darüber. Zum Beweis fügen wir das »Blutbild« (in schwarz/weiß) an, das RAF im Zug von dem Fahrgast gezeichnet hat.*

ANGELA L. FORSTER

Reise in die Vergangenheit

Sommer 2003

Regen peitschte über den Asphalt und spülte den Schmutz der Stadt in den Rinnstein. Klaus Seegers stieg aus einer schwarzen Limousine, hauchte einen Kuss auf die Wange des Jünglings und verschwand hinter der Drehtür des Hotels.

Ich werde dich töten, dachte Helene und winkte dem Taxi, das auf dem Hotelparkplatz auf Kunden wartete. »Markkleeberg, Rathausstraße 17«, sagte sie.

Der Fahrer nickte. »Scheiß Wetter, was?« Er legte den Kopf schräg und sah durch die Frontscheibe in den kränklich grauen Himmel, als müsste er sich selbst seine Worte bestätigen.

»Ja.« Helene hatte keine Lust auf Konversation. Nicht heute.

Zehn Minuten später hielt der Wagen vor der kleinen Pension, die sie vor vier Tagen bezogen hatte. Sie hörte den letzten Klängen von *Aber bitte mit Sahne* nach, die aus dem Autoradio dudelten, und stieg aus. Nachdem sie den Revolver vorsichtig auf den Schreibtisch gelegt hatte, ging sie zu Bett.

Unruhig träumte sie von ihren Eltern und dem Bäckergeschäft, das diese bis 1939 in Leipzig in der Waldstraße besessen hatten. Die Spezialitäten des Hauses, mit Aprikosenmarmelade und echtem Marzipan gefüllte Leipziger Lerchen sowie die hauseigenen Nougatkekse, hatte das gegenüberliegende Hotel *Der Deutsche Hof* pfundweise geordert.

Helene war das einzige Kind der Hoffmanns. Die Familie besaß ein Haus am Rande von Markkleeberg und investierte gerade in ein neues Geschäft, als eines Nachts die Scheiben der Bäckerei eingeschlagen und die Waren geplündert wurden, und ein Judenstern Wände und Besitzer entwürdigte. In dieser Nacht, mit gerade neun Jahren, erfuhr Helene ihre wahre Identität. Mit gesenktem Kopf schlich sie fortan in die Schule. Alle Kinder, voran Klaus Seegers als größter Hetzer der Klasse, ließen ihr keine Ruhe mehr. Sie stahlen ihre Bücher, schlugen und bespuckten sie und grölten: »Hey, Bäckerflittchen, aus ist's mit euch Wucherern und Geldsäcken.«

Schweißgebadet wachte Helene auf. Sie ging unter die Dusche, zog anschließend ihr nachtblaues Leinenkostüm an, griff nach dem Revolver, drehte sich zufrieden vor dem Spiegel und schloss die Tür.

Der Wettergott hatte sich ausgetobt und den Wasserhahn zugedreht. Der Himmel über Leipzig strahlte in makellosem Blau. Helene schloss die Augen und sog die klare, reine Luft ein. Es würde ein schöner Tag werden. *Doch erst die Arbeit,* dachte sie.

Die Fahrt mit dem Bus dauerte kaum eine halbe Stunde. Als sie die Vorhalle des Hotels betrat, empfing sie damaliger Prunk: opulente Kristallleuchter, Tische, Schränke und Stühle aus edlen Hölzern, Seidentapeten, luxuriöse Stehlampen, passende Vorhänge, schwer und überwältigend.

»Ich möchte Herrn Seegers sprechen«, sagte Helene.

Der Mann hinter der Rezeption, dessen Name »Fritz« auf goldenem Reversschild zu lesen war, lächelte. »Darf ich fragen, worum es geht?«

»Ach bitte, es soll eine Überraschung sein.«

Fritz verbeugte sich ehrerbietig. »Ich verstehe, gnädige Frau. Ich werde sehen, was ich für Sie tun kann.«

Helene sah zum Fahrstuhl und stellte sich vor, wie sie diesen betrat. Mit leisem Summen würde die Kabine sie in den vierten Stock tragen. Der Liftboy würde ihr einen angenehmen Aufenthalt wünschen. Zweiunddreißig Schritte über scharlachroten Velours. Sie kannte den Weg. Hinter der Zimmertür mit der Aufschrift »Privat« säße Klaus Seegers am Mahagonischreibtisch, das Gesicht verborgen hinter der Morgenzeitung. Ein Kännchen Kaffee auf dem Silbertablett, ein Marmeladenbrötchen, ein aufgeschlagenes Ei zur Linken.

»Bitte«, würde er sagen, kein einfaches »Herein«, die Zeitung senken und auf den schwarzen Ledersessel weisen. Ein Sessel, in dem sie als Mädchen Klaus' Vater gegenübergesessen hatte, ihr zierlicher Kinderkörper umarmt vom weichen Leder, wartend, bis ihr das Geld für ausgeliefertes Gebäck ausgezahlt worden war.

Doch heute würde sie sich nicht setzen, sondern vor den Schreibtisch treten und den Revolver aus der Tasche ziehen.

»Na, kennst du mich noch, Klaus Seegers?«, würde Helene fragen. Sie hörte förmlich, wie er ein »Nein« röchelte, während der Lauf des Revolvers zwischen seine Augen zielte. Sie rechnete damit, dass er sie nicht erkennen würde. Viel Zeit war vergangen.

Langsam, ihr Ziel dabei nicht aus den Augen verlierend, den Schreibtisch umrundend, würde sie den Revolverlauf an Seegers Stirn drücken. Ihn mit Worten wie: »Hüpf, Judensau. Heb den Rock, Bäckerschlampe«, in die Kindheit katapultieren. Sie würde ihm ins Gesicht speien, sagen, dass sie nun, nach all den Jahren, aus Amerika zurückgekehrt sei, um ihn zu töten. Und danach käme die Zeit …

»Gnädige Frau. Gnädige Frau!« Fritz riss sie aus ihren Gedanken.

»Es tut mir leid, Herr Seegers will nicht gestört werden.«

Helene nickte stumm und verließ das Hotel. Hatte sie tatsächlich geglaubt, dass es so einfach sein würde? Einfach Schuss, und gut? Nein. Sie musste eine andere Lösung finden.

Es war tags darauf, als Klaus Seegers auf das letzte Taxi vor dem Hotel zueilte und Helene ihm zuvorkam.

»Das ist mein Taxi«, begehrte der Mann empört auf.

»Oh, das tut mir leid. Wollen Sie mitfahren?« Helene rutschte in die Polster.

»Nein. Sie steigen sofort aus.«

Seegers ansteigende Gesichtsröte ließ sie unbeeindruckt.

»Raus aus dem Wagen. Ich habe es eilig.«

»Sie sollten nicht hetzen, das ist schädlich für die Gesundheit.«

»Wer sind Sie, meine Hausärztin?«

»Und wenn es so wäre?« Helene hörte, wie ihre Stimme bebte. Hatte er sie erkannt, wusste er, dass sie in Manhattan Karriere gemacht und als angesehene Ärztin für die High Society praktiziert hatte?

»Dann würden Sie mir reichlich auf den Nerv gehen«, antwortete Seegers.

»Nun kommen Sie. Da Sie wohl eh nicht wissen, wo Sie hinwollen, können Sie mich auch begleiten«, setzte Helene nach.

»Sehe ich aus wie Ihr Reiseanimateur? Ich weiß sehr wohl, wo ich hin will und auch hinkommen könnte, würde nicht eine vorlaute Person mein Taxi besetzen.«

»Aber ich spucke, beiße und trete nicht«, sagte Helene und dachte an das Skalpell in ihrer Handtasche, das sie nun statt des Revolvers bei sich trug. »Es ist nur so: Ich bin seit dem Krieg nicht mehr hier gewesen. Mit meinen Eltern lebte ich in Leipzig, bis …« Sie senkte wie ein verschüchtertes Mädchen die Lider. Es entstand eine Pause.

Seegers sah abwechselnd auf Helene, seine Armbanduhr und zur Hoteltür. »Also gut.« Ein Lächeln zuckte um seine Mundwinkel. »Mir bleibt wohl keine Wahl. Und für eine Einheimische … Ich muss kurz …« Er zog ein Handy aus der Tasche.

Was für ein arroganter Kotzbrocken, dachte Helene. Aber er schien zu wissen, wie man Verbindungen knüpfte, Lösungen für jegliche Lebenslagen fand. Hier ein Anruf, da ein passender Gefallen. Er hatte den Fuß in der Tür. Ein Dandy, ein alter Lebemann. Wie sie ihn hasste. Und wie gut das Gefühl war, zu wissen, dass er der Welt bald keinen Atem mehr stehlen würde.

Umso unwohler fühlte sie sich, als sie merkte, dass sich Seegers als charmanter Reiseführer entpuppte. Helene ertappte sich, dass sie mehr auf ihren Begleiter als auf seine Darstellungen der Leipziger Neuerungen achtete. Nach zehnminütiger Fahrt, vorbei am Hauptbahnhof, der seit Kurzem mit einem attraktiven Promenaden-

Einkaufzentrum auf drei Etagen brillierte, fuhren sie weiter bis zur Grimmaischen Straße, stiegen aus dem Taxi und schlenderten zu Fuß in die Altstadt, wo Cafés und Bars mit Kaffeeduft aus Gassen und Winkeln um Kundschaft warben. Beim ältesten Kaffeehaus Europas, *Zum Arabischen Coffe Baum,* verweilten sie bei einer Tasse Kaffee und angeregtem Pläuschchen. Seegers sprach vom Gewandhaus, welches 1981 erbaut worden war und dem hohen Uni-Riesen, sowie von der Thomaskirche, der Wirkungsstätte Johann Sebastian Bachs. Als er von der einzig erhaltenen Brodyer Synagoge erzählte, die nach ihrer Zerstörung in der Reichskristallnacht 1939 erst am 22. Mai 1993 wieder geweiht worden war, erstarrte Helene. Beinahe hätte sie ihren Plan vergessen. Was dachte sie sich? Warum benahm sie sich wie ein Tourist, der mit Schlenderschritt keine Unwichtigkeit ausließ? Sie wollte Seegers töten. Nur das zählte. Dafür hatte sie diese »Mords-Ferien« angetreten. Helene rief sich zur Ruhe.

»Darf ich Sie zum Essen einladen?«, fragte Seegers.

»Sehr gern.«

»Kennen Sie noch *Auerbachs Keller?* Es ist die zweitälteste Gaststätte der Stadt. Ich kenne den Koch, er macht hervorragende Kartoffelpuffer, die *Klitscher und Fratzen.*« Helene nickte. »Mit meinen Eltern war ich früher oft dort«, sagte sie, sich wehmütig an die Kartoffelpuffer mit Leinöl erinnernd. Die gestärkten Servierten, die weißen Teller, in deren Mitte sich Helene gespiegelt, Grimassen gezogen und sich betrachtet hatte. Wie ihr Vater sie ermahnte, still zu sitzen, und Mutter gutmütig aus grünbraunen Augen lächelte und sagte: »Lass sie doch, sie ist ein so fröhliches Kind.«

Flüchtige Erinnerungen an glückliche Tage, wie Spiegelbilder in einem See, die für Sekunden aufschimmern, aufbrechen, um daraufhin in endloser Tiefe zu verschwinden.

»Wussten Sie, dass Goethe in seinem weltberühmten Drama *Faust* Auerbachs Keller verewigt hat?«, sagte Helene.

»Oh ja, oder eher aua, aua«, Seegers lachte auf. »Das hat man uns in der Schule eingebläut. Und wehe dem, der aufgerufen wurde und es vergessen hatte.« Seegers schüttelte die Hände in der Luft, als spürte er noch die brennenden Striemen des hölzernen Lineals auf seinen Fingerspitzen.

Angekommen in der *Mädler-Passage* ließen sie sich an einem der wenigen Freilufttische des Auerbach Kellers nieder. Helene stärkte sich mit Topfsülze und Bratkartoffeln, Seegers entschied sich für die *Klitscher und Fratzen.* Eine Schar handzahmer Spatzen hüpfte auf die Nachbartische, zog gierig Pommes Frites aus anbietenden Kinderhänden. Männer und Frauen, leicht bekleidet, reckten ihre Hälse in die späte Nachmittagssonne, als seien es die letzten warmen Strahlen der Saison.

»Wissen Sie was«, sagte Helene. »Sie haben mir viele schöne Neuerungen gezeigt, jetzt zeige ich Ihnen meinen Lieblingsplatz.«

Mit einem Taxi fuhren sie zum Ziegeleiweg in Markkleeberg. Vom Besucherparkplatz führte sie der Weg durch das Waldstück bis zum Waldsee.

»Früher konnte man hier wunderbar baden«, sagte Helene und zeigte auf das blaugrün schimmernde Wasser.

»Ja«, antwortete Seegers. »Das ging bis in die Neunziger, bis am Nordstrang, beim benachbarten Cospudener See, ein großes Strandbad entstanden ist.«

Das weiß ich, dachte Helene. Sie hatte inzwischen recherchiert. Überlegt, wo sie ungestört sein konnten. Wo seine Leiche so schnell niemand finden würde. »Kommen Sie«, sagte sie, »ziehen Sie die Schuhe aus.«

Sie bespritzten sich mit Wasser, lachten und alberten, wie es frisch Verliebte oder unbeschwerte Kinder tun.

Helene rannte, schnell, wie als kleines Mädchen, wenn Mutter sie gebeten hatte, Sanddornfrüchte aus stachligem Geäst nahe dem Ufer zu pflücken, über den Naturstrand. »Da«, sagte sie und deutete auf eine verwitterte Holzbank unter einer Weide, deren begrünte Spitzen in den See tauchten, wie Kinder ihre Zehen ins kalte Wasser. »Da ist mein Lieblingsplatz.«

Oft war sie, wenn sie traurig gewesen war, nach der Schule an den nördlichen Teil des Sees gelaufen. Hier, in der Einsamkeit, fanden Kindertränen ihren Lauf.

»Es ist schön hier«, sagte Seegers und setzte sich neben Helene auf die Bank. Eine Weile blieben sie stumm.

Der Regen der letzten Nacht hatte allen Staub von den Blättern gewaschen. Die Luft war gesättigt vom Duft der roséfarbenen Malven und der weißen Blüten des Zwergholunders.

»Sehen Sie«, sagte Helene, ihr Arm zeigte über den See, der in der Abendsonne glitzerte wie flüssiges Silber. »Da, hinter der Heidelandschaft, ist Ihr Hotel zu erkennen.«

»Ja«, sagte Seegers und lächelte.

Seegers war kräftig, aber nicht dick. Wettergebräunt und weißhaarig. Der Zahn der Zeit hatte an ihm genagt. Dennoch sah er blendend aus. Ihre Blicke trafen sich. Helenes Gedanken schlingerten. Nein, sie durfte nicht zögern. Sie musste tun, wofür sie zurückgekehrt war. Ihre Reise in die Vergangenheit beenden. Seegers zu töten, duldete keinen Aufschub. Sie sah sich um. Kein

Spaziergänger weit und breit. Weiter nördlich, hinten am Strandbad des Cospudener Sees, verließen letzte Sonnenhungrige mit Wolldecke und Kühltasche die Wiese, quälten sich dann vermutlich über verstopfte Straßen ihrem Zuhause entgegen oder verschwanden zum Abendbrot in Hotels und Restaurants.

»Woher wissen Sie, dass es mein Hotel ist?«, fragte Seegers.

»Weil ich dich kenne«, brach es aus Helene heraus.

»Ich verstehe nicht …« Seegers blickte sie irritiert an.

Blitzschnell zog Helene das Skalpell aus der Tasche und zog die Schneide durch den dünnen grauen Stoff, der Seegers linken Oberschenkel bedeckte. Als Ärztin wusste sie, welche Ader sie mit dem Skalpell treffen musste, um ihm sekundenschnell den Tod zu bringen. Ein kleiner Schubs. Bis man seine Reste im dichten Schilf fand, wäre sie längst auf dem Weg nach Hause.

Aber vorher sollte er wissen, wer sie war. Er sollte ihr ins Gesicht sehen, wenn der letzte Atemzug aus seiner Kehle kroch.

»Ich bin zurückgekehrt, weil ich wissen will, wie ein Nazischwein wie du den Krieg überlebt hat«, sagte sie und sah Seegers unbarmherzig an.

Seegers Adamsapfel rollte auf und ab. Er versuchte sich zu ordnen, den Krampf, der seinen Körper zur Regungslosigkeit verdammte, zu lösen. Schweiß rann über seine Stirn, sammelte sich in den Brauen, tropfte weiter. »Ich … Wer sind Sie?«, fragte er leise.

»Bedauerlich, dass du mich nicht erkennst, aber deinem Gedächtnis kann man nachhelfen«, sagte Helene. »Sag, wer war die Kleine, die 1939 Nougatkekse zu euch ins Hotel brachte? Na, erinnerst du dich, Klaus? Erinnerst du dich jetzt?« Helene kratzte die Klinge über Seegers Fleisch. Nach rechts, nach links, vorwärts, zurück. Kleine Blutstropfen traten durch den Stoff, färbten ihn eine Nuance dunkler.

Seegers Kopf folgte den Bewegungen der Schneide, pendelte vorwärts, zurück, links, rechts, nach oben und unten. *Ja,* gaben seine Augen zu. *Ich erinnere mich.* »Sie sind … Du bist Helene aus der Bäckerei gegenüber«, stotterte er mit schaukelnden Silben.

»Richtig. Die, die ihr verspottet, verprügelt, der ihr die Eltern und die Kindheit geraubt habt.«

»Nein, bitte«, röchelte Seegers. »Nein. Wir waren doch selbst noch Kinder. Wir wussten doch nicht, was wir taten. Unsere Väter … der Staat schürte den Volkszorn.« Seegers senkte den Kopf. Helene hörte ein Schluchzen. »Bitte, glaube mir, Helene, jeden Tag hoffte ich, dich wieder zu sehen und um Verzeihung bitten zu können.« Seegers faltete die Hände wie zu einem Gebet.

»Ja, natürlich. Aber, wenn du glaubst, dass ich einem Päderasten wie dir, der das Gesetzblatt Menschlichkeit zum Arschabwischen benutzt, Absolution erteile, setzt du auf das falsche Pferd.«

Aus Seegers Gesicht wich jegliche Farbe. »Wie kannst … kommst du darauf, ich sei …« Er verschluckte die letzten Worte.

»Gestern Nacht vor der Limousine. Der Knabe war höchstens vierzehn«, spie ihm Helene ins Gesicht.

»Aber das … das ist Simon, mein Enkel. Er ist alles, was mir seit Rosas und Juttas Tod geblieben ist. Rosa war Jüdin, wie du, wir hatten sie und ihre Familie in unserem Hotel versteckt. In Rosa verliebte ich mich, konvertierte zum Judentum und heiratete sie. Jutta war unsere Tochter. Sie starb sehr früh.« Seegers schlug die Hände vor das Gesicht und weinte haltlos.

Helene rutschte die Klinge aus der Hand. Sie stand auf und ging. Klaus Seegers würde sie nie wieder sehen.

ANETT STEINER

Jenseits des Waldes

Kommissar Lorenz auf Reisen

Die Geschäfte gingen schlecht. Der Buchladen in der Unteren Bahnhofstraße der erzgebirgischen Kleinstadt Thalheim schrieb schon seit einiger Zeit rote Zahlen. Hannah Stein, die Inhaberin, schob es aufs Wetter, denn es schneite seit Wochen, und das Leben erstarb unter der weißen Last. Aber tatsächlich lag die schlechte Situation nicht allein am Schnee – sie lag an den Menschen, die die Worte vergessen hatten, und denen Geschichten und Träume verloren gegangen waren.

Hannah seufzte. Was sollte sie dagegen tun?

Sie warf ihre Jacke über, trat auf die Straße hinaus und bahnte ihren Kunden einen kleinen Pfad durch den Schnee, auch wenn sie wusste, dass das nichts bringen würde. Vielleicht eine Erkältung oder Rückenschmerzen, aber keinen Verkauf.

Buchhandlung Johann Stein – seit 1889, stand in verwitterten Lettern an der Fassade des Hauses, in dem sie seit knapp zwei Jahren den Laden betrieb. Nun, Hannah war keine Buchhändlerin, weiß Gott nicht, aber weil sie Bücher liebte, hatte sie freudig zugestimmt, als ihr hochbetagter Onkel ihr das Geschäft überschreiben wollte. Zugegeben, es steckte wirklich viel Enthusiasmus in der Sache, mehr als Know-how. Aber so ist das mit den wenigen Wünschen und Träumen, die sich im Laufe eines Menschenlebens ansammeln: Man hält unvernünftig daran fest.

Während ihr dicke Flocken die Sicht verschleierten, grüßte jemand von der anderen Straßenseite herüber. Es war ein großer Mann in dunklem Mantel, der beinahe unmerklich hinkte und mit gesenktem Kopf durch den Schnee schlurfte, als zerre er mehr als nur seine Seele hinter sich her. Hannah erkannte in ihm Hauptkommissar Ralf Lorenz, einen ihrer treuesten Kunden. Er überquerte die Straße und kam zu ihr, wohl mehr aus Mitleid, als dass er wirklich schon wieder neue Lektüre gebraucht hätte – schließlich hatte er fast die Hälfte der paar Bücher gekauft, die in den letzten Wochen über den Ladentisch gegangen waren.

»Wie geht es Ihnen?«, fragte er freundlich. Seine Augen wirkten ein bisschen müde. Er war ein ganz passabel aussehender Mann, Anfang fünfzig, mit graublauen Augen und meliertem Haar, umgeben von einem angenehmen Duft und einem Hauch Melancholie.

»Gut!«, rief sie etwas zu laut. Sie log. Und er wäre nicht der, der er ist, wenn er das nicht gemerkt hätte. Aber er widersprach nicht sondern fragte stattdessen: »Haben Sie für das lange Wochenende etwas zum Lesen für mich? Vielleicht in der Art von Sherlock Holmes oder Edgar Allan Poe?«

Krimiklassiker hatte sie nicht, leider.

Bedauernd hob sie die Schultern. »Tut mir leid, Herr Kommissar. Aber ich werde mich darum kümmern. Schauen Sie am Mittwoch wieder rein? Vielleicht wollen Sie inzwischen *Shades of Grey* für Ihre Tochter mitnehmen?«

Etwas blitzte in seinen Augen auf, bevor sie trüb wurden.

Da erinnerte sie sich, biss sich auf die Zunge, was jedoch nichts mehr brachte, denn die Worte waren schon heraus. Ihr fiel wieder ein, dass sie die Todesanzeige von Anna Lorenz in der Zeitung gelesen hatte. Es mochte inzwischen drei, vielleicht auch vier Monate her sein, man munkelte, die junge Frau sei ermordet worden. Die Tochter von Lorenz lebte also nicht mehr, und die junge Buchhändlerin starrte verlegen in den Schnee, den sie mit den Spitzen ihrer Schuhe hin und her schob. Er tat dasselbe.

»Gut, dann bis Mittwoch!«, erwiderte er scheinbar unbefangen und versuchte ein Lächeln, doch etwas Dunkles, Trauriges breitete sich um ihn herum aus, und als Lorenz an Hannah vorüberging, blieb es an ihr haften.

Hannah kehrte in die Buchhandlung zurück und notierte den Auftrag des Kommissars.

Gegen 18:30 Uhr schloss sie die Tür ab und sah die Post durch. Eine bunte Karte von den Malediven steckte zwischen den Rechnungen – ihre Schwester war mal wieder auf Kreuzfahrt und grüßte. Überhaupt neigten alle Mitglieder der Familie ausgiebig zum Reisen, nur sie kam nicht dazu. Der Laden nahm Hannah voll in Beschlag, und finanziell hatte sie auch schon bessere Zeiten gesehen.

Am folgenden Mittwochabend, Monatsende, saß Hannah unglücklich über dem Kassenabschluss, als Ralf Lorenz hereinschaute, um sein Sherlock-Holmes-Buch abzuholen. Sie lächelte, so wie sie es immer tat, wenn Kunden vor ihr standen, und als er das Buch entgegennahm, streifte er ihre Hand und hielt sie einen Moment lang fest. Verwundert hob die junge Frau den Blick von der Kassenschublade und schaute dem Kommissar in die Augen. Sein Blick war … wissend.

»Warum schließen Sie den Laden nicht für ein paar Tage zu, Hannah?«, fragte er.

Woher kannte er ihren Vornamen? Und überhaupt …

»Sie heißen fast so, wie meine Tochter hieß.« Er lächelte. »Ihr Name steht hinter dem Wort *Inhaber* an der Schaufensterscheibe.«

Hannah nickte mit offenem Mund.

»Seit zwei Jahren komme ich auf meinem Heimweg täglich hier vorbei, und ich erinnere mich nicht an einen einzigen Tag, an dem Sie nicht hier waren. Machen Sie denn niemals Urlaub?«

Sie zog die Schultern hoch.

»Die Geschäfte laufen wohl nicht besonders?«

Wieder zuckte sie mit den Schultern.

»Ich hätte meinen Job verfehlt, wenn mir solche Kleinigkeiten nicht auffallen würden.« Ralf Lorenz räusperte sich. »Ich frage mich also, ob Sie vielleicht Lust hätten, ein paar Tage wegzufahren? Eine Reise, verstehen Sie?«

Hannah schaute ihn an, als spräche er nicht ihre Sprache.

»Der Sachse liebt das Reisen! So heißt es doch, oder nicht?«

»Vielleicht …« Sie war wieder eines Wortes fähig, wenn auch eines unsinnigen.

»Hätten Sie nicht Lust, mich auf einen kleinen Ausflug zu begleiten?« Seine Stimme klang nicht, als würde er sich über sie lustig machen, auch wenn der Inhalt seiner Worte den Anschein erweckte.

Wieso sollte sie den Kommissar begleiten? Nicht, dass sie ihn nicht nett fand, im Gegenteil. Aber er war sicher um die zwanzig Jahre älter als sie, könnte ihr Vater sein – was sollten die Leute denken?

»Wissen Sie, als ich meinen Urlaub plante, war alles noch anders, als es jetzt ist. Ich wollte zusammen mit meiner Tochter fahren. Und jetzt …«

Er schluckte. Sie schluckte.

»Und jetzt fände ich es nett, wenn Sie mir Gesellschaft leisten könnten. Anstelle meiner Tochter, meine ich.« Als gäbe es da irgendetwas falsch zu verstehen.

»Ihnen würden ein paar Tage Tapetenwechsel gut tun, das sehe ich. Und vielleicht fällt uns dann auch ein neues Konzept für Ihren Buchladen ein?«

Hannah erbat sich Bedenkzeit, doch schon, als die Tür hinter ihm ins Schloss fiel, wusste sie, dass sie zustimmen würde.

»Transsilvanien?«, fragte sie und packte gedanklich den Badeanzug wieder aus. Kein Standurlaub also. Der Kommissar nickte. »Oh ja, meine Tochter war verrückt nach Geschichte.«

Hannah ging nicht darauf ein, weil sie versuchte, das Reiseziel zuzuordnen.

»Das liegt doch in Rumänien, oder?«

Er nickte zustimmend und holte zu einer Erklärung aus: »Ja. Wörtlich übersetzt heißt es: jenseits des Waldes. In der Antike gehörte das Gebiet zum Dakischen Königreich, wurde dann von den Römern erobert, danach von Goten, Hunnen und Slawen besetzt, und schließlich ebneten Ritterorden den Weg für deutsche Siedler.«

Sie schaute ihn wahrscheinlich an wie ihren ehemaligen Mathematiklehrer, während sie gleichzeitig an Dracula dachte, was nicht an Lorenz lag, sondern an der Erwähnung Transsilvaniens.

»Meine Tochter hätte um ein Haar Geschichte studiert, wenn sie sich nicht doch am Ende für Medizin entschieden hätte«, erklärte er.

Weil Hannah darauf nichts antwortete, fuhr Lorenz fort: »Wussten Sie, dass Transsilvanien auch einen deutschen Namen hat? Siebenbürgen. Das geht auf die ersten deutschen Siedler zurück, man nannte sie die *Siebenbürger Sachsen*. Sachsen! Deshalb wollte meine Anna dort hin und zwischen Walachei, Moldau und den Transsilvanischen Alpen geschichtliche Recherchen betreiben. Anna erzählte mir, dass die Sachsen im 12. Jahrhundert dort Städte nach heimischem Vorbild erbaut haben und eine deutsche Minderheit bis heute dort lebt. Meine Tochter wollte wissen, wie die Nachfahren jener Sachsen heute leben, was von ihrer Kultur, der Sprache, ihrem Erbe und ihrer Geschichte übrig geblieben ist. Der Gedanke, dass in Transsilvanien Sachsen und Vampire irgendwie Tür an Tür gelebt haben könnten, faszinierte sie.« Er lächelte versunken. »So war sie, meine Anna. Neugierig, idealistisch, verträumt. Also, was sagen Sie, kommen Sie auf die Suche nach unseren sächsischen Vorfahren mit ins Land der Vampire?« Seine Augen glänzten belustigt. »Selbstverständlich reisen Sie auf meine Kosten.«

Wenn Hannah es sich recht überlegte, konnte das vielleicht ganz interessant werden. Und sie könnte endlich mitreden, wenn zur nächsten Familienfeier die Urlaubsberichte heruntergeleiert wurden. Und mehr noch – sie konnte dann sagen, dass sie – statt eines Pauschalurlaubs – auf dem legendären *Schloss Brann* in Transsilvanien gewesen war! Und das im Winter! Der Gedanke gefiel ihr. Sie ging die Regale in der Buchhandlung ab und fand schnell den Klassiker, den sie suchte und der seine Geschichte um die Romanfigur Dracula spann. Hannah nahm das Buch in die Hand und fühlte sich – das erste Mal seit langer Zeit – beflügelt.

⊙

Brašov hieß die erste Station der Reise, die Anna Lorenz mit ihrem Vater geplant hatte. Zwei Wochen nach dem Gespräch in der Buchhandlung waren Hannah und der Kommissar auf dem Weg dorthin. In Brašov, so hatte Anna ihrem Vater erklärt, gab es eine protestantische Kirche, die 1385 erbaut worden war. Sie wurde *Schwarze Kirche* genannt, da ihre Mauern während eines Brandes im Jahre 1689 von Ruß geschwärzt worden waren. Der Kirchturm überragte das mittelalterliche Stadtzentrum und das *Altsächsische Hirscherhaus*, die nächste Sehenswürdigkeit auf dem Reiseplan. Außerdem wollten sie das *Petrus-Haller-Haus* in Sibiu, ehemals Hermannstadt, sowie die mittelalterliche Festung, die Burganlage und die gotische Kirche in Schäßburg, heute Sighisoara, bestaunen. Schon kurz nach dem Aufbruch hatte Hannah das Gefühl, dass sie der ihr bislang kaum bekannten Anna Lorenz auf dieser Reise sehr nahe kommen würde.

Sie reisten mit dem Zug und hatten dabei genug Gelegenheit, aus dem Fenster auf die vorbeirauschende Landschaft zu schauen, ihren Gedanken freien Lauf zu lassen, vielleicht auch den Träumen und der vagen Hoffnung an das nachzuhängen, was sie vom Leben noch erwarteten. In weniger nachdenklichen Momenten las Hannah in *Dracula,* und der Kommissar vergnügte sich mit den Abenteuern von Holmes und Watson. Es war eine Reise in die Vergangenheit, und Hannah hätte sich nicht gewundert, wenn sie statt des Taxis ein Pferdegespann die letzten Kilometer nach Brašov gebracht hätte.

Die kleine Pension, in der zwei voneinander getrennte Zimmer reserviert worden waren, machte einen hinter der Zeit zurückgebliebenen Eindruck; nicht ganz das, was man als mitteleuropäischen Standard bezeichnen würde. Dafür war der Kontakt zu den Gästen sehr persönlich, der Eigentümer lud seine Besucher noch für den selben Abend zum Essen ein. Lorenz und Hannah wechselten einen schnellen Blick, dann zuckte Lorenz mit den Schultern und nickte zustimmend.

Gegen halb acht trafen sie sich an der Rezeption, oder wie auch immer man den kleinen Tisch neben der Eingangstür nennen mochte. Herr Broos, der grauhaariger Gastgeber, ein Nachfahre jener sächsischen Pioniere, wie sich später herausstellte, erwartete die beiden bereits und führte sie in ein etwas angestaubtes, aber luxuriöses Speisezimmer. Es wurde von Lüstern und Kerzen ausgeleuchtet und beherbergte einen großen Tisch, der festlich mit weißem Tischtuch und edlem Porzellan hergerichtet worden war. Broos trug einen blauen Nadelstreifenanzug und fixierte Lorenz und Hannah, die die einzigen Gäste waren, aus neugierigen tiefbraunen Augen.

Er reichte Weißwein zur Begrüßung und fragte schließlich, was die beiden Sachsen nach Brašov geführt habe. Ob er alle Gäste so persönlich begrüßte, oder nur die, mit denen der alte Mann über die sächsische Heimat plaudern konnte? Das Abendessen bestand aus vier Gängen, zwischen denen Broos unermüdlich erzählte. Unter anderem legte er seinen neuen Gästen ans Herz, dass sie sich für die Nacht mit Knoblauch und Silberkreuzen rüsten müssten!

Zuerst hatte Hannah angenommen, dass es sich bei seinen Ausführungen über Vampire um eine scherzhafte Form der Touristenattraktion handelte, aber sie sollte sich irren, denn sehr bald erkannte sie an der Art, wie er mit ihnen sprach, dass er es wirklich ernst meinte, als er vor den legendären Blutsaugern warnte.

Hannah war unter dem Einfluss des Weins versucht, über die Ausführungen des Gastgebers zu schmunzeln, aber die Ernsthaftigkeit, mit der er sie über die Gefahren der Gegend aufklärte, verwirrte sie zunehmend. Lorenz ging es wohl ähnlich, aber auch er hatte genug Anstand – oder war es tatsächlich Interesse? – um dem alten Mann weiter geduldig zuzuhören.

Hannahs Müdigkeit hatte sich mittlerweile tatsächlich mit der Furcht vor dem Unbekannten und vielleicht doch Möglichen gemischt.

Gegen Mitternacht bedankten sich beide für die nette Einladung und zogen sich mit Knoblauch und den Silberkreuzen, die der alte Broos vorbereitet hatte, in ihre Zimmer zurück.

Hannahs Herz klopfte schnell, und das lag nicht nur am Wein.

Am nächsten Morgen fühlte Hannah sich frisch und ausgeschlafen. Sie war bereit für einen aktiven Tag, der sie von den Problemen mit dem Geschäft ablenken sollte. Hannah zog sich an und erwartete, Lorenz beim Frühstück zu treffen. Langsam, wie es sich für einen freien Tag gehörte, ging sie die Treppe hinunter und blieb ein paar Mal stehen, um die Bilder an den Wänden zu betrachten. Alle zeigten Draculamotive, und Hannah wunderte sich, dass ihr die Gemälde nicht schon am Vorabend aufgefallen waren. Sie gruselte sich ein wenig – dann sah sie den alten Julius Broos über den kleinen Rezeptionstisch gebeugt sitzen. Es wirkte, als sei er mit dem Kopf auf der Tischplatte eingeschlafen. Etwas sagte ihr, dass der Mann, mit dem sie am Vorabend gegessen hatte, nicht schlief. Etwas sagte ihr, dass da etwas ganz und gar nicht stimmte. Sie zögerte, ihren Fuß auf die letzte Treppenstufe zu setzen, weil der

Anblick des reglosen Pensionsbesitzers gleichermaßen beängstigend wie verwirrend war.

In diesem Moment, in dem die Zeit stehen geblieben zu sein schien, kam Lorenz von der Straße herein, brachte einen kalten Luftzug mit und schob dabei sein Handy in die Tasche. Er sah Hannah auf der Treppe stehen und kam mit festem Schritt auf sie zu. Die junge Frau war blass, ihr Mund stand offen, als überlegte sie noch, ob sie schreien sollte.

»Halten Sie besser Abstand, Hannah, das hier ist nichts für Sie.«

»Was ist denn passiert?«

»Unser Gastgeber ist tot. Ich habe ihn vor wenigen Minuten so vorgefunden.«

»Tot? Aber wie, ich meine …«

Während Lorenz sie zur Seite führte, warf Hannah einen weiteren Blick auf den Toten. Der Tisch, auf dem sein Kopf ruhte, war mit Knoblauch und Silberkreuzen übersät.

Die junge Frau erstarrte, denn es hatte ihm augenscheinlich nicht genützt.

Auf seinem blassen Hals prangten tiefrote Male.

»Va … Vampirbisse?«, stotterte sie und spürte, wie der letzte Rest Farbe aus ihrem Gesicht wich.

Lorenz antwortete nicht sofort. In einer weniger ernsten Situation hätte er wohl gesagt, sie solle nicht so viele Gruselgeschichten lesen. Aber jetzt musste er anscheinend über eine Erwiderung nachdenken.

»Ich habe die örtliche Polizei schon verständigt. Und außerdem: Vampire gibt es nicht.«

Der Kommissar geleitete Hannah zu einem Stuhl in der Ecke, auf den er sie sanft niederdrückte.

»Es ist am besten, wenn Sie erst einmal hierbleiben«, sagte er. »Ich kümmere mich um alles weitere.«

In Hannahs Kopf überschlugen sich die Gedanken. Sie hatte die Worte des Alten, sein Gerede über Vampire und die Silberkreuze für einen Touristengag gehalten. Und nun lag der Mann hier, ausgesaugt von einem Vampir – wie war das möglich? Träumte sie? Plötzlich war ihr kalt.

Kurz darauf trat ein junger Mann ein und brachte noch mehr Kälte mit. Er war groß, blond, mit dunklen Augen und einem unverbindlichen Lächeln auf den Lippen, das man nur wahrnahm, wenn man es sehen wollte.

Lorenz steuerte direkt auf ihn zu und streckte ihm die Hand entgegen.

»Inspektor Schenk? Wir hatten telefoniert?«

Der junge Mann nickte. Er sah gar nicht aus wie ein Polizist. Nun, Lorenz ja eigentlich auch nicht. Und was für ein Glück, dass Inspektor Schenk leidlich deutsch sprach! Wie Hannah später erfuhr, stammten auch seine Vorfahren aus Sachsen.

Sie hörte zu, wie Lorenz und Schenk sich gedämpft unterhielten. Manchmal blitzen ein paar englische Vokabeln auf, denn so gut war Schenks Deutsch dann auch wieder nicht. Er bat Lorenz darum, sich der Leiche nicht noch einmal zu nähern, bis die Kollegen von der Spurensicherung ihre Arbeit getan hätten. Dann kritzelte er mit Bleistift ein paar Bemerkungen in sein Notizbuch, wenig später erschien ein Arzt. Vermutlich war das der Rechtsmediziner.

Hannah rutschte auf ihrem Stuhl hin und her, kaute an ihren Nägeln, schaute zu den Männern hinüber, konnte aber nur Gesprächsfetzen aufschnappen. Zu ihnen gehen, wollte sie nicht. Schließlich hatte man die Leiche des Pensionsbesitzers noch nicht fortgebracht.

Der Urlaub jedenfalls war gelaufen, auch wenn ihre Schwester das alles ziemlich spannend gefunden hätte, dachte Hannah.

Wie sollte sie sich jetzt noch auf historische Stadtkerne und ursprüngliche Landschaften konzentrieren? Und vor allem, wie sollte sie fortan ruhig schlafen? Nicht, dass sie etwas dagegen gehabt hätte, mal in den Hals gebissen zu werden, aber eben nicht tödlich, sondern allenfalls zärtlich …

Lorenz bat Hannah, ein wenig spazieren zu gehen. Er selbst hätte leider keine Zeit dafür, erklärte er mit ehrlichem Bedauern. Hannah jedoch verspürte keine Lust, hinaus in den kalten, nebligen Vormittag zu gehen. Wer wusste schon, was ihr dort alles begegnete? Also zog sie sich auf ihr Zimmer zurück, kontrollierte die Verteilung des Knoblauchs im Raum und versuchte, sich aufs Lesen zu konzentrieren. Leider hatte sie nichts Passendes dabei, das sie hätte ablenken können. Ihre komplette Lektüre bestand aus Gruselgeschichten.

So ging sie im Zimmer auf und ab, schaute aus dem Fenster, versuchte sich auszuruhen. Lorenz bekam sie nur selten zu Gesicht, und wenn sie ihm einmal begegnete, dann entschuldigte er sich dafür, dass er keine Zeit hatte. Auf ihre zaghaften Fragen zu dem Toten antwortete er nur ausweichend und so, wie es wohl nur ein Polizist formulieren konnte: es gäbe noch keine gesicherten Informationen. Bei einer Sache jedoch könne sie sich sicher sein, meinte er mit einem Lächeln: Der Mann sei *nicht* an einem Vampirbiss gestorben, weil es schließlich keine Vampire gäbe.

Am dritten Morgen eröffnete ihr Lorenz, sie könne jetzt ihre Tasche packen. Alles sei geklärt, und sie würden ihre Reise fortsetzen. Hannah traute ihren Ohren nicht.

Glaubte er wirklich, sie würde einfach so weiter durch dieses Land ziehen, wo hinter jedem Gestrüpp ein Untoter auftauchen konnte? Soviel Knoblauch und Silberkreuze hätte sie gar nicht schleppen können, um sich nur annähernd sicher zu fühlen!

Hannah zog ein mürrisches Gesicht und hielt an der Wortkargheit fest, die sie sich in den letzten Tagen notgedrungen hatte angewöhnen müssen, da sie auf ihre Fragen ohnehin keine Antworten erhalten hatte. Aber noch wollte Lorenz sich nicht erklären. Vielleicht hatte er sich zu sehr mit Sherlock Holmes aus seiner Reiseliteratur identifiziert. Hannah kam sich jedenfalls genauso vor, wie Watson: Sie hatte keine Ahnung, während Lorenz einen durchaus entspannten Eindruck machte.

Zuvorkommend lud er das Gepäck in den Wagen von Inspektor Schenk, von dem sie einen Moment lang das Gefühl hatte, er wolle sie nach ihrer Telefonnummer fragen. Tat er aber nicht. Wahrscheinlich hatte sie sich das auch nur eingebildet.

Schenk setzte sie am Bahnhof ab und Lorenz schien tatsächlich gewillt, die Reise wie geplant fortzusetzen. Als die beiden Sachsen im Zug saßen, konnte Hannah den Mund nicht länger halten.

»Also was ist denn jetzt? Wir können unter diesen Umständen doch nicht weiterfahren! Hier gibt es Vampire, und der alte Mann glaubte daran und ist sogar durch einen solchen gestorben!«

Lorenz setzte sich zurecht.

»Nun, so wie sich die Sache darstellt, glaubte Julius Broos ganz und gar nicht an Vampire. Der Knoblauch, die Geschichten und seine Silberkreuze diente einzig und allein der Unterhaltung seiner Gäste. Auf diese Weise wollte er jene wohlige Gänsehaut erzeugen, die wir Touristen bei einem Besuch im Land Draculas seiner Ansicht nach erwarteten. Das hat Schenk, der ihn ziemlich gut kannte, mir erzählt. Schließlich gehörten beide zu der kleinen sächsischen Gemeinde, die es hier immer noch gibt.«

»Aber der Biss an seinem Hals! Ich habe ihn selbst gesehen!«

»Das war kein Biss. Der Mann litt an einer Hautkrankheit und hatte am ganzen Körper rote Male. Dort am Hals *wirkten* sie nur wie ein Vampirbiss.« Lorenz hielt kurz inne und fügte dann hinzu: »Für denjenigen, der einen solchen darin auch sehen *wollte*.«

Beleidigt runzelte Hannah die Stirn: »Soll das heißen …«

»Das soll gar nichts heißen, meine liebe Hannah. Außer, dass du dem Zauber deiner Geistergeschichten erlegen bist.« Er war plötzlich zum *Du* übergegangen.

»Aber wie ist unser Gastwirt denn dann gestorben?«

»Jemand hat ihn von hinten gepackt und ihm mit einem kräftigen Ruck das Genick gebrochen.«

Hannah zuckte zusammen, als hätte jemand auch sie in diesem Moment auf die selbe Art und Weise gepackt. »Wie schrecklich!« Und als sie sich gefasst hatte: »Wer tut so etwas?«

»Wenn du so fragst, sein Neffe.«

»Sein Neffe?«

Lorenz nickte und ließ sie endlich an seinen Schlussfolgerungen teilhaben.

»Das Schloss dort oben auf dem Berg über der Stadt Brašov …«, er deutete auf die fernen Türme einer Burg.

»Das Schloss Brann, auf dem das Vorbild für die Romanfigur von Graf Dracula gelebt haben soll«, murmelte Hannah zustimmend. Schließlich musste es ja wenigstens etwas Gutes haben, eine schlecht gehende

Buchhandlung zu führen. Damit hatte sie jede Menge Zeit zum Lesen und wusste so etwas.

»Genau«, bestätigte Lorenz. »Weite Ländereien am Fuße des Berges gehörten Julius Broos. Seit Generationen waren sie im Besitz seiner Familie. Aber Broos war ein bescheidener Mann und zufrieden mit seiner Pension. Er konnte sich nicht vorstellen, auch nur einen Quadratmeter davon zu verkaufen. Genau das jedoch erwartete sein Neffe, denn eine amerikanische Baugesellschaft plant im Schatten von Schloss Brann einen großen Vergnügungspark. Einen Gruselpark, sozusagen. Mit Hotels und allerlei schaurigen Attraktionen. Doch weil Broos nicht verkaufte ...«

»... musste er sterben.«

»Der Neffe war sein nächster Verwandter und der Alleinerbe. Wenn der Onkel aus dem Weg war, stand ihm die Welt offen. Der Geruch des Geldes ...« Lorenz machte eine betrübte Geste und verstummte kurz. Dann fuhr er fort: »Er glaubte augenscheinlich, dass niemand am natürlichen Tod seines Onkels zweifeln würde. Ein alter Mann, der einen Herzinfarkt erlitten hatte und über dem Tisch zusammengebrochen war, so sollte es aussehen. Aber wie Broos so nach vorn gebeugt da lag, kam mir der Anblick seines Halses seltsam vor. Nicht etwa wegen der roten Flecken, die für dich wie ein Vampirbiss aussahen, sondern wegen der Kopfhaltung. Und mein junger, rumänischer Kollege Inspektor Schenk wollte beweisen, wie gewissenhaft Polizeiarbeit hier erledigt wird, nachdem ich meine Gedanken mit ihm geteilt hatte. Und so wartete er auf das Ergebnis der Obduktion, das die gewaltsame Todesursache ans Licht brachte. Wir mussten also nur noch nach jemandem suchen, für den der Tod des alten Mannes von Vorteil war. Und die sächsische Gemeinde hier ist klein.«

Hannah nickte, auch wenn sie noch eine Weile über die Sache würde nachdenken müssen, um sie vollends zu verstehen. Das Rattern des Zuges, das ihre Gedanken eintönig und beständig untermalte, half dabei, über diesen Grübeleien einzuschlafen. Dösig nahm sie noch wahr, wie Lorenz seinen Mantel über sie ausbreitete. Sie führten ihre Reise fort, und der Kommissar schien nicht gewillt, den Fall Julius Broos in den folgenden Tagen noch einmal zu thematisieren. Auch Hannah beließ es dabei. Dass sie eine Hauterkrankung in ihrer Hysterie für einen Vampirbiss gehalten hatte, war ihr doch ziemlich peinlich.

⊙

Zurück in Sachsen fühlte Hannah sich wie ein neuer Mensch. Der Tapetenwechsel hatte ihr gut getan, und trotz der Erinnerung an den Mord war sie motiviert, wie lange nicht mehr.

»Ich hab mir etwas überlegt«, gestand sie Lorenz ein paar Tage später. »Ich mache den Laden zu und …«

Stirnrunzelnd unterbrach er sie: »Nein, du kannst doch nicht ohne die Bücher …«

»Ich will auch nicht ohne. Aber ich denke, ich brauche ein neues Konzept, einen neuer Plan. Was hältst du davon, wenn ich aus dem Buchladen ein Lese-Café mache? Vielleicht mit einer Gruselecke?«

»Klingt gar nicht übel«, antwortete er. »Auch wenn das hier in der Provinz ein ziemliches Risiko ist.«

»Schlechter als jetzt kann es doch gar nicht mehr laufen«, gab sie zu bedenken. »Ich kann nur gewinnen.«

»Gut, dann bin ich auf jeden Fall dein erster Stammgast.«

»Darauf freue ich mich. Und danke nochmal für die Reise. Sie war so … *besonders.*«

»Gern geschehen.«

Ralf Lorenz trat auf die Straße hinaus, und Hannah sah ihm nach, bis ihn das Gegenlicht der tief stehenden Nachmittagssonne verschluckte. Kurz darauf verdunkelte sich der Himmel, es begann wieder zu schneien. Hörte der Winter denn gar nicht auf? Hannah zog ihre Jacke über und ging mit der Schippe auf den Bürgersteig. Das Schneegestöber wurde dichter, sie zog die Mütze tiefer in die Stirn, wickelte den Schal höher und fragte sich, ob sie das alles nur geträumt hatte.

UWE SCHIMUNEK

Es sterben immer die Falschen

Isabella liebte das Knirschen der Reifen, wenn das Cabrio auf dem abschüssigen Kiesweg anrollte; die sanfte Bewegung, die Eleganz. Immer wenn sie mit Heiners Saab unterwegs war, füßelte sie zunächst kurz auf dem Gas. Das Auto tuckerte im Schritttempo. Erst auf der asphaltierten Serpentinenstraße, nach der Ausfahrt, trat sie das Pedal durch. Der Motor brummte so tief, dass sie eine Vibration im Bauch spürte. Die Beschleunigung drückte sie in den Ledersitz. Das war etwas anderes, als mit dem VW in die Stadt zu fahren. Da hatte sie immer das Gefühl, der Hinweg sei schon Arbeitszeit.

Sie lenkte, gab Gas und sah, wie die Tachonadel nach oben schoss. Schon auf der ersten Geraden bekam der Wagen eine berauschende Geschwindigkeit. Isabella nahm die rechte Hand vom Lenkrad und schob die Sonnenbrille vor die Augen.

Kurz vor der Linkskurve trat sie auf die Bremse, bis sie das Bodenblech spürte. Der Wagen raste weiter. Noch ein Tritt. Der Saab wurde schneller.

Sie riss das Lenkrad nach links. Der Wagen schlingerte, als hätte sich der Straßenbelag in Gummi verwandelt. Handbremse. Isabella fand den Griff in der

Konsole, riss ihn hoch. Ohne Erfolg. Der Wagen jagte auf die nächste Rechtskurve zu.

Isabella sah den kleinen Feldweg, der links auf den Hügel führte. Sie krallte sich am Lenkrad fest und schlug es ein. Der Saab bockte, das Bodenblech schrammte über die Steine im Mittelstreifen.

Der Wagen wurde langsamer, blieb stehen. Abwesend kuppelte sie aus, schaltete in den Leerlauf und versuchte nochmals, die Handbremse zu ziehen. Nun rollte das schwere Auto schon wieder – rückwärts – und es hinterließ dabei eine Spur klebriger Flüssigkeit auf dem Weg.

Isabella drehte sich nicht um. Gurt auf. Tür auch? Nein. Auf den Sitz. Ein Sprung.

Sie überschlug sich, landete am Rand des Weges und sah, wie der fahrerlose Saab auf der Straße verschwand. Dann hörte sie Bremsen quietschen. Einen Knall.

⊙

Heiner saß im Garten, und obwohl noch Vormittag war, trank er seinen zweiten Mojito. Zu viele Gedanken. Von seiner Terrasse schaute er ins Tal und genoss den Ausblick. Sein Grundstück endete an einem Felsen. 20 Meter weiter unten zogen sich die Olivenhaine bis zum nächsten Dorf. Hier ließ es sich leben, in der Toscana schienen selbst die Sorgen zu vergänglichem Geröll an den Hängen zu schrumpfen.

Vor einem Jahr hatte Heiner der Qual am Gymnasium daheim in Borna ein Ende gemacht. Als Frühpensionär konnte er endlich Landschaften malen und musste nicht unwilligen Gören erklären, wie man einen Pinsel hält. Die Schüler hatten nur noch das Internet im Kopf, wenn da überhaupt irgend etwas war. Vielleicht würde die Kunst von morgen tatsächlich mit Software und Maus am Bildschirm gemacht werden, vielleicht spielte sich bald das komplette Leben virtuell ab. Das interessierte ihn nicht mehr.

Hier gab es sanfte Hügel, Rotwein – nur Genuss. Es fühlte sich an wie Frühling.

Ein endloser Frühling, und Heiner ließ sich bei allem Zeit. Das alte Bauernhaus hatte er schon in Schuss bringen lassen. Hof und Garten pflegte er jeden Tag ein paar Stunden, immer hübsch behutsam, nur nicht zu viel auf einmal. Der verrostete Gusseisenzaun, der die Terrasse vom Abgrund trennte, müsste auch bald repariert werden. Später.

Seiner Ehe mit Thea tat die Entdeckung der Langsamkeit nicht gut. Heiner wusste das. Sie hatten alles, ihm war das genug. Ihr nicht. Sie behandelte ihn wie einen entfernten Bekannten. Seit ein paar Wochen schlief sie sogar in einem anderen Zimmer. Auch darum würde er sich kümmern müssen. Später.

»Morgen, Heiner.« Alex' Kopf erschien über der Hecke. Der Nachbar sprach mit dem Akzent, den Amerikaner auch nach Jahren in Europa nicht ablegten. Alex und seine italienische Frau waren im letzten halben Jahr beinahe Freunde der Familie geworden.

»Tach. Komm doch auf 'nen Drink rum.« Heiner mochte Alex, auch wenn er fand, dass dieser mit Mitte Dreißig ein bisschen zu jung für einen Frührentner war. Aber die New-Economy-Typen hatte er eh nie verstanden. Und Alex' Frau Isabella war ein guter Grund, genau hier oben zu sein.

In letzter Zeit machte sich Heiner Sorgen um seinen Nachbarn. Alex war anscheinend nicht einmal mehr motiviert, sich etwas Ordentliches anzuziehen. Auch jetzt kam er in einer verwaschenen Nike-Trainingshose an die Hausbar.

Heiner gab Eis, Rum, Rohzucker und Minze in ein Glas.

»Ich hab Ärger mit Isabella«, sagte Alex, noch bevor er den ersten Schluck getrunken hatte.

Heiner nippte an seinem Drink und sagte nichts. Alex wollte reden, also sollte er.

»Ich habe ihr Auto zu Schrott gefahren. Sie ist echt sauer auf mich. Zum Glück hat sie nach den ganzen Pannen in den letzten Monaten den Zweitschlüssel zu deinem Saab. Aber da ist noch was anders.« Alex zögerte, senkte das Glas.

»Was meinst du?«

»Sie ist in den letzten Tagen so seltsam.«

Heiner zuckte mit den Schultern und sagte: »Sie arbeitet viel. Das müssen wir Männer verstehen. Sie braucht das.«

»Ja, ich weiß. Aber sie ist so abweisend seit ein paar Wochen. Ich glaube, sie hat 'nen anderen.«

»Ach Alex. Sie war ein paar Mal abends länger in der Stadt. Das sagt doch gar nichts.«

»Heiner, wenn sie fremdgeht. Ich könnte es nicht ertragen.«

◉

Isabella versuchte aufzustehen, der linke Knöchel knickte jedoch bei der ersten Belastung sofort ein. Der Schmerz zog sich bis zum Schienbein, als würde ihr jemand eine Stricknadel von unten ins Bein jagen. Sie stützte sich mit einer Hand auf und belastete nur das rechte Bein. Es zitterte, aber so ging es.

Isabella sah an sich herab. Durch einen Riss im linken Hosenbein konnte sie ihr Knie sehen. Ein paar Blutstropfen saßen wie winzige Käfer auf der Haut über der Kniescheibe, die immer noch vibrierte wie die

Membran eines Basslautsprechers. Sie nahm ein Taschentuch aus ihrer Jackentasche und tupfte das Knie ab – nur eine Schürfwunde. Die Sonnenbrille lag als Sammlung von Plastikscherben neben ihrem Fuß. Da war nichts mehr zu retten.

In kleinen Schritten hinkte sie den Weg hinunter in Richtung Straße. Mit jedem Schritt ließ der Schmerz etwas nach, fand die Außenwelt zurück in ihre Gedanken. Der Knall. Das Geräusch von kollidierendem Blech lief jetzt als Schleife in ihrem Kopf.

Am Ende des Weges stand der Saab, friedlich wie auf einem Parkplatz. *»I never heard about the evening news«*, trällerte eine smarte Männerstimme durch die Stille der Natur. Das kam nicht aus dem Cabrio.

Zwei Schritte weiter sah sie es: Im Heck des Saabs hatte sich ein Kleinwagen verkeilt. Die Fahrerkabine war wie Knetmasse zusammengedrückt. Aus dem keilförmigen Spalt, der vom Seitenfenster geblieben war, kam die Musik.

Isabella ging langsam, ihr Gehirn registrierte: Fiat Panda, dunkelblau, Theas Auto.

Jetzt war sie fast auf der Höhe des Fensters. Sie zögerte. Beugte sich hinunter. Schaute in das Wrack. Nur einen Augenblick, dann taumelte sie zum Straßenrand und übergab sich.

⊙

Heiner schwieg in seinen Drink. Auch Alex hatte schon seit ein paar Minuten nichts mehr gesagt. *Ob er das mit den Mojitos für heute besser sein lassen sollte?*, überlegte Heiner.

Laut fragte er: »Willst du noch einen?« Seine Zunge bewegte sich so zäh wie Grießbrei, der von einer Kelle tropfte.

Alex stand auf der Wiese, rührte mit seinem Strohhalm die Eiswürfel im Glas um und nickte.

Heiner schaufelte Eiswürfel in neue Gläser. Am Rande seines Blickfeldes bewegte sich etwas. Er zuckte zusammen. Dort humpelte Isabella auf das Grundstück. Der helle Hosenanzug hatte auf der linken Seite die Farbe von vertrocknetem Brachland und war zerrissen. Das war nicht ihr Stil, aber Gesicht und Statur ließen keinen Zweifel, da kam Isabella.

Heiner hörte Alex stammeln: »Was?«

Isabella streckte die Hand aus und schrie: »Du Wahnsinniger! Du hast sie umgebracht!«

»Ich? Was?«

»Ich hasse deine Eifersucht. Ich hasse dich.« Isabellas Stimme klang überdreht. Sie hatte ihren Mann beinahe erreicht, der wich zurück.

»Aber was …?«

»Thea liegt da unten zerfetzt in ihrem Wagen. Wie fühlt sich das an? Dass ich in Heiners Auto ohne Bremsen überlebt habe? Du wusstest, dass ich mit seinem Saab fahren würde, nachdem du mein Auto zu Klump gefahren hast!«

Isabella trieb ihren Mann weiter vor sich her. Alex taumelte rückwärts über die Wiese, Richtung Zaun.

Heiner hob die Hände und wollte rufen … aber alles ging viel zu schnell. Alex ließ sein Glas fallen, krallte sich an den Zaun und versuchte, sich mit beiden Händen abzustützen. Das rostige Metall gab nach. Knickte ein. Alex ruderte wie ein Ertrinkender mit dem Armen. Kein Halt. Kopfüber fiel er in den Abgrund.

⊙

Isabella saß auf dem Sofa in Heiners Wohnung. Sie trug eine Jogginghose und ein T-Shirt. Langsam begann sie sich für diesen Aufzug zu schämen. Kraft zum Umziehen hatte sie nicht. Und jetzt waren auch noch die beiden Polizisten da.

Sie hörte, wie der ältere mit Heiner sprach. Seit einer halben Stunde wiederholten sich die Sätze wie die Nachrichten im Inforadio. Heiner sprach in seinem putzigen Italienisch, wie es nur die Touristen aus dem Osten Deutschlands hinbekamen: »Der Zaun war alt. Alex war sehr eifersüchtig. Ja, er konnte an den Saab heran, um die Bremsen zu manipulieren. Nein, ich habe ihn nicht dabei gesehen. Ja, Thea ist mit dem Fiat losgefahren.« Und so weiter und von vorn. Heiner war so souverän. Wie machte er das nur?

Der Kommissar kam zu ihr. Er trug einen anthrazitfarbenen Zweireiher. Sicher nicht teuer, aber so geschnitten, dass die breiten Schultern vom Bauchansatz ablenkten. Isabella kannte Männer, die für deutlich mehr Geld viel schlechter gekleidet waren.

Er sprach sehr freundlich: »Das ist sicher nicht leicht für Sie, Signora. Zwei tragische Unfälle und Ihr Mann wahrscheinlich schuld am Tod Ihrer Nachbarin. Sie haben mein Mitgefühl.«

»Vielen Dank. Das ist sehr freundlich. Wenn ich Ihnen helfen kann …«

»Im Moment nicht. Ich komme nächste Woche noch einmal vorbei, wenn ich den Papierkram fertig gemacht habe. Die Sache ist klar. Ich füge Ihre Aussage dann hinzu. Das reicht völlig.«

Der Kommissar wandte sich wieder Heiner zu. Isabella war froh, dass die Eindringlinge hier bald wieder verschwunden sein würden. Sie wollte sich ordentliche Sachen anziehen. Oder gleich ins Bett. Aber unbedingt brauchte sie etwas zu trinken. Und das mussten die beiden Polizisten nicht mitkriegen.

⊙

Heiner betrachtete Isabella, die im Bett lag und schlief. Zwei Flaschen Chianti waren nötig gewesen, aber schließlich hatte sie sich beruhigt. Es würde dauern, bis sie wieder so unbekümmert wie zu Beginn ihrer Affäre vor ein paar Wochen war.

Er ging leise aus dem Schlafzimmer und schlich durch den Garten in den Schuppen. Der Vollmond schien durch die Tür. So brauchte er nicht einmal das Deckenlicht, um den Overall zu finden, mit dem er Thea in der Nacht zuvor unter den Saab kriechen gesehen hatte. Er hatte sich gewundert, mit welcher Leichtigkeit sie unter dem Bodenblech verschwand, schließlich war sie kaum jünger als er.

In der Tasche des Blaumanns steckte ein Bolzenschneider.

Heiner musste kurz an die Panik in Theas Augen denken, als sie beim Frühstück den startenden Saab gehört hatte. Hektisch war sie aufgesprungen und zu ihrem Fiat gerannt. Er selbst war in den Garten gegangen und hatte sich in einen Mojito gemacht. Und dann noch einen …

Im Keller wickelte er den Blaumann samt Bolzenschneider zu einem Bündel, klemmte es unter den Arm. Er nahm einen Spaten und ging hinaus. Wolken und Mondlicht ließen den Garten wie ein vergilbtes Schwarzweißfoto aussehen. Selbst in der Nacht war die Toscana wunderschön. Scheiß auf Borna.

Er suchte eine Stelle in den Blumenbeeten, an der er kürzlich gearbeitet hatte, und begann zu graben.

Vielleicht würde er Isabella alles erzählen. Später.

ETHEL SCHEFFLER

Manchmal werden Träume wahr

Henner blickte auf den Kontoauszug in seiner Hand. Die Erbschaft von Tante Hedwig hatte seinen Dispo mehr als ausgeglichen.

Er hatte Restaurantfachmann gelernt, und die Eröffnung eines eigenen Lokals war sein lang gehegter Traum. Noch schuftete er zehn bis zwölf Stunden täglich für seinen Chef im *La Playa* an der Alten Leipziger Messe. Trotzdem blieb am Ende des Monats nicht viel Geld von seinem Lohn übrig. Seine Frau Lisa brauchte ständig etwas Neues zum Anziehen und der Kredit für seinen silberfarbenen BMW lief auch noch über Monate. Sich selbst gönnte Henner kaum etwas.

Lisa fand Henners Idee, sich selbstständig zu machen, überhaupt nicht toll. Sie sehnte sich nach Sonne und Meer auf den Kapverdischen Inseln. Wenn es nach ihr ginge, würde sie sich dort jeden Morgen ein Sektfrühstück aufs Zimmer kommen lassen und über den Tag hinweg auf benachbarten Inseln shoppen gehen, bis die Einkaufstüten platzten. Sie spitzte ihre vollen Lippen bei der Vorstellung, dass ein junger sonnengebräunter Kellner ihr jeden Abend an der Poolbar fantastische Caipirinias und Pina Coladas mixen würde.

Lisa meckerte ständig herum, dass das ganze schöne Geld weg sei, wenn das Lokal nicht liefe. Nichts hätten sie beide dann davon gehabt, außer Arbeit. Henner wollte sich jedoch die vielleicht einzige Chance auf ein eigenes Lokal nicht nehmen lassen. Schon gar nicht von Lisa. Seine Freunde und Arbeitskollegen beneideten ihn. Niemand wusste genau, wie viel Henner geerbt hatte, aber dass es eine Menge Kohle gewesen war, hatte er mit stolzgeschwellter Brust mehrfach durchblicken lassen.

»Klar, erst einmal mache ich mit Lisa Urlaub in Brasilien«, erklärte Henner seinem Freund Günther beim Abschiedsbierchen. Selbstbewusst erzählte er weiter: »Dann werde ich meine Gaststätte aufmachen, irgendwo dort an der Küste.«

Günther nickte etwas ungläubig, ließ sich aber vom Enthusiasmus seines Freundes mitreißen und wartete gespannt auf dessen nächsten Worte: »Ich werde meinen Gästen etwas bieten, was die Konkurrenz nicht hat.« Henner schob sich mit der rechten Hand aufgeregt seine schwarzen halblangen Haare hinters Ohr: »Der Gastraum wird groß und hoch sein. Die Gäste sitzen dann dort wie im Urwald unter Palmen und Lianen, während sie Schnitzel oder feine Rinderrouladen verspeisen.« Henner holte tief Luft, und seine Augen glänzten, als er den letzten Trumpf seiner fantastischen Idee ausspielte: »Also, sie sitzen unter Palmen, und es wird ein großes Wasserbecken geben. Darin schwimmen jedoch keine Goldfische. Nein. Nein.« Henners rechter Zeigefinger wedelte verneinend durch die Luft. »Zwei Krokodile werden zum Bestaunen da sein. Na?« Erwartungsvoll blickte er Günther an.

»Junge, Junge, du hast Träume.« Günther schüttelte mit offenem Mund den Kopf. »In Deutschland würdest du dafür keine Zulassung bekommen, selbst wenn du alle Sicherheitsbestimmungen einhieltest. Und Lisa? Die macht das Ganze mit?«, zweifelte Günther weiter.

»Ich werde meinen Traum verwirklichen«, antworte Henner trotzig. »Raus aus dem kalten Deutschland. Das wird Lisa schon gefallen. Außerdem ist es mein Geld«, beendete Henner siegessicher seine Ausführungen und trank sein Bier aus.

Ein echter Strand und Palmen, das war schon etwas anderes, als das *La Playa* in Leipzig.

⊙

Drei Jahre später begegneten sich Günther und Henner zufällig auf der Karl-Liebknecht-Straße, einer Kneipenmeile in Leipzigs Südvorstadt, in der sich vorwiegend die Jugend und Junggebliebene zu später Stunde trafen.

»Na Henner, was machst du denn hier? Ist das Geld alle?«, wollte Günther neugierig wissen. Henner zeigte an diesem warmen Juliabend keine Eile und lud seinen Freund ins *Killi Willy* auf ein Bier ein.

»Nein, wo denkst du hin?«, begann Henner zu berichten, nachdem sie in der Kneipe Platz genommen hatten. »Erst haben Lisa und ich einen tollen Urlaub verbracht. Danach habe ich meine Geschäftsidee Stück für Stück umgesetzt.« Henner erzählte dem staunenden Günther, dass am Zuckerhut alles einfacher sei. Bürokratie würde dort klein geschrieben.

»Die Krokodile waren der absolute Besuchermagnet. Zu den Fütterungszeiten der Tiere hättest du keinen Platz in meinem *Alligator-Lokal* bekommen. Und die

Echsen haben immer Hunger.« Henner hob den Arm und bestellte bei dem Kellner zwei Guinness und zwei Whisky.

Günther konnte es nicht fassen. Es musste wohl wahr sein, was Henner ihm da erzählte. Sein Freund, braun gebrannt, wirkte in den Krokodillederstiefeln zufrieden. Der dicke goldene Ring an seinem Finger unterstrich den Erfolg.

»Und Lisa?«, hakte Günther nach.

»Lisa?«, Henner senkte die Augen. Seine Stimme klang traurig: »Lisa … Ja, die hat noch während des Urlaubs auf einer Party einen reichen Fabrikanten kennen gelernt. Sie wollte keine Gläser spülen und Gäste bedienen. Kurz nachdem ich die Gaststätte *Zum Alligator* eröffnet hatte, hat sie eines Morgens ihre Koffer gepackt. Wochen später bekam ich eine Ansichtskarte aus Paris.« Henner nahm das Whiskyglas und stieß mit Günther an. »Ich werde Lisa wohl nie wieder sehen.«

»Henner, das tut mir leid. Geld verändert eben die Menschen«, tröstete Günther seinen Freund und holte tief Luft. »Aber was machst du denn nun hier?« Diese Frage war bisher von Henner unbeantwortet geblieben.

»Heimweh! Es war mir einfach zu heiß am Zuckerhut, und das nicht nur wegen der heißen Girls beim Karneval.«

Henner erzählte dem Freund, dass er das Restaurant zu einem Spitzenpreis verkauft hatte. Allein von den Einnahmen des letzten Jahres würde er in Leipzig in ein gediegenes Café aufmachen können. Henner griff nach dem Bierglas und prostete Günther zu.

Günther wurde fast philosophisch. »Na, da hat es sich doch gelohnt! Du hast deinen Traum wahr gemacht. Wie viele Menschen können das schon in ihrem Leben? Und du bist dafür nach Brasilien gegangen, um dann wegen Heimwehs doch wieder nach Hause zurück zu kommen.« Günther lächelte und klopfte seinem wiedergefundenen Freund vertraut auf die Schulter. Henner nickte lächelnd.

Natürlich erzählte der Heimgekehrte seinem Freund nicht, dass Lisa schon während des Urlaubes in Brasilien auf einer Teilung des Gewinnes bestanden hatte. Er erzählte auch nicht, dass Lisa nie einen Fabrikanten kennen gelernt, geschweige denn, Ansichtskarten aus Paris geschrieben hatte.

Wie praktisch war es, dass Krokodile Allesfresser und immer für einen fetten Happen zu haben sind.

Henner würde sich das nächste Mal eine ganz einfache Frau suchen. Vielleicht würde auch dieser Traum wahr. Dann müsste er nicht wieder nach Brasilien fliegen.

KATRIN ULBRICH

Und wenn sie nicht gestorben sind …

Radiomeldung vom 21. Juni 2013, 14:20 Uhr
Seit zwei Tagen wird die siebzigjährige Hella Schulze aus Chemnitz vermisst. Die Rentnerin war mit einer Busreisegruppe in Dresden unterwegs. Sie ist aus bislang ungeklärter Ursache von der Loschwitzer Brücke in die Elbe gestürzt. Seitdem fehlt von ihr jede Spur. Die Vermisste ist mittelgroß, hat graue Haare und trägt ein Hörgerät. Als sie zuletzt gesehen wurde, hatte sie ein blaues Sommerkleid an. Die Polizei geht davon aus, dass sie ertrunken ist …«

Den Rest der Radiomeldung höre ich nicht mehr, weil der Autofahrer seine Seitenscheibe hochgefahren hat und Gas gibt. Wenig später bleibt von seinem Wagen nur eine Abgaswolke zurück.

Ich wünschte, ich wäre weit weg. Daraus wird allerdings nichts, denn im Moment kann ich mich nicht mal einen halben Meter von der Stelle rühren. Die verflixte Kette gibt kein bisschen nach. Am liebsten würde ich heulen.

Meine Familie hat mich vergessen. Na ja, vielleicht haben sie mich nicht vergessen, sondern absichtlich zurückgelassen, aber ich versuche mir einzureden, dass das nur ein Versehen war. Sie haben mich nicht weggeworfen wie einen alten Putzlappen. Nein, sie werden wiederkommen und mir zum Trost eine Schale voller Hühnerherzen mitbringen. Ganz für mich allein. Vielleicht auch ein Schweinsohr zum Knabbern. Lecker!

Gemütlich ist mein Platz nicht gerade. Ich liege an der Einfahrt der Autobahnraststätte am Dresdner Tor. Die Sonne brennt auf mein Fell. Es ist ein Wunder, dass mir noch kein Rauch aus den Ohren kommt. Es stinkt nach Abgasen und Müll. Ununterbrochen röhren Autos an mir vorbei. Mir klingeln schon die Ohren davon. Am liebsten würde ich mich irgendwo verkriechen. Meine Haut unter dem Halsband ist längst wund gescheuert, weil ich versucht habe, mich von dem Schild loszureißen, aber all mein Zerren und Zappeln hat nichts genutzt. Ach, was gäbe ich jetzt nicht alles für eine Schale mit Wasser. Frisches, kühles Wasser. Dafür würde ich auch versprechen, nie wieder Pantoffeln zu zerkauen oder hinter der Nachbarskatze herzujagen. Na ja, vielleicht nicht gerade nie wieder, aber wenigstens nicht in der nächsten Woche.

»Hey, du halbe Portion«, kommt es da plötzlich von rechts. Ich widerstehe dem Drang, zornig zu knurren. Was heißt hier halbe Portion? Ich bin vielleicht ein Mischling, aber bestimmt kein Mickerling! Empört wende ich meinen Kopf und beschließe, die Bemerkung noch einmal durchgehen zu lassen. Der Neuankömmling ist ungefähr doppelt so groß und viermal so schwer wie ich. Der könnte mich im Handumdrehen in einen Flickenteppich verwandeln, wenn er wollte.

»Was machst du da?«, knurrt er.

Ich bin zu matt, um zu antworten. Irgendwie scheint meine Zunge größer als sonst zu sein, und am Gaumen klebt sie mir auch noch. Ich bringe keinen Ton hervor.

»Haben sie dich ausgesetzt? Wie kann man nur so tief sinken? Schau dich an, du siehst aus wie ein verlauster Landstreicher.«

Verlaust? Von wegen. Kann sein, dass ich ein paar Flöhe habe, vielleicht auch die eine oder andere Zecke, aber bestimmt keine Läuse! Nun knurre ich doch entrüstet. Außerdem ist mein Gegenüber mit seinem zotteligen Fell auch nicht gerade Hund Universum, aber das scheint ihm egal zu sein. Dabei kann er vor lauter Wolle kaum aus den Augen gucken.

Dagegen ist mein braunes Fell richtiggehend gepflegt. Nur ziemlich staubig. Kein Wunder. Schließlich liege ich schon seit einer Ewigkeit hier. Dabei war das gar nicht so geplant gewesen. Zu Weihnachten hatte mich meine Familie noch herausgeputzt und gebürstet, bis mein Fell geglänzt hat, als wäre es mit Speck eingerieben. Sogar eine Schleife haben sie mir hinein gebunden. Gut, das sah ziemlich albern aus, deswegen habe ich sie auch abgestreift, als niemand hingesehen hat, aber immerhin. Sie hatten mich als Weihnachtsgeschenk für den kleinen Jan-Niklas aus dem Tierheim geholt.

Die ersten Tage in meiner neuen Familie waren der reinste Hundehimmel. Ich wurde überall mit hingenommen, gestreichelt, und bekam Leckerbissen zugesteckt. So hätte es gern ewig weitergehen können, aber nach einer Weile ist Jan-Niklas immer seltener mit mir rausgegangen. Irgendwann hat er angefangen, mich zu treten, wenn ich mit ihm spielen wollte. Gestern hat er mir so heftig in die Seite getreten, dass mir immer noch alles wehtut. Da habe ich ihn in die Wade gezwackt.

Nicht sehr, aber er hat so heftig gebrüllt, dass seine Eltern angerannt kamen und mich böse angesehen haben. Heute früh ist sein Vater mit mir losgefahren. Ich dachte, er will mit mir spazieren fahren, zum Trost für die ganzen Aufregungen, aber er hat mich hier aussteigen lassen und angebunden und ist allein weggefahren. Seitdem schmore ich hier.

Von alledem hat der Neuankömmling aber keine Ahnung, und ich habe auch keine Lust, es ihm zu erzählen. Als ich schweige, scheint er das Interesse an mir zu verlieren, denn er wünscht mir »noch viel Spaß« und trottet davon.

»Selber«, knurre ich, aber es klingt eher wie ein Fiepen. Wieder dröhnt ein LKW an mir vorbei und wirbelt Staub auf. Ich muss niesen. Danach rolle ich mich zusammen, bette den Kopf auf die Vorderpfoten und denke an einen großen schönen Knochen. Ich hatte schon schlechtere Tage als diesen. Ganz bestimmt. Es will mir nur auf die Schnelle keiner einfallen. Mein Magen knurrt und erinnert mich daran, dass es längst Zeit für mein Abendessen ist. Nur dass das heute anscheinend ausfällt. Und mein Körbchen unter der Treppe ist auch weit weg. Heute Nacht muss wohl ich auf nacktem Asphalt schlafen.

Mein Winseln scheint niemanden zu interessieren. Nach wie vor rollt eine Blechkarawane an mir vorbei. Auto an Auto. Wo die nur alle hinwollen? Ich merke kaum, wie die Nacht anbricht.

Der Morgen dämmert, als plötzlich ein Wagen mit quietschenden Reifen neben mir stoppt und ich hochschrecke. Ein Mann wälzt sich heraus. Er hat eine Brille auf der Nase, ein stacheliges Kinn und einen Kugelbauch. Seine grauen Haare stehen nach allen Seiten ab. Er betrachtet mich argwöhnisch. »Haben sie dich etwa ausgesetzt, Kleiner?«

Ich fiepe einmal.

»Habe ich es mir doch gedacht.« Er holt eine Wasserflasche aus seinem Auto, schüttet etwas davon in seine hohle Hand und hält sie mir hin. Da lasse ich mich nicht zweimal bitten und schlabbere um mein Leben. Mehr bitte! Der Fremde scheint meine Gedanken lesen zu können, denn er füllt seine Hand erneut. Noch zwei Mal. Danach fühle ich mich besser. Ich wedele mit der Rute.

»Das war nötig, was, Kleiner? Aber was soll ich jetzt mit dir anfangen? Ich kann dich doch nicht hier zurücklassen.« Der Mann nestelt an seiner Brille. »Ins Tierheim kann ich dich aber auch nicht bringen. Ich muss nämlich schleunigst weiter. Hab noch eine lange Fahrt vor mir. Am besten nehme ich dich erst einmal mit. Na komm, spring rein.« Er bindet mich los und öffnet die hintere Autotür.

Der Geruch von gebratenem Schinken und Tabak strömt mir entgegen. Ich würde gern blitzschnell in das Auto springen, aber nach dem Tritt gestern kann ich mich nur vorsichtig bewegen. Ich klettere auf den Rücksitz und rolle mich zusammen. Vor lauter Erleichterung, nicht mehr in der sengenden Hitze zu liegen, mache ich eine kleine Pfütze.

»Wusste ich es doch. Gute Taten bestraft der liebe Gott sofort.« Der Mann verdreht die Augen. Dann holt er eine Decke aus dem Kofferraum und setzt mich darauf. Er schlägt die Tür zu und schwingt sich hinter das Lenkrad.

Ich mache mich ganz klein. Früher wäre mir so ein Malheur nie und nimmer passiert. Aber seit meine

Schnurrhaare grau werden und mir die Hüften wehtun, tröpfelt es ab und zu. Vor allem, wenn ich aufgeregt bin.

Endlich komme ich von dem grässlichen Parkplatz fort!

Mein Retter lässt den Motor an und fährt los. Wir biegen auf die Autobahn ein und rauschen bald an Feldern und Wäldern vorbei. Das gleichmäßige Brummen des Wagens macht mich müde.

Ich döse ein und wache erst wieder auf, als mein Retter lautstark in ein flaches Gerät ruft. Es ist neben dem Lenkrad festgemacht und eine andere Stimme kommt heraus. Er spricht mit jemandem, den ich nicht sehen kann. Ziemlich merkwürdig das Ganze. Außerdem klingt er aufgeregt.

»Ich muss das tun, Dieter. Versteh mich doch. Das ist schon das dritte Mal, dass eine Rentnerin aus dem Altersheim in Schlosschemnitz verunglückt ist. Das dritte Mal! Man hat ihre Leiche noch nicht gefunden, aber das ist vermutlich nur eine Frage der Zeit. Die Sache stinkt. Und zwar gewaltig.«

»Es gibt aber keine verwertbaren Spuren«, knirscht der unsichtbare Sprecher. »Zumindest keine, die den Pfleger mit ihrem Tod in Verbindung bringen. Er hat ein hieb- und stichfestes Alibi für die Tatzeit.«

»Trotzdem steckt er hinter den Vorfällen! Ich weiß, dass ich ihn diesmal drankriegen kann.«

»Du hast dich da in etwas verrannt. Komm zurück, sonst zieht dir der Chef die Ohren lang, dass du nächstes Jahr zu Fasching als Karnickel gehen kannst. Und zwar ohne Kostüm.«

»Ausgeschlossen. Ich kann jetzt nicht umkehren.«

»Sei doch nicht so verbohrt. Warum setzt du deinen Job aufs Spiel, Hartmut? Ein Schweinehund wie der stellt sich früher oder später selbst ein Bein. Wenn er etwas mit dem Tod der Rentner zu tun hat, kriegen wir ihn.«

»Die Frage ist nur, wann! Wie viele alte Leute sollen denn noch sterben, bis wir ihn schnappen, hm?«

»Uns sind die Hände gebunden. Es gibt keine Beweise.«

»Und genau das werde ich ändern. Meine Theorie ist vielleicht vage, aber besser als nichts. Wenn der Chef etwas dagegen hat, dass ich ermittle, kannst du ihm sagen, dass ich genug Überstunden gesammelt habe, um bis Weihnachten nicht mehr arbeiten zu müssen. Es ist also bestimmt nicht zu viel verlangt, wenn ich mir zwei Tage freinehme.« Wütend haut mein Retter seine Faust auf das flache Gerät. Dann ist Ruhe.

Ich bin perplex. Mord und Totschlag. Wo bin ich denn hier gelandet? Der Fahrer dreht den Kopf und guckt über seine Schulter zu mir nach hinten. »Na, wieder wach, Kleiner? Ich hoffe, du hältst durch, wir haben nämlich noch ein paar Stunden Fahrt vor uns. Ich bin hinter einem Verbrecher her.«

Ein Verbrecher? Sind wir hier bei Kommissar Rex oder Soko Dresden?

»Keine Bange, Kleiner. Ich bin Polizist. Bin hinter einem Pfleger her, der Rentner ermordet. Er hat eine ganz linke Masche. Zuerst gibt er sich freundlich und bringt sie dazu, ihn als Nutznießer in ihre Lebensversicherungen eintragen zu lassen. Später bringt er sie um und lässt es wie einen Unfall aussehen. Aber die arme Frau Schulze aus Chemnitz war sein letztes Opfer. Ich werde dem Kerl das Handwerk legen.«

Bei mir gehen ein paar goldgelbe Tropfen daneben. Also sind wir auf Verbrecherjagd? Ich habe mich auf ein wenig Ruhe und Erholung gefreut, aber daraus wird wohl vorerst nichts.

»Die Frau Schulze«, fährt mein Retter fort, »wohnte in einem Altersheim. Sie ist ertrunken. In der Elbe. Ein solches Ende hatte sie nicht verdient. Nein, das hatte sie nicht.«

Ein Altersheim? Ich bin ratlos. Was das wohl ist? So etwas wie ein Tierheim? Falls ja, hatte die Oma Schulze es dort bestimmt nicht gut. Jeden Tag nur eine Mahlzeit aus der Dose und nur einmal am Tag raus dürfen ... Ein richtiges Hundeleben ist das. Ich knurre kurz.

Mein Retter scheint das als Aufforderung zu verstehen, mehr zu erzählen.

»Wir schauen dem Pfleger schon seit einem halben Jahr auf die Finger, aber der Kerl verhält sich unauffällig. Er lässt sich ein paar Monate privat einstellen und arbeitet absolut zuverlässig. Im Lauf der Zeit werden seine Kunden älter und landen irgendwann im Heim. Dort ist er nicht mehr zuständig und gerät auch nicht mehr so leicht in Verdacht, und genau dann schlägt er zu. Wenn wir ihm nichts nachweisen können, wird er bald um mehrere Hunderttausend Euro reicher sein. Das muss ich verhindern. Er darf das Geld von den Versicherungen nicht bekommen. Als Pfleger genießt dieser Halunke das Vertrauen der alten Leute, und das nutzt er schamlos aus.«

Ich habe keine Ahnung, was eine Versicherung ist, aber offenbar nichts Gutes.

»Leider haben wir keine Beweise, aber ich könnte schwören, dass die arme Frau Schulze nicht versehentlich in die Elbe gefallen ist. Nein, sie wurde gestoßen. Genauso wie die anderen beiden Rentner, von denen jede Spur fehlt. Sie werden in einem Jahr für tot erklärt, dann kann der Pfleger abkassieren. Ich kriege Pickel, wenn ich daran denke.«

Ich rolle mich wieder auf meinem Sitz zusammen, weil ich das Gefühl habe, dass mein Retter inzwischen nur noch mit sich selbst redet. Er scheint so in Rage zu sein, dass ihm nicht einmal auffällt, dass es immer später wird. Die Sonne ist längst untergegangen, und allmählich meldet sich mein Magen wieder mit einem vernehmlichen Knurren. Ich winsele, um auf meine Lage aufmerksam zu machen.

»Ja, Kleiner, wir fahren gleich an einer Raststätte ran, dann kriegst du etwas«, verspricht der Polizist.

Na also. Geht doch.

An der nächsten Raststätte machen wir tatsächlich Halt. Mein Retter kauft sich ein belegtes Brötchen und eine Flasche mit einem schwarzen Getränk. Ich bekomme eine kleine Salami und eine Schale Wasser. Ist das alles? Ich beäuge mein Futter skeptisch.

»Schmeckt es dir nicht, Kleiner? Tut mir leid, ich dachte, das wäre das Richtige für dich.«

Na super. Offenbar hatte mein Retter noch nie einen Hund, sonst wüsste er, dass selbst in der schäbigsten Autobahnraststätte Hundefutter angeboten wird. Die Salami riecht nach allem möglichen, nur nicht nach Fleisch. Ich würge sie so schnell wie möglich runter und spüle mit Wasser nach. Danach erledige ich mein Geschäft an einem Parkplatzschild und husche wieder auf meinen Platz. Nicht, dass ich noch einmal vergessen werde.

»Wie heißt du eigentlich, Kleiner?«, fragt mein Retter.

Diese Frage ist gar nicht leicht zu beantworten. Meine Mama hat mich »Zwerg« genannt. Mein erster Besitzer hat »alter Gauner« zu mir gesagt, er fand es wohl witzig, wie viele Leute sich umgedreht haben, wenn er mich gerufen hat. Im Tierheim war ich die Nummer 84, und später hat mich Jan-Niklas manchmal »Purzel«, »Winzling« oder »Stinker« gerufen. Je nachdem, wie er gerade drauf war.

Ist also ziemlich knifflig, mich für einen Namen zu entscheiden. Ich persönlich fand »Gauner« in Ordnung.

»Ich werde dich Betty nennen. Nach meiner Schwiegermutter. Du erinnerst mich an sie. Ihre Haare sind genauso zottelig wie dein Fell, aber lass das um Himmels willen nicht meine Frau hören.«

Betty? Ich knurre einmal. Er sollte lieber noch einmal ordentlich herschauen. Ich bin doch keine Betty. Schon eher ein Betterich. Falls es so etwas gibt. Tatsächlich guckt mein Retter mich ziemlich zweifelnd an und murmelt: »Ich fürchte fast, Betty geht nicht. Dann nenne ich dich eben Pepe. So hieß mein erster Hund. War genauso ein Straßenpotpourri wie du.«

Hä? Ein was? Ich gebe es auf. Meinetwegen kann er mich Rollmops nennen, wenn ich nur noch ein bisschen Schlaf bekomme. Ich lasse meine Augen zufallen und versinke schon wenig später in Morpheus' Armen. Ab und zu stoppen wir, dann drehe ich eine Runde auf einem Parkplatz, und mein Retter verschwindet in einem der Häuschen, die so riechen wie ein Laternenpfahl ganz unten. Eine Weile schaue ich aus dem Fenster nach den Lichtern, an denen wir vorbeirasen, aber irgendwann döse ich wieder ein.

Leider werde ich plötzlich ziemlich abrupt geweckt, als mein Retter eine Vollbremsung macht und ich gegen den Vordersitz geschleudert werde. Aua, das hat weh getan! Fiepend rappele ich mich wieder auf und reiße die Augen auf.

Es ist nicht nur heller Tag, nein, draußen sieht es auch völlig anders aus als daheim. Knorrige Bäume mit kleinen schwarzen Früchten wachsen am Straßenrand. Die Häuser sind weiß gekalkt, dazwischen windet sich eine schmale Straße bergab, auf der zahlreiche Autos, Radfahrer und Leute mit Eseln unterwegs sind. Wo sind wir denn hier gelandet?

»Willkommen in Griechenland, Kleiner.« Mein Retter dreht sich kurz zu mir um, ehe er seine Aufmerksamkeit wieder nach vorn auf die Straße richtet. »Tut mir leid, wegen der rüden Art, dich zu wecken. Irgendein lebensmüder Organspender auf einem Fahrrad ist bei Rot über die Kreuzung geprescht. Wenn ich nicht gebremst hätte, wäre er jetzt Gyros.«

Was ist denn das nun wieder? Ach, ist ja auch egal. Ich lecke erst einmal mein Fell und frage mich, was noch alles kommt. Mein Retter sieht jedenfalls ziemlich zerknittert aus. Kein Wunder, wir waren ewig unterwegs.

Wir fahren weiter und kommen an Ruinen mit gedrehten Säulen vorbei, die schon ewig in der Sonne zu bleichen scheinen. Der Verkehr bleibt hinter uns zurück, die Häuser auch. Dafür taucht in der Ferne das Meer auf. Türkisblau glitzert es in der Sonne. Ich habe schon wieder Durst.

»Hörst du die Zikaden, Kleiner?« Mein Retter kurbelt das Fenster herunter. Heiße Luft strömt herein. »Je lauter sie am Morgen zirpen, umso heißer wird der Tag.«

Noch heißer? Vielen Dank, aber das muss nun wirklich nicht sein.

Wenig später stoppen wir vor einem flachen weißen Haus, das am Strand steht. Ein Garten umgibt es. Hier wachsen noch mehr komische Bäume, mit Wedeln, durch die der Wind rauscht. Sieht nett aus. Hier kann man bestimmt prima Schmetterlinge jagen und nach Wühlmäusen graben. Oder sich im Schatten aalen.

Griechenland. Hier lässt es sich sicherlich aushalten.

Ich vergesse diesen Gedanken, als mein Retter aussteigt und mir die hintere Tür öffnet.

»Keinen Mucks jetzt«, schärft er mir ein.

Alles klar. Ich bin sowieso viel zu beschäftigt damit, all die fremden Gerüche aufzunehmen, die auf meine Nase einstürmen. Mannomann. Ich flitze zum nächstbesten Baum und setze meine Markierung. So viel Zeit muss sein.

»Komm schon«, zischt mein Retter.

Er scheint ziemlich unter Druck zu stehen. Ich frage mich, warum.

Im nächsten Augenblick kommt uns die Antwort buchstäblich entgegen. Die Haustür wird geöffnet, und ein hagerer Kerl und eine weißhaarige Dame werden sichtbar. Der lange Kerl wirft einen Blick auf uns und bleibt abrupt stehen, als wäre er gegen eine Mauer gelaufen. Ich recke meinen Kopf und wedele kurz, um zu signalisieren, dass ich bloß spielen will.

Die alte Dame guckt uns erschrocken an und umklammert ihren Gehstock so fest, dass ihre Fingerknöchel weiß hervortreten. Aber auch mein Retter reißt ziemlich fassungslos die Augen auf und gibt einen Laut von sich, als hätte ihm gerade jemand in den Magen geboxt. Offenbar geht hier irgendetwas vor, womit keiner der drei gerechnet hat. Ich gucke von einem zum anderen und frage mich, was es wohl ist.

Das lange Elend räuspert sich. »Wie haben Sie uns gefunden, Herr Kommissar?«

»Ich habe Ihre E-Mail-Korrespondenz überwacht. Sie hätten Ihre Nachrichten nicht von dem Computer hier im Haus schreiben sollen. Nicht nur die NSA kann E-Mails zurückverfolgen.«

»Sie haben meine Post überwacht?«

»Mit der Hilfe des Staatsanwalts, ja. Er war meiner Ansicht, dass wir Ihnen einmal genauer auf die Finger schauen sollten.« Mein Retter wendet sich der Omi zu und schaut sie an, wie einen Geist. »Frau Schulze? Sie sind noch am Leben? Aber wie ist das möglich? Ich dachte, Sie wären mausetot!«

Ich bin perplex. Das ist also die Omi, von der im Radio gesprochen wurde? Die in die Elbe gefallen und ertrunken sein soll? Dafür sieht sie aber noch ziemlich gut aus.

»Um es mit den Worten des unvergessenen Mark Twain zu sagen«, entgegnet die Omi, »waren die Nachrichten von meinem Ableben stark übertrieben.«

»Aber das verstehe ich nicht. Ihr Pfleger hat Sie doch umgebracht!«

»Umgebracht?« Frau Schulze wackelt mit dem Kopf. »Aber nein. Thomas hat mich gerettet. Und das auf mehr als eine Weise.«

»Das müssen Sie mir erklären. Aber nicht hier. Ich nehme Sie jetzt mit zu meiner Dienststelle. Alle beide.«

»Das geht nicht«, wehrt der lange Kerl ab. »Sie verstehen das alles nicht, Herr Kommissar …«

»Da haben Sie verdammt recht. Ich habe keinen Schimmer, was hier vorgeht. Ich bin hergekommen, um Sie wegen des Mordes an Frau Schulze zu verhaften, und nun finde ich Sie beide hier in schönster Eintracht zusammen. Ich weiß nicht, was dahintersteckt, aber eines weiß ich ganz genau: hier ist irgendeine Schweinerei im Gange. Und die werde ich aufdecken.«

»Kommissar Berger, können Sie nicht einfach zurück nach Deutschland fahren und vergessen, dass Sie uns hier gefunden haben? Ich versichere Ihnen, wir schaden doch niemandem.«

»Ach nein?«

»Nein.« Das lange Elend seufzt und rückt der Omi einen Gartenstuhl zurecht. Dann setzt er sich und faltet die Hände im Schoß. »Sie müssen wissen, Frau Schulze hat ihr Leben lang gearbeitet. Sie war Näherin, hat drei Kinder großgezogen, den Haushalt versorgt und ihre kranken Eltern bis zu deren Tod gepflegt. Und wissen Sie, was sie nach all den Jahren als Rente bekommt? 534 Euro! Das ist alles! Ein Politiker gibt im Monat mehr Geld für Hundefutter aus.«

Ich fühle mich verpflichtet, einmal zu bellen.

Der Pfleger lässt sich nicht beirren. »Frau Schulze ist seit Kurzem im Altersheim. Ihre Rente reicht nicht für die Kosten, und ihre Familie drückt sich davor, auch nur einen Cent dazu zu geben. Klar müssen sie letztendlich zahlen, das ist Gesetz, aber sie zögern es immer wieder hinaus. Frau Schulze hatte Angst, dass man sie aus dem Heim rausschmeißt, wenn sie nicht bezahlen kann. Da konnte ich nicht länger tatenlos zuschauen.«

»Und was genau haben Sie getan?«

»Wir haben Frau Schulzes Tod vorgetäuscht. In einem Jahr lasse ich sie für tot erklären. Dann wird ihre Lebensversicherung ausbezahlt.«

»Und zwar an Sie!«, grollt mein Retter.

»Ich werde das Geld Frau Schulze bringen. Sie kann sich damit einen schönen Lebensabend machen. Hier auf dem Peloponnes scheint fast jeden Tag die Sonne, das Klima ist mild, die Menschen sind freundlich und die Kosten für den Lebensunterhalt und eine private Pflegerin niedrig. Hier lässt es sich aushalten.«

»Verstehe. Das klingt, als hätten Sie das nicht zum ersten Mal gemacht. Liege ich damit richtig?«

»Tut mir leid, aber das werde ich Ihnen nicht sagen.«

»Glauben Sie wirklich, die Versicherung wird die Summe so einfach an Sie ausbezahlen? Dort wird man sicherlich Verdacht schöpfen und Sie ganz genau unter die Lupe nehmen. Versicherungen rücken keinen Cent raus, wenn sie es nicht unbedingt müssen.«

»Damit ist zu rechnen, aber ich habe ein hieb- und stichfestes Alibi für den Zeitpunkt des Unfalls.« Der Pfleger zuckt die Achseln und wirkt kein bisschen beunruhigt. »Mein Ruf ist ausgezeichnet. Ich arbeite hart und habe weder Schulden noch andere Schwierigkeiten. Die Versicherung hat nichts gegen mich in der Hand. Damit steht der Auszahlung der Lebensversicherung nichts im Weg.«

»Doch. Ich. Das ist nämlich Versicherungsbetrug.«

»Hören Sie auf. Für die großen Gesellschaften ist es trotz allem nur eine bescheidene Summe. Für Frau Schulze jedoch bedeutet es einen Lebensabend in Würde und mit kleinen Freuden, die sie sich wahrlich verdient hat. Wenn Sie ein Herz haben, fahren Sie zurück und lassen sie in Frieden leben.«

»Sie wissen, dass ich das nicht tun kann.«

Ich knurre. So ganz habe ich nicht verstanden, was hier vorgeht, aber die Omi macht einen freundlichen Eindruck, und ich finde es nicht richtig, dass mein Retter sie gegen ihren Willen mitnehmen will. Sie ist blass geworden und greift sich ans Herz. Das ist doch bestimmt nicht richtig so!

»Wie wollen Sie das erste Jahr überbrücken, bis die Versicherung zahlt, Herr Berger?«, brummt der Kommissar.

»Ich werde das nötige Geld vorstrecken.«

»Und was sollte Sie daran hindern, Frau Schulze doch noch umzubringen und sich das Geld in die eigene Tasche zu stecken?«

»Nichts.« Der Pfleger zuckt mit keiner Wimper. »Aber das werde ich nicht tun. Ich habe auch eine Großmutter, die übrigens in Spanien lebt.« Ein Muskel zuckt in seinem Gesicht, als würde er sich ein Lächeln verkneifen.

Die Miene meines Retters verdüstert sich. »Verstehe«, brummt er. »Hören Sie! Seit fünfunddreißig Jahren vertrete ich nun Recht und Ordnung, und noch nie habe ich ein Verbrechen durchgehen lassen. Ich werde jetzt auch nicht damit anfangen. Sie kommen mit mir zurück nach Deutschland. Dort werden wir Ihren Schwindel aufdecken …«

Das Folgende konnte ich nun wirklich nicht kommen sehen. Der Pfleger springt plötzlich wie der Blitz auf und stürmt mit langen Schritten davon. Du liebe Zeit, so ein Tempo hätte ich ihm gar nicht zugetraut. Wo will er bloß hin? Der Kommissar scheint sich diese Frage nicht zu stellen. Er wirbelt herum und folgt ihm. Was dann geschieht, war bestimmt nicht geplant.

Ein Lastwagen biegt um die Ecke. Eine Hupe schrillt. Dann gibt es einen Knall. Mein Retter wird durch die Luft gewirbelt wie eine Strohpuppe. Sekundenlang scheint er zu fliegen. Schließlich kracht er mit dem Rücken auf die Straße und bleibt mit verrenkten Gliedern liegen. Blut sickert aus seinem Ohr.

Mir wird ganz mulmig zumute.

Da hebt mich die Omi auf ihren Schoß. Sie hat warme, weiche Hände und raunt: »Nicht hinschauen, Kleiner.«

Alles um mich scheint sich zu drehen.

Frau Schulze beugt sich über mich. »Willst du bei mir bleiben? Ich würde mich darüber freuen«, flüstert sie mir ins Ohr. »Meine Familie hat mich nämlich vergessen.«

Ich fiepe leise, schließlich weiß ich ganz genau, wie sich so etwas anfühlt. Als sie mich streichelt, scheinen die vergangenen Monate plötzlich weit, weit hinter mir zu liegen. Die Sonne scheint warm auf uns herab, und das Meer rauscht. Krabben kriechen über den Sand. Sie scheinen mich einzuladen, sie zu jagen, aber das verschiebe ich auf später. Zuerst möchte ich ein Schläfchen machen.

Ich rolle mich zusammen und schließe die Augen.

Es ist ein Hundeleben.

Aber es lässt sich aushalten.

MITRA DEVI

Der Bestatter

Ein klappriger Bestatter,
der wurde immer satter,
verdiente Geld in Massen
und füllte seine Kassen.

Er musste nie mehr darben,
weil viele Leute starben,
ja regelrecht krepierten
(es traf so jeden Vierten).

Es türmten sich die bleichen
und aufgedunsnen Leichen
in seinen Totenhallen,
und er fand dran Gefallen.

Der Grund für all die Tode
(das hatte echt Methode),
der Grund lag im Verhalten
des schauerlichen Alten,

der hundertmal mit Freude
in seinem Kühlgebäude
zum Sensenmann mutierte
und Leute massakrierte.

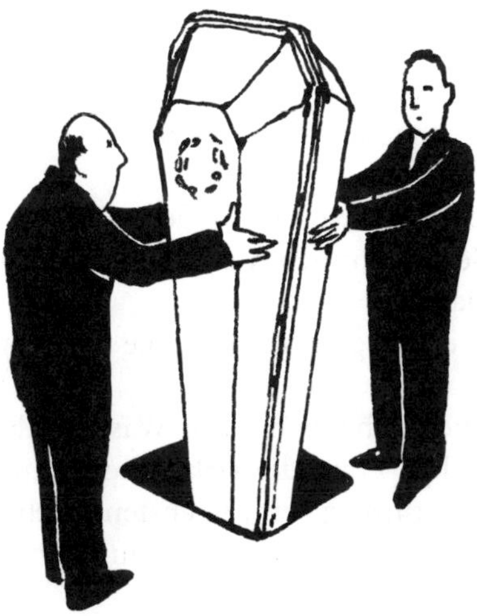

SYLKE TANNHÄUSER

Verliebt, verlobt, tot

Alwin Horn drängte sich durch den Shuttlebus, der auf dem Rollfeld neben dem Flieger nach Wien zum Stehen kam. Er hatte es eilig. Verdammt eilig sogar, doch er durfte nicht auffallen. Ungeduldig schob er sich hinter zwei Frauen die Gangway hinauf und suchte im Flugzeug seinen Platz. Reihe 6, Sitz F. Als er endlich saß, hatte er das erste Mal seit Stunden das Gefühl, es könne alles gut gehen.

Angestrengt starrte er aus dem Fenster. Er konnte nichts Außergewöhnliches entdecken. Keine Uniform, kein Polizeiauto.

»Hallo«, erklang plötzlich eine rauchige Stimme neben ihm.

Erschrocken fuhr er herum. Was er sah, beruhigte ihn jedoch. Die Frau, die sich neben ihm niederließ, mochte Mitte fünfzig sein, höchstens sechzig. Ein Pagenschnitt umrahmte ein Gesicht, aus dem blaue Augen leuchteten.

Apart, dachte Alwin und lächelte gewohnheitsmäßig. Sein Blick schweifte zum Leipziger Flughafengebäude hinüber. Er hörte kaum zu, als die Flugbegleiterin die übliche Einweisung gab. Endlich rollte der Airbus an, und er lehnte sich zurück. Erst jetzt begannen seine Beine zu zittern. Ausdruck der Anspannung, unter der er stand. Fahrig tastete er nach dem Pass in seiner Jackentasche. Marie war tot oder wenigstens schwer verletzt. Genau wusste er es nicht. Er hatte sich nicht überwinden können, sie zu untersuchen. Der Schock war zu groß gewesen, hockte ihm noch immer im Genick. Erst hatte er sich ins Badezimmer geflüchtet, den Wasserhahn aufgedreht und eine halbe Ewigkeit sein Spiegelbild gemustert. Das hatte ihm noch stets geholfen, sich zu konzentrieren. Diesmal allerdings nicht. Letztendlich war er Hals über Kopf ins Auto gestiegen und einfach ausgerissen. Zunächst ohne Ziel, erst als er auf der Autobahn auf den Abzweig nach Leipzig gebogen war, hatte er beschlossen, zum Flughafen zu fahren. Leise seufzte er.

»Was haben Sie? Sind Sie krank?« Seine Sitznachbarin beugte sich zu ihm.

»Aufgeregt, vielleicht«, sagte Alwin wahrheitsgemäß. Regel Nummer 1: *Lüge möglichst wenig!*

»Das kenne ich. Ich habe Flugangst. Gut, dass Sie neben mir sitzen.«

»Hm.«

»Sie sind sympathisch, richtig nett. Da fühle ich mich geborgen.«

Nun war Alwin doch geschmeichelt. Die Frau hatte natürlich recht. Er war ein Bild von einem Mann. Einssiebzig, volles, wenn auch graues Haar, kaum Bauchansatz. Man sah ihm sein Alter nicht an, dabei hatte er im letzten Jahr seinen fünfundsechzigsten Geburtstag gefeiert.

Marie hatte ihm eine Armbanduhr geschenkt. Statt der gewünschten *Rolex* war es ein Modell aus dem Kaufhaus gewesen. Wie hatte sie ihm das bloß antun können. Dabei hatte er ihr sogar die Ehe versprochen.

Geflissentlich verdrängte er, dass ein solches Versprechen aus seinem Mund nichts galt. Es war schließlich ein wesentlicher Teil seines Jobs: Einsame Frauen auftun, sie umschwärmen, an sich binden, ausnehmen. Von irgendetwas musste der Mensch ja leben. Seit er seine Strafe verbüßt hatte, gab es keine andere Chance für ihn. Fünfzehn lange Jahre hatte er gesessen, und das wegen eines Mordes, den er nicht begangen hatte.

Irgendein Spaßvogel hatte Gerlinde, seine Angetraute, ins Jenseits befördert und ihm die Schuld in die Schuhe geschoben. Aber niemand hatte ihm geglaubt.

Zuviel hatte gegen ihn gesprochen. Ihre Ehe war ein täglicher Kampf gewesen und hatte oft genug für Unterhaltung im Dorf gesorgt. Überwiegend deswegen, weil er der Verlierer gewesen war, der sich gegen Gerlinde, diese Hexe, nicht hatte durchsetzen können.

Nein, er war natürlich nicht traurig gewesen über ihren Tod. Hatte gedacht, er wäre endlich frei. Pustekuchen!

Nach der Entlassung aus dem Knast hatte er sich einige Tage einfach so herumgetrieben. Er hatte nicht gewusst, wohin. Nur eines war klar: Ins Dorf wollte er auf keinen Fall zurück. Aus einem Impuls heraus war er nach Berlin gereist, als blinder Passagier.

Der Zufall hatte ihm noch auf dem Bahnhof Annie über den Weg geführt. Die Beamtenwitwe hatte ihn nur zu gern bei sich aufgenommen. Zehn Riesen hatte er im Laufe der Zeit aus ihr herausgeschunden. Dann war er weitergezogen.

Er musste nicht lange suchen, die Frauen warfen sich ihm freiwillig an den Hals. Nach Annie war Gundula gekommen, dann Margot, Hildchen, Agnes, Barbara. Schließlich Marie.

Ein Stups seiner Nachbarin holte ihn aus den Gedanken.

»Sie hat gefragt, ob Sie etwas trinken möchten.« Die Frau nickte in Richtung der Flugbegleiterin.

Alwin zögerte. Wenn er es genau betrachtete, war die Dame neben ihm nicht übel. Zudem versprach sie Ablenkung von seinen trüben Erinnerungen. Sollte er einen *Baileys* nehmen? Frauen mochten Likör. Damit hatte er stets Pluspunkte gesammelt, auch wenn ihm jeder einzelne Schluck schwergefallen war. Ein Angstkiller wäre in seiner Lage natürlich besser, ein Whisky zum Beispiel.

»Für mich bitte einen *Johnnie Walker*«, ließ sich seine Nachbarin vernehmen.

Alwin war überrascht. Nur zu gern schloss er sich an.

»Ich trinke sonst selten, es ist bloß wegen der Höhe. Übrigens, ich bin Margarete Grabbe, Sie können Grete zu mir sagen.«

Alwin sprang auf, um einen Diener zu machen. Er knallte mit dem Kopf an die Gepäckbox und fiel auf den Sitz zurück. »Angenehm, Bruno. Bruno Horn aus Dresden.«

»So ein Zufall! Meine Schwester lebt dort.«

Alwins Interesse hielt sich in Grenzen. Er hatte nicht die Absicht, in die Stadt an der Elbe zurückzukehren. Bestimmt ermittelte die Polizei bereits gegen ihn.

»Dresden ist eine schöne Stadt, aber mich kriegen keine zehn Pferde aus Leipzig weg«, plapperte Grete weiter. »Einmal im Jahr mache ich Urlaub. Dieses Jahr in Wien. Und Sie? Auch Urlaub, oder fliegen Sie geschäftlich nach Österreich?«

Wenn du wüsstest, dachte Alwin. Er hatte den erstbesten Flug genommen. Hauptsache, fort aus Deutschland.

»Eine Bildungsreise«, sagt er. Regel Nummer 2: *Wenn schwindeln, dann glaubhaft.* Schon lange hatte er Schloss Belvedere und die Hofburg besuchen wollen.

Grete nickte. »Reisen erweitert den Horizont, das hat mein seliger Mann oft betont.«

»Sie sind Witwe?«

»Seit fünf Jahren.« Sie nestelte ein Tuch aus ihrer Handtasche und tupfte sich die Augen. »Es ist schwer, allein zu leben.«

»Sie und allein? Das kann ich nicht glauben!«

Die Flugbegleiterin kam, und Grete bestellte einen weiteren Drink. Alwin hielt mit.

Beim Anstoßen schaute er in ihre Augen. Auf einmal war sein Mund ganz trocken. Unwillig rief er sich zur Ordnung. Geschäft ist Geschäft, da war kein Platz für Sentimentalitäten.

»Was ist mit Ihnen? Sind Sie liiert?«, wollte Grete wissen.

»Das ist vorbei.«

»Schon lange?«

Wie frisch seine Trennung von Marie war, wollte er lieber für sich behalten. »Es geht.«

»Sie Ärmster. Gerade in der ersten Zeit braucht man Hilfe, um alles zu verarbeiten.«

Alwin nickte mechanisch. Es wurde Zeit, das Thema zu wechseln. »Ihr Gemahl …«

»Er hatte eine Firma, *Grabbes Eisenwaren.* Sie lief immer gut, war sein Lebensinhalt. Für sie hat er sich aufgerieben. Ich habe sie verkauft, als er gestorben war.«

Blitzschnell überschlug Alwin, was eine Eisenwarenfirma einbringen mochte. Diese Grete schien ein wirklich dicker Fisch zu sein.

»Prost, Bruno.« Grete hob erneut ihr Glas.

Alwin brachte einen seiner Blicke an, bei denen noch jede Frau schwach geworden war. Nebenbei begutachtete er Gretes Dekolleté.

»Ich sehe mich mal nach der Toilette um.« Grete stand auf, und er taxierte ihr Hinterteil. Er fand nichts auszusetzen.

Der Whisky rollte derweil von seiner Kehle in Richtung Magen und verursachte einen Hitzeschwall in seinem Körper. Das musste an der Aufregung liegen.

Irgendwie erinnerte ihn seine neue Bekanntschaft an Marie. Auch die war ein properes Frauchen gewesen. Witwe eines Jägers, wohlhabend natürlich. Sonst hätte er sich nicht mit ihr abgegeben.

Wieder seufzte er.

Wenn es nach ihm gegangen wäre, hätten sie noch einige Zeit miteinander verbracht. Es war ein sorgloses Leben gewesen. Marie hatte Geld, er seinen Charme. Gemeinsam hatten sie die Welt erkundet, London, Paris, New York. In den besten Hotels hatten sie gewohnt. Damit war es nun erst einmal vorbei. Bis auf zweihundert Euro war er blank. Daran war er selbst schuld, der Tresor hatte offengestanden, er hätte bloß zugreifen müssen, doch er hatte es einfach nicht gekonnt.

Maries blutender Körper, zerfetzt von dem Schuss, der sich dummerweise aus dem Gewehr gelöst hatte, war ein zu großes Hindernis gewesen. Nie im Leben hätte er einfach über sie hinwegsteigen können.

Grete kam zurück. Alwin registrierte ihre frisch geschminkten Lippen. Vermutlich hatte sie sich seinetwegen hübsch gemacht.

»Noch einen Drink?«, fragte er.

»Nur, wenn du mithältst.«

Sie duzte ihn bereits, das war gut. Zu dem Whisky orderte er ein *Becks*. Er hatte plötzlich Durst. Durst auf

Bier und das Leben, das er sich auf einmal an der Seite seiner schönen Nachbarin vorstellen konnte. Blieb die Frage, ob sie bereit war, mit ihm auszuwandern.

»Österreich ist ein schönes Land«, sagte er.

Grete wiegte den Kopf. »Leipzig ist auch schön.«

»Mag sein, mir jedoch ist Sachsen, selbst Deutschland, zu eng.«

»Sieh an, ein Weltenbummler.«

»Zuhause ist dort, wo das Lebensglück liegt.«

»Die Liebe zum Beispiel?«

Alwin wollte zustimmen, unterließ es dann jedoch. Regel Nummer 3: *Nicht übertreiben!* Er beschränkte sich auf ein Lächeln.

Die Triebwerke dröhnten, der Landevorgang begann.

Grete lehnte sich an seinen Arm und zeigte aus dem Fenster. »Wien. Weißt du schon, wo du wohnen wirst?«

»Im *Sacher.*« Es war das einzige Hotel, das er kannte.

Sanft setzte die Maschine auf.

Grete kramte in ihrer Tasche. »Ich schreibe dir meine Nummer auf. Ruf mich an, wenn du magst.«

Na bitte, es lief wie geschmiert. Ein erstes Abtasten, eine Telefonnummer, ein Date. Die Falle war gestellt.

Er griff nach dem Zettel und stand auf. Gleich darauf setzte er sich wieder.

Zwei Männer in Uniform kamen den Gang entlang. Aufmerksam musterten sie die Reisenden.

Alwin zerrte das Bordmagazin aus dem Netz des Vordersitzes und verbarg sein Gesicht. Vergebens. Neben seiner Sitzreihe blieben die Polizisten stehen.

»Herr Krämer, wir haben einige Fragen an Sie.«

Langsam ließ Alwin die Zeitschrift sinken. »Es war ein Unfall, das müssen Sie mir glauben.«

Gretes Blick wanderte zwischen ihm und den Polizisten hin und her. »Krämer? Das ist Herr Horn.«

»Was Sie nicht sagen!« Der ältere Polizist klang genervt. »Im Moment spielt der Name des Herrn eine untergeordnete Rolle. Es geht um einen Todesfall. Eine Frau aus Dresden, Marie Jonas.«

Grete fuhr zu Alwin herum. »Du hast sie getötet.«

Der Polizist nahm sie beim Arm. »Es war ein Unfall. Die Dresdner Spurensicherung hat es rekonstruiert.«

»Unsinn, ich weiß es besser, ich war schließlich dort.«

Alwin zuckte zusammen. »Was sagst du da?«

»Du hast richtig gehört. Marie war meine Schwester, ich wollte sie besuchen. Es sollte eine Überraschung sein, doch ich kam zu spät. Bevor sie starb, konnte sie nur noch ein einziges Wort flüstern: deinen Namen.«

»Wenn ich gewusst hätte, dass du bei ihr warst …«

»Dann hättest du mich wohl auch gleich noch umgebracht, was?« Gretes hübsches Gesicht verzog sich zu einer Grimasse. »Zum Glück habe ich das Wasser rauschen gehört. Jemand war im Badezimmer. Jemand, der sich wohl ihr Blut abwaschen musste. Maries Mörder. Du.«

»Ich habe sie nicht umgebracht«, schrie Alwin.

»Warum hast du dich dann wie der geölte Blitz aus dem Staub gemacht? Bis nach Leipzig zum Flughafen bin ich dir gefolgt, mit 200 Sachen auf der Autobahn.«

Dunkel erinnerte sich Alwin an den schwarzen Mercedes, der eine Weile hinter ihm hergefahren war.

»Hören Sie«, mischte sich der Polizist ein. »Wie ich bereits sagte, war es ein Unfall. Es gibt jedoch noch einige Fragen. Ihr Begleiter kann sie gewiss beantworten.«

»Dieser Mensch ist nicht mein Begleiter. Ich habe ihn soeben erst kennengelernt.«

»Marie Jonas muss beim Reinigen ihres Gewehres gewesen sein«, fuhr der Polizist ungerührt fort. »Dabei hat sich ein Schuss gelöst.«

Grete schüttelte den Kopf. »Niemals! Marie war immer sehr vorsichtig. Dieses Schwein hier muss sie abgelenkt haben, er hat sie auf dem Gewissen.«

Alwin spürte, wie ihm das Blut aus dem Gesicht wich. Wieder sah er Marie vor sich, hörte ihre Anklage. Weiß der Himmel, woher sie von seinem Vorleben erfahren hatte. Die Gefängnisstrafe konnte sie ihm verzeihen, die anderen Frauen nicht. Nebenbei hatte sie an diesem blöden Gewehr herumgefummelt. Er hatte geglaubt, sie wollte ihn erschießen. Nichts wie weg, hatte er gedacht, doch bevor er zur Tür hinaus war, hatte es geknallt, und Marie hatte in ihrem Blut gelegen.

»Ich bin sicher, Herr Krämer wird alles aufklären.« Der Polizist zückte ein Notizbuch.

Grete spuckte aus. »Sie kennen ja noch nicht einmal seinen richtigen Namen.«

»Da irren Sie sich.«

»Außerdem tut das nichts zur Sache«, warf Alwin ein.

In der Zwischenzeit schien der Polizist in seinem Buch gefunden zu haben, wonach er gesucht hatte. »Die deutschen Kollegen konnten die Schwester der Toten bislang nicht informieren, weil seit einem Monat nach ihr gefahndet wird. Das wären dann also Sie. Viola Kannegießer.«

Gretes Gesicht hatte auf einmal rote Flecke. »Mein Name ist Margarete Grabbe.«

»Das können Sie Ihrem Anwalt erzählen. Ich verhafte Sie wegen Heiratsbetruges. Sie dürften bereits wissen, dass das eine Straftat ist.«

Alwin glaubte, sich verhört zu haben. »Du bist eine Heiratsschwindlerin?«

»Na und?« Grete schob trotzig die Unterlippe vor.

Der jüngere Polizist dirigierte sie zum Ausgang. Alwin folgte ihm an der Seite des Kollegen. Er konnte es kaum fassen, dass er beinah auf eine Berufskollegin hereingefallen wäre. So weit war es also schon mit ihm gekommen, dass er eine ehrliche Frau nicht von einer Betrügerin unterscheiden konnte. Sobald er seine Aussage gemacht hatte, sollte er Urlaub machen, einfach mal raus und alles vergessen. Jetzt, da man ihn nicht des Mordes verdächtigte, stand ihm die ganze Welt offen. Es gab überall Hotels, die von reichen Witwen bevorzugt wurden. Er hatte die Wahl …

WOLFGANG SCHÜLER

Karl May in den USA

Vorbemerkung:
Georg Werner Baer (1858–1935) war ein amerikanischer Reporter deutscher Herkunft, der im Jahr 1895 Chefredakteur des *New York Chronicle* wurde. Im Jahr 1908 verliebte sich seine damals achtzehnjährige Tochter Selene Martha Baer in einen gleichaltrigen Volontär namens Benjamin Arthur Amherst, dessen Eltern aus Sachsen stammten, und der deshalb wie seine Freundin zweisprachig aufgewachsen war. Georg Werner Baer wollte die Liebe der beiden jungen Leute auf die Probe stellen und schickte Ben zum Praktikum nach Lawrence, New York, einer unbedeutenden Industriestadt am Rande des Atlantischen Ozeans. Rund ein Drittel der 80.000 Einwohner dieses Ortes waren deutsche Einwanderer der ersten oder zweiten Generation. Aus diesem Grund konnten sich gleich zwei deutschsprachige Tageszeitungen halten, der *Deutsche Herold* sowie der *Anzeiger.*

Benjamin Arthur Amherst tat, wie ihm aufgetragen, und absolvierte im Herbst 1908 seinen Einsatz in Lawrence.

⊙

Meine Tage beim *Deutschen Herold* verbrachte ich mit Kaffeekochen, Bierholen und dem Verfassen spannender Berichte über Landwirtschaftsausstellungen, Bibelkreise und die Zusammenkünfte der drei ortsansässigen Temperenzler-Vereine. Die Zeitung verfügte außer der Stenotypistin Misses Amalie Donner nur über einen einzigen weiteren festangestellten Mitarbeiter. Dieser wiederum deckte in Personalunion alle wichtigen Bereiche ab, und zwar vom Herausgeber über den Chefredakteur, den Reporter, den Layouter bis hin zum Korrektor. Sebastian Fleck war Ende Fünfzig, ständig unrasiert und meistens betrunken. Er betrieb sein Gewerbe trotzdem höchst effektiv, weil er eine Heerschar von Zuträgern beschäftigte, die es als eine große Ehre ansahen, ihren Namen gedruckt in einem Journal wiederzufinden. Mit dem Redigieren der Beiträge gab sich Mister Fleck keine große Mühe. Das musste er auch gar nicht, denn die 7.000 Abonnenten des *Deutschen Herolds* sprachen die unterschiedlichsten deutschen Dialekte. Diese wiederum hatten sich in den Jahren mit dem englischen Slang dieser Gegend zu einer Art von Neudeutsch auf Lawrencesche Art vermischt, welches von Muttersprachlern nur unter Mühen verstanden wurde.

Am 9. Oktober 1908 erteilte Sebastian Fleck mir morgens bei Dienstantritt einen Auftrag, der ausnahmsweise weder etwas mit Kuhschwänzen, noch mit selbst gebastelten Shaker-Schachteln zu tun hatte: »Ein berühmter deutscher Schriftsteller ist im Rahmen einer Amerikareise zu Besuch in unsere Stadt gekommen. Er heißt Dr. Karl May, stammt aus Dresden und wird von seiner Gattin Klara begleitet. Dem Vernehmen nach soll er bei seinem alten Schulfreund Ferdinand Pfefferkorn, dem bekannten Mediziner aus der Berkeley

Street, wohnen und ein bis zwei Wochen bleiben. Du wirst dich diesem Deutschen als Adlatus zur Seite gesellen, ihm unsere schöne Stadt nebst Umgebung zeigen und nebenbei alle seine Geistesblitze zu Papier bringen. Dreißig Zeilen täglich für den Aufmacher auf der Titelseite sind das Minimum.«

Ich nickte in der freudigen Erwartung, endlich den Geruch von Kuhfladen aus der Nase zu bekommen.

Mein Chef fuhr fort: »Wie ich erfahren habe, werden die deutschen Gesangsvereine dem Autor aus Sachsen heute Abend ein Ständchen bringen. Anschließend gibt es einen Empfang im *Salisbury Hotel*. Ich brauche vorab die genaue Liedfolge, die komplette Liste der Ehrengäste, vom Bürgermeister bis zum Polizeichef, und ein Exemplar der Speisekarte.«

Dann zeigte er mir das Titelblatt vom nächsten Tag. Er hatte es bereits probeweise setzen lassen. Dort stand in großen Lettern: »Herzlich willkommen, Dr. Karl May!« Im Text darunter hieß es: »Obgleich der berühmte Schriftsteller Dr. Karl May zur Erholung hier weilt, hat er es sich nicht nehmen lassen, dem Bitten des gesamten Deutschthums nachzugeben und versprochen, demnächst einen öffentlichen Vortrag über interessante und tiefgreifende Themen zu halten.«

»Wie sind Sie an diese Information gekommen?«, wollte ich verblüfft wissen.

»Die Story habe ich mir vorhin ausgedacht. Auf diese Weise erhalten wir reichlich Stoff für mehrere Tage. Zuerst drucken wir ab, was dieser Dr. May zu sagen beabsichtigt; dann, was er tatsächlich vorgetragen hat; und schließlich, was er damit wohl gemeint haben könnte. Das wird ganz vortrefflich werden, glaub es mir, Sportsfreund.«

»Was aber wollen Sie tun, wenn Mister May Ihren genialen Einfällen ablehnend gegenüber steht und weder *coram publico* auftreten will, noch mit mir unterbezahltem Volontär reden möchte?«

»Unsinn, er ist ein Künstler. Deshalb liebt er Reklame. Er ist auf Publicity angewiesen, wenn er seine Bücher verkaufen will. Du musst ihm die Sache mit dem Vortrag nur geschickt unterjubeln. Er soll denken, es wäre seine eigene Idee gewesen. Außerdem musst du ihm tüchtig schmeicheln. Darauf fallen sämtliche Schriftsteller herein – jedenfalls sofern sie noch leben. Er wird dir alles erzählen, was du wissen willst, nur damit er auf das Titelblatt kommt. Anderenfalls drohst du ihm.«

»Womit? Mit meinem erhobenen Zeigefinger?«

»Nein, wenn er dir die kalte Schulter zeigen sollte, sagst du zu ihm: ›Sir, entweder, Sie halten den Vortrag …‹«

»Oder?«

»… oder wir werden berichten, Sie hätten erst zugesagt, und dann einen Rückzieher gemacht, weil Sie als Deutscher völlig hinter dem Mond leben und uns Amerikanern als führender Nation nichts Bedeutendes zu vermelden haben.«

»Okay, und wie weiter?«

»Dann drängst du ihn mit den folgenden Worten in die Enge: ›Sir, entweder Sie erwidern auf alle meine Fragen, oder ich denke mir die Antworten selber aus.‹« Auch dieses Argument wird ihn überzeugen. Mit dem siebenten Zusatzartikel zur Verfassung und einem Zivilprozess kann er dir schlecht kommen. Schließlich bleibt er nur für ein paar Tage in Lawrence. Die Zeit würde noch nicht einmal für eine Anhörung reichen. Und nun ran an die Arbeit, mein Sohn!«

Ich hatte den Namen Karl May noch nie gehört. Aber das interessierte Sebastian Fleck nicht die Bohne. Ein guter Publizist hatte alles zu wissen. Und was er nicht kannte, musste er eruieren. Deshalb besuchte ich *Jerrys Bookstore* in der Boston Street und befragte den Inhaber.

Jerry Blacksmith war hager und stets schwarz gekleidet. Er ähnelte einer Nebelkrähe und krächzte auch so ähnlich, verfügte aber ein enzyklopädisches Wissen, was in- und ausländische Literatur betraf. Auch in diesem Fall wusste er sofort Bescheid: »Karl May ist ein bekannter Reiseschriftsteller. Er hat Dutzende dicke Abenteuerbücher geschrieben, die im Orient, in Amerika, in Mexiko und in China spielen. Einige Romane sind auch bei uns in den USA erschienen. Es gab aber den üblichen Streit um die Provisionen. 1902 hat ihm die *Universitas Germania-Americana* in Chicago den Titel eines Ehrendoktors verliehen. Ein Buch von ihm habe ich hier. Es heißt *Im Reich des silbernen Löwen*.«

Ich nahm den Roman in die Hand und blätterte eine Weile darin. Dann legte ich den Band zurück. Er war mir viel zu dick. Um meine Dankbarkeit zu zeigen, gab ich Mr. Nebelkrähe einen Tipp: »Karl May weilt derzeit hier in der Stadt. Er wird in den nächsten Tagen einen Vortrag halten. Heute gibt es einen Empfang zu seinen Ehren im *Salisbury Hotel*. Es könnte also nichts schaden, einige Bücher auf Vorrat zu bestellen.«

⊙

Bei dem Haus von Dr. Pfefferkorn in der Berkley Street 27 handelte es sich um ein schmuckloses, aber relativ großes zweistöckiges Gebäude mit einem Dach aus Schieferplatten. Die Wände waren, wie in dieser Gegend allgemein üblich, weiß gekalkt und die Fensterläden grün abgesetzt. Vor dem Haus stand ein Strommast, und es gab einen befestigten Bürgersteig. In der Straßenmitte verliefen die Gleise der Straßenbahn. Ganz offensichtlich hatte Ferdinand Pfefferkorn die richtige Entscheidung getroffen, als er vor Jahr und Tag in die neue Welt ausgewandert war, denn es schien ihm sehr gut zu gehen.

Als ich klopfte, öffnete mir ein schwarzes Dienstmädchen und führte mich ins Herrenzimmer. Bald darauf trat der berühmte Reisende aus Sachsen höchstpersönlich ein. Karl May war ein relativ kleiner, schlanker Mann von Mitte Sechzig. Er trug einen schlichten schwarzen Anzug mit Weste und goldener Uhrkette. Der Schriftsteller hatte eine hohe Stirn, grau-weißes, nach hinten gekämmtes Haar und schmückte sich mit einem gepflegten Kinn- und Schurrbart.

Ich stellte mich als Exklusivreporter vor, rühmte den *Deutschen Herold* als das wichtigste Blatt im Umkreis von 500 Meilen und begann mit meiner Eloge. Ich wollte gerade zum Kern meines Anliegens vorstoßen, als mich mein Gegenüber mit einer Handbewegung unterbrach.

»Hören Sie zu, mein junger Freund«, meinte er lächelnd. »Sie können sich weitere Lobeshymnen sparen. Ich bin selbst vom Fach. Vor über dreißig Jahren habe ich auch als Redakteur gearbeitet. Ich weiß also, wie der Hase läuft. Deshalb heraus mit der Sprache: Wozu möchte mich der *Deutsche Herold* überreden?«

Ich berichtete ihm von Sebastian Flecks Plänen.

Karl May nickte. »Einverstanden. Das kommt mir sogar zupass. Ich halte gern lange Vorträge und führe deshalb immer ein entsprechendes Manuskript in meinem Gepäck mit mir. Soviel ad eins. Ad zwei: Sie dürfen mich gern in den nächsten Tagen auf meinen Ausflügen begleiten und mich bei passender Gelegenheit interviewen. Eine erste Korrektur macht sich bereits jetzt erforderlich: Ich wohne nicht in Dresden, sondern in Radebeul.«

»Mit Verlaub, mein Herr, aber diese Ortschaft ist in den USA völlig unbekannt. Wir sollten es bei Dresden belassen. Dicht vorbei ist zwar auch daneben, aber einige Leser haben wenigstens diesen Namen schon einmal gehört. Die meisten Amerikaner wissen ohnehin nicht genau, wo Deutschland liegt und fragen sich insgeheim, wie viele Tagesritte es wohl entfernt sein mag.«

⊙

Vor dem *Salisbury Hote*l hatte der Polizeichef John McDaltrey mehrere uniformierte Männer mit Schlagstöcken postiert, denn es herrschte großer Andrang. Im Foyer hatte Jerry Blacksmith einen Büchertisch aufgebaut. Stapelweise lagen dort Dutzende Karl-May-Romane in unterschiedlicher Aufmachung. Die meisten waren in deutscher Sprache, aber es gab auch einige Exemplare in Englisch. Der berühmte Schriftsteller stand am Tisch und nahm die einzelnen Titel prüfend in die Hand. »Einige dieser Bücher habe ich gar nicht geschrieben. Im Land der unbegrenzten Möglichkeiten scheint es wohl üblich zu sein, unter fremden Namen zu reisen«, meinte er zu mir, mit einem leicht bitteren Unterton in der Stimme. Dann wandte er sich an den Buchhändler: »Was kostet ein Exemplar?«

»Ich vertreibe sämtliche Titel zu einem Vorzugspreis von zehn Cent pro Stück.«

»Und für wie viele Cent kaufen Sie die Bücher ein?«

»Das geht Sie überhaupt nichts an. Ich werde Ihnen nicht meine Geschäftsgeheimnisse auf die Nase binden, auch wenn Sie eine entfernte Ähnlichkeit mit dem Autor Karl May aufweisen.«

»Er steht vor Ihnen! Ich bin es höchstpersönlich, der Verfasser der Bücher, jedenfalls der meisten.«

»Verzeihen Sie bitte vielmals, dass ich Sie nicht erkannt habe, Sir. Es ist mir eine Ehre!«

»Nun also heraus mit der Sprache!«

»Ich will nicht.«

»Sie müssen«, mischte ich mich ein.

»Also gut«, seufzte die Nebelkrähe. »Ich kaufe die Bücher für fünf Cent und verkaufe sie für zehn Cent. Zehn minus fünf macht fünf. Von diesen lächerlichen fünf Prozent Gewinn lebe ich.«

Der große Bankettsaal des *Salisbury Hotels* war gut gefüllt. Die Leute gruppierten sich um Dutzende Stehtische und schlürften Champagner. Um 8 Uhr begann die Show. Fünf Gesangsvereine brachten nacheinander bekannte Gassenhauer wie *Das Mond is aufgegangen, Isch weiß nick, was soll this bedeuten,* und *Am Brannen vor die Tore* zu Gehör. Jedes Mal setzte es stürmischen Applaus. Es lief besser, als gedacht. Die Redner beschränkten sich allesamt auf wenige Worte. Ich war beruhigt. Inhaltlich gab es so gut wie keine Abweichungen zum bereits gesetzten Zeitungstext.

Nach einer knappen Stunde war der offizielle Rummel vorüber, und das gesellige Beisammensein begann. Passend zum Champagner wurden Austern und Hummer auf Eis serviert. Nachdem Karl May Hunderte Hände geschüttelt und ebenso viele Bücher signiert hatte – selbst solche, bei denen er nicht der Verfasser gewesen war – gesellten wir uns zu den Honoratioren.

Die Damen hatten ihren Spaß in der Orangerie. Der Salon war den Herren vorbehalten. Die wichtigsten Persönlichkeiten saßen an runden Tischen, der Rest musste stehen bleiben. Karl May und Ferdinand Pfefferkorn wurden als Ehrengäste am Tisch des Bürgermeisters platziert. Für mich war leider kein Stuhl mehr frei. Ich postierte mich hinter dem Meister, so dass ich jedes

Wort verstehen und auf diese Weise meine Notizen vervollständigen konnte. Von livrierten Kellnern wurden Zigarren, Zigarillos und zwei Sorten Bourbon in bauchigen Gläsern gereicht. Ich bekam nichts ab. Aber ich hatte sowieso keine Hand frei und musste überdies einen klaren Kopf behalten.

An Karl Mays Tisch fielen mir zwei Gentlemen mittleren Alters auf, die Brüder zu sein schienen und sehr teuer gekleidet waren. Beide hatten lockiges braunes Haar, Backenbärte und trugen zahlreiche goldene Ringe. Sie führten das große Wort und berichteten von ihrer neuesten Errungenschaft, einer Goldmine am *Klondike River* in Kanada, und zwar auf halber Strecke zwischen Dawson und Sulphur Springs. Den anderen Herren schienen die beiden Geschäftsleute bestens bekannt zu sein, aber ich hatte noch nie zuvor etwas von ihnen gehört oder gesehen.

Stadtrat William Faring meldete sich näselnd zu Wort: »Sperrt die *North Western Mounted Police* immer noch die Pässe ab und lässt nur jene Goldgräber durch, die über die nötige Ausrüstung und einen gehörigen Vorrat an Lebensmitteln verfügen?«

Der jüngere der beiden Unternehmer antwortete lächelnd: »Glücklicherweise ist unsere Company von diesen Restriktionen nicht betroffen. Der Gouverneur hat uns einen Freibrief ausgestellt.«

Karl May schien das Thema zu interessieren. Er erkundigte sich: »Wie transportieren Sie die vielen Tonnen an Ausrüstungsgegenständen zur Mine?«

»Wir bringen sie per Schaufelraddampfer auf dem Yukon bis nach Dawson in unser Depot. Vom Zwischenlager aus geht es ganzjährig weiter mit der *Klondike Miles Railway.* Die restlichen Meilen übernehmen die Ponys.«

Weil sich mein Auftrag nicht darin erschöpfte, Maulaffen feil zu halten, packte ich einen der Kellner am Schlafittchen. »Wer sind die beiden Aufschneider dort drüben mit den brokatbestickten Westen?«, zischte ich ihm ins Ohr.

Der Kellner grinste mich spöttisch an. »Typisch Provinzreporter. Mann, das sind William Henry Vanderhorst der II. und sein jüngerer Bruder Cornelius Vanderhorst der III. aus Los Angeles. Ihnen gehören Dutzende Eisenbahnlinien, Dampfschiff-Flotten, Schlachthöfe in Chicago und Autofabriken in Detroit. Diese Multimillionäre sind darüber hinaus Kunstliebhaber und nur deshalb nach Lawrence gekommen, um diesem deutschen Schriftsteller dort zu huldigen.«

Ich flitzte sofort in die Redaktion, um Sebastian Fleck die wichtige Nachricht zu übermitteln. Doch der wusste bereits Bescheid. »Einer meiner freien Mitarbeiter hat mich informiert. Ich habe ein Kabel an die Redaktion der *Wilmington Post* in Los Angeles geschickt und die entsprechende Bestätigung erhalten: Die Gebrüder Vanderhorst befinden sich derzeit auf Reisen, Ziel unbekannt. Das ist zwar keine Spitzenmeldung für die Seite eins, aber immerhin einen Kasten auf der Seite zwei wert.«

◉

Die nächsten Tage verbrachte ich wie geheißen von früh morgens bis spät abends mit Karl und Klara May sowie Ferdinand und Therese Pfefferkorn. Wir fuhren über die nördliche Staatsgrenze nach New Hampshire, besuchten den *Canobie Lake* bei Salem, den *Indian Ridge* und die Goldnuggethöhle *Den Rock,* unternahmen einen Ausflug nach Manchester, zu den *Goffs Falls* und in die alte Hafenstadt Newburyport. Das Reisen war sehr bequem, weil Ferdinand Pfefferkorn ein geräumiges Automobil nebst Fahrer besaß.

Der Vortrag sollte am Sonntag, dem 18. Oktober, abends um 8 Uhr gehalten werden. Da meine täglichen Zeitungsmeldungen über den deutschen Schriftsteller das Interesse breitester Bevölkerungsschichten geweckt hatten, war als Veranstaltungsort der größte Saal ausgewählt worden, den Lawrence zu bieten hatte, nämlich die städtische Turnhalle.

Am Sonnabend, dem 17. Oktober, hatte ich frei. Karl May wollte sich in aller Ruhe auf seine Rede vorbereiten. Nach dem Frühstück ging ich zur Redaktion des *Deutschen Herolds,* fand die Räume aber verschlossen vor. Das wunderte mich, denn Sebastian Fleck verließ nur höchst selten während der Bürozeit seinen Arbeitsplatz.

Auch in der Stadt ging etwas Seltsames vor. Passanten standen in kleinen Grüppchen beieinander und diskutierten aufgeregt. Vor der *National Bank* hatte sich eine lange Schlange gebildet, und noch mehr Menschen schienen vor dem *Salisbury Hotel* auf irgendetwas zu warten.

Als ich in *Jerrys Bookstore* eintrat, stellte mir der Buchhändler eine völlig absurde Frage: »Benjamin Arthur Amherst, mein Freund, könntest du mir bitte eintausend Dollar leihen?«

»Jerry, haben Sie den Verstand verloren? Ich stamme aus ärmlichen Verhältnissen und bekomme als Volontär fünfzig Dollar im Monat. Ich kann das Wort *Eintausend* noch nicht einmal buchstabieren.«

»Okay, das Argument überzeugt mich. Wie wäre es mit fünfhundert?«

»Weder fünfhundert, noch hundert noch fünfzig. Wozu brauchen Sie denn plötzlich so viel Geld?«

»Ich denke, du bist Reporter? Wieso kommst du aus dem Mustopf? Weißt du nicht, was in Lawrence los ist?«

»Ich war sieben Tage lang von früh morgens bis spät abends mit Karl May auf Sightseeing. Deshalb ist mein Name Hase. Also, was passiert hier?«

»Die zwei größten Bewunderer des deutschen Schriftstellers heißen William Henry Vanderhorst der II. und Cornelius Vanderhorst der III. Sie sind extra aus Los Angeles angereist, um den großen Meister persönlich kennen zu lernen.«

Ich unterdrückte ein Gähnen, denn das wusste ich bereits.

Die Nebelkrähe fuhr fort: »Sie wohnen noch bis morgen im *Salisbury Hotel,* denn sie wollen auf keinen Fall den Vortrag verpassen. Anschließend reisen sie nach Kanada weiter, wo sie vor kurzem am *Klondike River* in der Nähe von Dawson eine Goldmine erschlossen haben.«

»Aha, und Sie, mein bester Herr Blacksmith, brauchen dringend Geld, weil Sie den beiden Gentlemen nacheifern und sich in den tief verschneiten Wäldern einen Claim abstecken wollen.«

»Quatsch. Die Brüder sind einerseits knallharte Unternehmer, aber andererseits auch große Wohltäter. Vor kurzem erst haben sie eine Million Dollar für den Bau der Universität von Los Angeles gestiftet. Und jetzt wollen sie unserer Stadt zu Reichtum verhelfen. Hier bitte, lies das Flugblatt.«

Dort stand es schwarz auf weiß:

»Der Klondike-Goldrausch hat im Jahr 1896 angefangen. Bislang wurden 12,5 Millionen Unzen Gold gewonnen. Die Vorräte sind schier unerschöpflich. Riesiger Reichtum wartet unter der Erde. Doch er kann nur mit modernsten Methoden erschlossen

werden. Geologische Erkundungen unserer Goldmine am Klondike haben ergeben, dass der gewinnbringende Abbau für die nächsten zehn Jahre garantiert werden kann.
Aus tiefer Dankbarkeit darüber, dass die Einwohner von Lawrence den weltberühmten Schriftsteller Karl May so herzlich empfangen haben, ermöglichen wir potenten Interessenten, sich an unserer Goldmine zu beteiligen. Wir bieten Zertifikate mit der Option auf eine Neuanlage an. Die jährliche Gewinnerwartung beträgt bis zu 1.000 Prozent bei fester Garantie aller Einlagen. Zögern Sie nicht! Am 17. Oktober ist Annahmeschluss!«

Mir lief es eiskalt den Rücken hinunter. Wenn diese Prognose stimmte, konnten aus 1.000 Dollar in einem Jahr 10.000 werden, in zwei Jahren 100.000 und in drei Jahren eine Million! Eine solche Chance gab es nur einmal im Leben. Doch das Dumme daran war, dass es mir ebenso ging wie Jerry: Ich besaß keine 1.000 Dollar. Ich kannte auch niemanden weit und breit, von dem ich sie mir hätte borgen können.

Plötzlich kam mir ein Einfall. Ich stopfte das Flugblatt in meine Rocktasche und stürzte aus dem Buchladen, ohne mich von der Nebelkrähe zu verabschieden. Im Dauerlauf rannte ich bis zur Berkeley Street 27. Völlig außer Atem kam ich an und klopfte. Das schwarze Dienstmädchen öffnete die Tür. Es erkannte mich, verwehrte mir aber den Zutritt. »Die Herrschaft ist ausgegangen, und die deutschen Gäste möchten nicht gestört werden.«

»Es ist äußerst wichtig!«, schrie ich. »Ich muss sofort Mister May sprechen!«

»Gehen Sie bitte weg«, lautete die Antwort. »Ich habe meine Instruktionen.«

»Was ist das für ein Radau an der Tür?«, ließ sich eine Stimme im Hintergrund vernehmen.

»Herr Doktor, ich bin es, Ben. Es ist dringend. Anderenfalls würde ich es nicht wagen, Sie zu belästigen.«

Brummend zog mich Karl May in den Hausflur und dirigierte mich dann in das Herrenzimmer. Der Schriftsteller trug einen karierten Morgenrock. Sein Haupthaar sträubte sich und stand nach allen Himmelsrichtungen ab. Ganz offensichtlich hatte er sich mitten in der Arbeit befunden – oder auch nur ein kleines Nickerchen gehalten.

Ich griff in meine Tasche und holte den Zettel hervor. »Hier, lesen Sie bitte.«

Mein Gegenüber ließ sich in einen Sessel fallen und studierte den Text aufmerksam. Er schloss die Augen, kniff sich mit Daumen und Zeigefinger in die Nasenwurzel und seufzte schließlich: »Ich habe es befürchtet. Mein Instinkt hat mich also nicht getrogen.«

»Was haben Sie befürchtet?«, wollte ich wissen.

Karl May antwortet mit einer Gegenfrage: »Woher hast du diesen Wisch?«

Ich erklärte es ihm.

»Es bleibt uns keine andere Wahl. Wir müssen sofort handeln, um das Schlimmste zu verhindern. Ich kleide mich an. Du wirst inzwischen eine Droschke besorgen und mich damit auf direktem Weg zum Polizeichef bringen. Wir haben keine Zeit zu verlieren, mein Sohn.«

⊙

Der Vortrag wurde ein voller Erfolg. Die Bänke in der Turnhalle waren bis auf den letzten Platz besetzt. Dutzende Interessenten mussten abgewiesen werden. Die fünf Gesangsvereine hatten sich zu einem großen Chor zusammengeschlossen. Zu Beginn sangen sie *Das ist das Tag das Herrn.* Nach der Pause stimmten sie *Fruhling am Rhein* an.

Das Referat stand unter dem Thema: »Drei Menschheitsfragen: Wer sind wir? Woher kommen wir? Wohin gehen wir?« Von der gesamten Rede bekam ich so gut wie nichts mit. Die Erlebnisse des Tages hatten mich – und nicht nur mich, wie ich an vielen Gesichtern ringsum ablesen konnte – in einen schweren Schockzustand versetzt.

Jerry Blacksmith machte das Geschäft seines Lebens. Er verkaufte den gesamten Bestand an Karl-May-Büchern. Nach dem Vortrag gab es noch einen Empfang im kleinen Kreis. Diesmal durfte ich mit am Tisch sitzen. Als wir später in einer Mietdroschke vom Hotel abfuhren, jubelte uns die Menschenmenge, die geduldig draußen vor der Tür ausgeharrt hatte, zu. Es waren bewegende Momente, die mir sehr zu Herzen gingen.

Im Hause Pfefferkorn plauderten wir noch eine Weile über belanglose Dinge. Schließlich zogen sich die Gastgeber und Klara zurück. Endlich waren Karl May und ich allein. Nun war es an der Zeit, ihm die entscheidende Frage zu stellen: »Woher haben Sie es gewusst?«

Der Schriftsteller lehnte sich im Sessel zurück und musterte mich scharf. »Kann ich mich auf dich verlassen? Bist du mir treu ergeben?«, fragte er nach.

»Bedingungslos!«, beteuerte ich.

»Also gut. Ich werde dir nun einige Dinge anvertrauen, von denen nur wenige Menschen wissen und die streng geheim bleiben müssen. Kein Wort davon darf diesen Raum verlassen. Ich habe in Deutschland schon genug Ärger am Hals. Meine Neider überziehen mich mit Gerichtsprozessen.«

»Ich werde verschwiegen sein wie ein Grab. Ich schwöre es beim Leben meiner Mutter.«

»Nun, mein junger Freund. Wir haben einige angenehme Tage miteinander verbracht. Du glaubst inzwischen sicherlich, mich gut zu kennen. Du hältst mich für einen netten älteren Herren, der das Privileg für sich in Anspruch nehmen darf, ein erfolgreicher Schriftsteller in finanziell unabhängiger Position zu sein.«

Ich nickte. Insoweit konnte ich ihm folgen.

»Aber das ist nur die halbe Wahrheit. Das menschliche Leben ist nämlich kein gleichmäßiger Fluss, der in A beginnt und in B endet. Dazwischen liegen häufig Stromschnellen und sich verzweigende Mäander. Das wirst du später auch einmal feststellen, wenn du auf vergangene Zeitabschnitte zurück blickst.«

Ich runzelte die Stirn.

Karl May hob beschwörend die Hand. »Was ich damit sagen will, ist folgendes: Ich entstamme ärmlichsten Verhältnissen. Ich war das fünfte von vierzehn Kindern. Neun meiner Geschwister starben bereits als Säuglinge. Mein Vater schuftete als Weber für einen Hungerlohn. Ständige Mangelernährung führte bei mir zur Blindheit, die erst in meinem fünften Lebensjahr geheilt werden konnte. Ich war hochbegabt, doch bei aller Förderung kam ich nicht über den Besuch eines Proseminars hinaus. Schließlich wurde ich wegen eines Diebstahls angeklagt, den ich nicht begangen hatte, und ins Zuchthaus gesteckt.«

Ich seufzte mitfühlend. Das hatte ich nicht geahnt.

»Nach meiner Entlassung war mir klar, dass ich mir auf normalem Wege keine gesicherte Existenz aufbauen konnte. Deshalb verlegte ich mich auf die Hochstapelei. Ich war sehr geschickt in diesem Metier. Ich trat als Doktor der Medizin, als Rechtsgelehrter sowie Expedient des Advokaten Dr. Schaffrath und sogar als Polizeileutnant von Wolframsdorf auf.«

Karl May erhob sich und lief gedankenvoll hin und her. Schließlich setzte er fort: »Doch irgendwann ging auch dieser Lebensabschnitt zu Ende. Ich wurde sesshaft, verlegte mich auf das Verfassen von Abenteuerbüchern und wurde ein erfolgreicher Reiseschriftsteller.«

»Das ist wirklich sehr schön für Sie«, erwiderte ich ungeduldig. »Aber es beantwortet nicht meine Frage.«

»Doch, denn nun kommen wir zum eigentlichen Punkt. Als ehemals professioneller Hochstapler sah ich im Salon des *Salisbury Hotels* auf den ersten Blick an der Mimik und Gestik der angeblichen Brüder William Henry Vanderhorst II. und Cornelius Vanderhorst III., dass sie in Wahrheit nichts weiter als Schwindler waren. Diese meine Hellsichtigkeit ist keine besondere Gabe. Ebenso wird ein Polizist immer einen anderen Polizisten, ein Militär stets einen anderen Militär und ein Seemann allemal einen anderen Seemann erkennen – und zwar am Gang, an der Sprache und an der Denkweise. Gleiche Brüder, gleiche Kappen, natürlich im übertragenen Sinne. Sicherheitshalber habe ich die Probe aufs Exempel gemacht.«

»Wie das?«

»Ich fragte die beiden Schurken nach den Transportwegen am Klondike.«

»Soweit ich mich erinnern kann, haben sie sich dazu geäußert.«

»In der Tat. Nur leider war die Antwort falsch. Weder das Dampfschiff, noch die *Klondike Miles Railway* verkehren ganzjährig, sondern nur vom Mai bis zum Oktober.«

»Woher wollen Sie das wissen.«

Karl May stöhnte. »Mein Junge, also wirklich. Stell bitte dein Licht nicht unter den Scheffel. Ich bin ein Reiseschriftsteller. Ich habe Dutzende Bücher über

Amerika geschrieben und alles gelesen, was ich in gedruckter Form zu diesem Thema in die Finger bekommen konnte. Aus dem Stehgreif weiß ich mehr über den Klondike zu berichten, als es selbst Jack London könnte.«

»Okay, bereits zu diesem frühen Zeitpunkt wussten Sie also Bescheid. Weshalb haben Sie nichts gesagt?«

Karl May zuckte mit den Schultern. »Nun, an diesem Abend bestand kein Grund dazu, dieses Wissen zu offenbaren. Viele Amerikaner geben vor, mehr zu sein, als sie wirklich sind. Oder sie ändern ihre Namen, beispielsweise von Zimmermann in Zinneman, von Zinneman in Carpenter. Die Welt steckt voller Aufschneider. Ich hätte viel zu tun, wenn ich allen auf den Pelz rücken wollte. Selbst du, ein einfacher Volontär, hast dich mir als Exklusivreporter vorgestellt.«

Ich errötete. »Dafür bitte ich aufrichtig um Entschuldigung. Aber was hat Sie dazu bewogen, später Ihre Meinung in Bezug auf die beiden Hochstapler zu ändern?«

»In dem Flugblatt haben die Schwindler meinen guten Namen missbraucht, um die Leute zu ködern. Damit wurde es zu einer persönlichen Angelegenheit. Wie leicht hätte meine Vergangenheit ans Tageslicht kommen können. Dann wäre ich womöglich der Komplizenschaft angeklagt worden. Das konnte ich keinesfalls riskieren.«

⊙

Die beiden angeblichen Multimillionäre hießen in Wirklichkeit Brian und Jonathan Watts. Sie wiesen eine große Ähnlichkeit mit den echten Brüdern William Henry Vanderhorst II. und Cornelius Vanderhorst III. auf, die in den betreffenden Oktobertagen des Jahres 1908 in Europa unterwegs waren.

Den beiden Betrügern war es mit ihrem einfachen Trick gelungen, in Lawrence rund eine Million Dollar einzusammeln. Der kollektive Wahnsinn hatte die halbe Stadt ergriffen gehabt, mich und Sebastian Fleck mit inbegriffen. Vor lauter Habgier war die Vernunft auf der Strecke geblieben. Der Großteil der Beute konnte beschlagnahmt werden. 45.000 Dollar jedoch blieben für immer verschwunden.

Brian und Jonathan Watts wurden 1925 aus dem Gefängnis entlassen. Ich bin ihnen nie wieder begegnet – jedoch vielen ihrer Artgenossen, teilweise in den höchsten Regierungsämtern.

⊙

Nachbemerkung:
Benjamin Arthur Amherst studierte Journalistik an der *New York University.* 1912 heiratete er Selene Martha Baer. Im Laufe der Jahre stieg er zu einem einflussreichen amerikanischen Medientycoon auf. Zu seinen persönlichen Freunden zählten beispielsweise John F. Kennedy, der 35. Präsident der Vereinigten Staaten, und John Edgar Hoover, FBI-Direktor von 1924 bis 1972, mit denen er die intimsten Geheimnisse teilte.

Am 13.06.1968 starb Benjamin Arthur Amherst im Alter von 78 Jahren an Lungenkrebs. Er hinterließ eine umfangreiche Autobiografie mit der Verfügung, dass dieses Werk frühestens 40 Jahre nach seinem Tod veröffentlicht werden dürfe. Es handele sich um einen hochbrisanten Stoff, der dem Vernehmen nach pikante Details aus dem Leben vieler bekannter Persönlichkeiten enthält.

Ende 2013 soll nun endlich die Autobiografie von Benjamin Arthur Amherst erscheinen, und zwar in dem bekannten New Yorker Verlag *G. W. Baer and*

Temper. Der vom Verfasser vorgeschlagene Titel lautet: »On Trust«, zu deutsch: Auf Treu und Glauben. Das 850 Seiten starke Werk wird trotz aller Kürzungen und Auslassungen mit großer Spannung erwartet.

Bei der Episode »Karl May in den USA« handelt es sich um einen Vorabdruck mit freundlicher Genehmigung des Verlages *G. W. Baer and Temper.*

MITRA DEVI

Schlummertrunk

’ne Prise von Arsen
in Klaras Östrogen,
so dachte Klaras Mann –
und Ruhe hätt’ ich dann.

Er tat’s und war ganz stolz.
Das Gift im Fläschchen schmolz.
Vermischt mit dem Hormon
gab’s eine Fusion.

Er trank ein Gläschen Wein
und schlief bald friedlich ein.
Dann träumte er am Stück
vom klaralosen Glück.

Doch ist nach dieser Nacht
er nie mehr aufgewacht.
Denn Klara hatt’ ihm rein-
gemischt Arsen zum Wein.

DIE AUTOREN

NESSA ALTURA

hat viele Storys für Anthologien, zwei Kurzprosabände und den Roman ›Die 13. Klasse‹ veröffentlicht. Sie lebt in Süddeutschland. Bibliografie, Presse, Vita und mehr unter: *www.nessaaltura.de.*
Unter anderem gewann Nessa Altura den Friedrich-Glauser-Kurzkrimipreis und den Kurzgeschichtenpreis von ›Quo Vadis‹, der Vereinigung deutschsprachiger Verfasser historischer Romane.
Seit 2011 vertreibt sie literarische Textgeschenke und schreibt ein Blog unter: *www.autorenexpress.de*

MITRA DEVI

lebt als Krimiautorin, bildende Künstlerin und Dokumentarfilmerin in Zürich. Sie veröffentlichte 13 Bücher, darunter schwarzhumorige Short Stories und die Reihe mit der Privatdetektivin Nora Tabani. 2007 war Mitra Devi Krimi-Stadtschreiberin von Leipzig, 2009 erhielt sie ein Stipendium des Literaturhauses Wiesbaden.
Ihr neuester Roman »Der Blutsfeind« wurde mit dem Zürcher Krimipreis ausgezeichnet.
www.mitradevi.ch

SVEN DIETRICH

wurde 1969 in Reichenbach im Vogtland geboren. Er ist Volljurist und hat als Rechtsanwalt gearbeitet. Seit 2001 lebt Sven Dietrich in Zwickau und war von 2001 bis 2008 Ordnungsbürgermeister der Stadt. Seit 2009 arbeitet er als Verwaltungsangestellter.

SYLVIA EGGERT

Jahrgang 1962, lebt in Mittelsachsen, schreibt Kurzprosa für Kinder und Erwachsene, die bislang in verschiedenen Anthologien und Literaturzeitschriften abgedruckt wurde, leitet Schreib- und kreativitätspädagogische Werkstätten, ist Mitglied im Friedrich-Bödecker-Kreis Sachsen e. V. und im Segeberger Kreis.

RALF ALEX FICHTNER (RAF)

Jahrgang 1952, arbeitet seit 1988 als freiberuflicher Karikaturist. Inzwischen kann er auf rund 40 Personalausstellungen zurückblicken. Zweimal war er Preisträger beim Satiricum in Greiz (1980 und 1990), gewann 1995 den ersten Preis bei einem Wettbewerb der Herkuleskeule Dresden und im Jahr 2000 den Hauptpreis beim internationalen Cartoonwettbewerb des Goethe-Instituts zur Expo 2000 in Hannover (3.000 Teilnehmer aus 80 Ländern). 2002 erhielt er in Kyoto den Spezialpreis der Ausstellung Remembering 9/11.
2006 erschien sein Buch »Vitrine des Grauens« und 2012 »... und scheißen auf die Volksarmee«.

JAN FLIEGER

schreibt Psychothriller, Krimis, Kinderbücher, Kriminalgeschichten und organisiert Schreibwerkstätten für Kinder und Jugendliche. Er ist Mitglied im VS, im Syndikat, in der Freien Literaturgesellschaft Leipzig, im Friedrich-Bödecker-Kreis und im Verein FürWort. 1988 erhielt er den Theodor-Körner-Preis. Aufsehen erregt sein Selbstjustiz-Thriller »Auf den Schwingen der Hölle«.

ANGELA L. FORSTER

wuchs im Hamburger Süden auf. Von ihrem Elternhaus die Berufspläne zur Rechtsanwältin verwehrt, entschied sich Forster im Erwachsenenalter für den zweiten Bildungsweg. Zur Schriftstellerei fand sie nach dem Mord an einem Familienmitglied.
Ihre Freizeit verbringt sie am Meer und in der Genealogie auf der Suche nach ihrem eventuellen Ur-ur-ur-Großvater, dem Revolutionär und Schriftsteller Johann Georg Adam Forster.

STEPHAN HÄHNEL

ein Berliner des Jahrgangs 1961, ist ein Allroundtalent. Nach Schule, Ausbildung zum Schlosser und Wehrdienst war er als Produktionsarbeiter, Kneipenbetreuer, Student, Wirtschaftsingenieur, Finanzbuchhalter, Systemadministrator, Unternehmer, Callcenter Agent, Personalberater … tätig. Seit seinem 14. Lebensjahr schreibt er Gedichte und Geschichten. Er hat mehre Bücher geschrieben und etliche Veröffentlichungen in diversen Anthologien und Literaturzeitschriften vorzuweisen. Stephan Hähnel gilt als Meister des schwarzen Humors.

ETHEL SCHEFFLER
lebt und arbeitet als waschechte Leipzigerin noch heute in ihrer Geburtsstadt. Bei ihrer Arbeit als Hausmeisterchefin findet sie genügend Anregungen für Kriminalromane. Seit 2006 hat sie mehrere Kurzkrimis veröffentlicht und ist Vorsitzende des »FürWort«, Verein für Mitteldeutsche Literatur e. V., Mitglied bei den »Mörderischen Schwestern« und im Friedrich-Bödecker-Kreis Sachsen e. V.

UWE SCHIMUNEK
Leipziger Journalist und Autor, veröffentlicht Kriminalromane und Kurzkrimis. Zuletzt erschienen im Jaron Verlag »Mord auf der Messe – Ein Katzmann-Krimi« und »Attentat Unter den Linden – Von Gontards dritter Fall« (zusammen mit Jan Eik). Schimunek liest regelmäßig bei den jährlich stattfindenden Ostdeutschen Krimitagen und im Rahmen des Krimi-Kleinkunst-Programms »Killer-Kantate«.

REGINA SCHLEHECK
Jahrgang 1959, lebt bei Köln. Hauptberuf: Oberstudienrätin, daneben fünffache Mutter, Referentin, Herausgeberin, seit 2002 Autorin von Hörspielen, Kurzprosa und Erzählungen, vielfach ausgezeichnet, u.a. mit dem Deutschen Phantastikpreis 2008 und dem Friedrich-Glauser-Preis 2013, gehört den »Mörderischen Schwestern« und dem »Syndikat« an. Ihren Weltreise-Kindheitstraum erfüllt sie sich bis auf Weiteres mit Lese- und Kopfreisen. *www.regina-schleheck.de*

WOLFGANG SCHÜLER
Jahrgang 1952, arbeitet als Rechtsanwalt, Schriftsteller und Journalist. Seine erste Kriminalgeschichte wurde 1982 gedruckt. 1987 kam sein Standardwerk zur Geschichte der Kriminalistik »Verbrecher im

Netz«, heraus, von dem inzwischen fünf Nach- und Neuausgaben in drei verschiedenen Verlagen mit einer Gesamtauflage von über 100.000 Exemplaren erschienen sind. Bisher hat Wolfgang Schüler über ein Dutzend Kriminalromane, Sachbücher zu kriminalistischen Themen und Sammlungen von Gerichtsberichten veröffentlicht. In zahlreichen Krimisammlungen ist er mit Kurzgeschichten vertreten.

ANETT STEINER

Jahrgang 1976, Orthopädietechnikerin, in Annaberg-Buchholz geboren, lebt in Thalheim und arbeitet in Zwönitz. Sie ist begeisterte LKW-Fahrerin und schreibt in ihrer Freizeit Bücher, Geschichten und Gedichte. 2011 belegte sie den dritten Platz beim Chemnitzer Krimipreis.

SOPHIE SUMBURANE

wurde 1987 geboren, wuchs in Potsdam auf und absolvierte ihr Abitur an der Eliteschule des Sports »Friedrich Ludwig Jahn« Potsdam als aktive Ruderin. Seit 2007 studierte sie in Leipzig Germanistik und Afrikanistik. Sie arbeitete am Max-Planck-Institut für evolutionäre Anthropologie als studentische Hilfskraft im Phonetiklabor, schreibt ihre Masterarbeit über forensische Linguistik und arbeitet als Belletristikautorin. Sie schreibt außerdem Kurzkrimis, Rezensionen und Reportagen. *www.sophie-sumburane.de*

CHRISTINE SYLVESTER

geboren 1969 in Bielefeld, ist Diplomjournalistin und lebt als freie Autorin, Mediendozentin und Mutter zweier Kinder in Dresden.

SYLKE TANNHÄUSER

wurde 1964 in Leipzig geboren, im Kindesalter ins Dreiländereck Zittau verpflanzt, um nach dem Abitur nach Leipzig zurückzukehren. Hier studierte sie Betriebswirtschaft und später Verwaltungswirtschaft und arbeitete in verschiedenen Berufen. Neben ihrem Broterwerb betreibt sie eine Autorenschule und schreibt selbst seit einigen Jahren. Sylke Tannhäuser ist Mitglied der »Mörderischen Schwestern«, des »FürWort-

Förderverein für Mitteldeutsche Literatur«, der Mitteldeutschen Autorinnenvereinigung und im Syndikat.

KATRIN ULBRICH

Jahrgang 1973, lebt als freiberufliche Romanautorin im Erzgebirge. Seit 2002 heilt sie mit dem »Bergdoktor« gebrochene Herzen, spinnt im »Fürsten-Roman« heimliche Intrigen in Schlössern und jagt mit »Jack Slade« Banditen durch den Wilden Westen. Mörderische Kurzgeschichten runden das Repertoire ab.

MARIO ULBRICH

Jahrgang 1964, arbeitet als Reporter bei einer großen Tageszeitung in Sachsen, erfindet aber auch ganz gerne eigene Geschichten, etwa die haarsträubenden Abenteuer aus dem »Polizeirevier Tief-Ost«, von denen 100 Kurzgeschichten in der Freien Presse Chemnitz sowie zwei Romane erschienen sind: »Die Männer vom Revier Tief-Ost« und »Die Pyramiden von Tief-Ost«. Neben der humoristischen hat Mario auch eine dunkle Seite – wie seine Kriminalgeschichten in diversen Anthologien beweisen. 2011 erschien sein Sachbuch »Rätselhafter Poppenwald« über die Suche nach dem Bernsteinzimmer im Westerzgebirge.

GÜNTHER ZÄUNER

geboren in Wien, wo er immer noch lebt und arbeitet. Er ist als freier Schriftsteller, Drehbuchautor, Journalist, Dokumentarfilmer, Regisseur und Schauspieler tätig.
Ehemaliger Lehrer für Latein, Geschichte und Musik. Seit 1983 freier TV-, Radio- und Print-Journalist mit den Schwerpunktthemen Organisierte Kriminalität, Drogen, Sekten, Rechtsextremismus, Terrorismus und Politik.

ISBN: 978-3-9815604-1-1

Preise:

€ [D] **11,90**

€ [A] **12,40**

CHF **14,40**

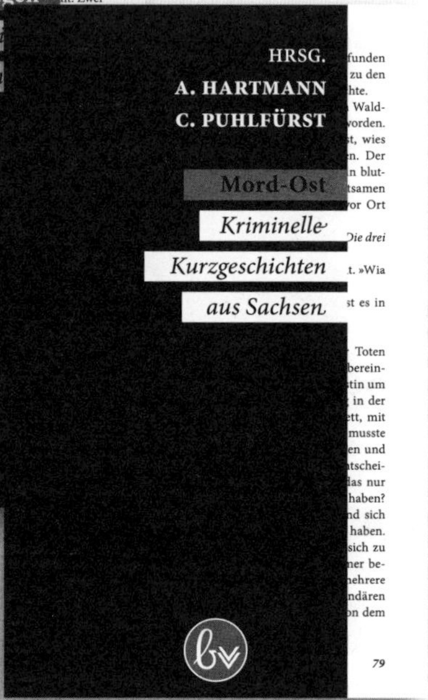

ISBN: 978-3-9815604-3-5

Preise:

€ [D] **11,90**

€ [A] **12,40**

CHF **14,40**

Sie lieben Grusel und Thrill? Humor? Eiskalte Stories von einheimischen Schreibtischtätern, schauderhafte Schauplätze irrwitziger Intrigen, üble Übeltäter und tödliche Taten?
Dann wird Sie dieses Buch begeistern!
Schmatzende Tote, ein Reiter ohne Kopf, böse Zwerge, unglücklich Verliebte, Totengräber, Fabeltiere, giftige Insekten oder Moosmänner – sie alle sind hier versammelt. Heimtückische Verbrechen, mysteriöse Orte, clevere Täter und bodenlose Abgründe erwarten Sie … alles rein fiktiv natürlich.
Die Arglist ist allgegenwärtig …

www.buchvolk.de